让管理看不见

解锁幼儿园文化管理密码

刘莉 / 著

南京师范大学出版社

图书在版编目（CIP）数据

让管理看不见：解锁幼儿园文化管理密码 / 刘莉著. --
南京：南京师范大学出版社，2023.12

ISBN 978-7-5651-6199-5

Ⅰ.①让… Ⅱ.①刘… Ⅲ.①幼儿园－校园文化－文化管理 Ⅳ.①G617

中国国家版本馆 CIP 数据核字（2024）第 006870 号

书　　名	让管理看不见：解锁幼儿园文化管理密码
作　　者	刘　莉
责任编辑	张泽芳
出版发行	南京师范大学出版社
地　　址	江苏省南京市玄武区后宰门西村 9 号（邮编：210016）
电　　话	（025）83598919（总编办）　83598412（营销部）　83598867（编辑部）
网　　址	http://press.njnu.edu.cn
电子信箱	nspzbb@njnu.edu.cn
照　　排	南京凯建文化发展有限公司
印　　刷	江苏凤凰通达印刷有限公司
开　　本	787 毫米 ×1092 毫米　1/16
印　　张	19
字　　数	386 千
版　　次	2023 年 12 月第 1 版
印　　次	2023 年 12 月第 1 次印刷
书　　号	ISBN 978-7-5651-6199-5
定　　价	68.00 元

出 版 人　张　鹏

序言

正确的理念引领科学的实践

刘莉园长曾是南京师范大学学前教育函授学员。大概十年前，她第一次来找我谈她的办园理念和课程建设思路。后来我去她创办的百家湖幼儿园参观过，也带学生去见习过，幼儿园的精巧雅致、清新自然、丰富充实给我留下了深刻的印象。大概七八年前，她被调到了九龙湖幼儿园，那里有宽敞的空间、真正临湖的环境，我估计刘园长又会精心规划、深度设计，展现专业的风貌。事实也是如此，如今的九龙湖幼儿园环境丰富优美，尽显生态理念，植物众多，草坪青翠，溪流潺潺。室内环境重点凸显以儿童为本的理念，的确是一个让儿童有事可做的地方，是儿童可以想象和创造的地方，也是儿童可以不断获得新经验的地方，更是让儿童感受幸福童年的地方。

幼儿园坚持“自然生存、自由生长、自在生活”的理念，努力培养富有生命力的新时代儿童。幼儿园从儿童发展和课程建设的需要出发，充分挖掘和利用园内外的课程资源，将这些资源融入儿童的学习过程，不断为儿童提供挑战的机会，让儿童获得新经验。幼儿园最核心的经验来自各种操作材料，最重要的场所是儿童活动中心，最鲜活的资源是九龙湖及其周边的自然、人文资源。儿童浸润于丰富多彩的环境之中，时间、空间、材料、规则共同助推儿童的行动和思考，儿童的探索、操作、交往、体验、阅读、表达、表现等学习行为是随时发生的，也是不断生成的。幼儿园真正让儿童在生活中学习，在生活中成长。因此，儿童的学习已经不再是教师的讲解和传递，而是儿童自主的行动，儿童的学习就在具体的行为里，就在与周围的事物及同伴和教师互动的过程里。因而幼儿园的课程是鲜活的，是与生活紧密相关的，是时时处处存在的，儿童的学习是看得见的，儿童的发展也是现实的。

一个优秀的幼儿园，一支优良的教师队伍，一个有效的课程，总是能孕育出幼儿园优秀的文化。这种文化存在于幼儿园环境中，存在于教师的行为中，存在于幼儿园的制度中，存在于教师的专业信念中。如果全体员工内化了这种优秀的文化，尤其是内化了幼儿园的制度，就能将服务儿童、支持儿童、成就儿童变成自觉的行动。由内在自觉形成的自我管理是幼儿园管理的最高境界，也是高质量管理的核心追求。这种管理不是大呼小叫，不是棍棒主义，不是文山会海，不是规章导向，而是以儿童为本、质量为魂的，是由教师了解、理解和认同幼儿园的理念和价值而引发的自觉行为，因而教职工人人都是管理者，人人对工作质量负责任。这种管理融化于教师的日常工作之中，融化于教师自觉的行动之中，化管理于无形。这样避免了管理的低效和无效。

刘莉园长用强烈的责任心和高度的专业精神，引导全体教职工将思想、精神、情感和行动集中到幼儿园的建设和发展之中，集中到课程建设和管理工作之中，真正使“让学习看得见”和“让管理看不见”成为幼儿园工作的重要尺度和追求。每一个去过九龙湖幼儿园的老师都会感受到，他们正在这条高质量发展的道路上不断前行。期待九龙湖幼儿园在课程建设和幼儿园管理过程中不断取得新成绩，积累新经验，开创新局面。

虞永平

2023 年 10 月 1 日

CONTENTS
目录

序言

正确的理念 引领科学的实践

管理的最高境界
就是没有管理

一个心向阳光、乐观向上、善良有爱的精神家园，
一场不畏困难、敢于承担、勇于前行的课程实践，
一种自主成长、高效工作、优雅生活的教育信仰！

九龙湖幼儿园

第一章　播种一粒种子

一粒种子，小小的，也许很不起眼，却是一切成长的开始。

1978 年，75 位诺贝尔奖获得者在巴黎聚会。有个记者问其中一位：“在您的一生里，您认为最重要的东西是在哪所大学、哪所实验室里学到的呢？”这位白发苍苍的诺贝尔奖获得者平静地回答：“是在幼儿园。在幼儿园里，我学会了很多。比如，把自己的东西分一半给小伙伴们；不是自己的东西不要拿；东西要放整齐；做了错事要表示歉意……”

是啊，种子生而萌芽，长而开花，盛而结果。

在海马家园，我们在孩子心里播下一粒种子：一粒爱的种子，一粒习惯的种子，一粒探索的种子，一粒梦想的种子……

希望某一天，当有人问：“你是从哪所幼儿园毕业的？”他可以很自豪地说：“我是从海马家园毕业的。”

而这，就是海马家园独特的文化信仰！

何为文化

文化——镌刻在心的一种思维方式与行为模式。

文化的最高境界——被尊重、被欣赏、被传承。

学生时代，我对文化浑然不知。

工作之后，我忙于教学一线，只觉得文化是一种诗与远方，离我和我的生活太过遥远。

直到 11 年前，邂逅虞永平教授在《学前课程与幸福童年》中提出的“文化引领幼儿园课程的未来”，我尝试在管理与课程建设中践行。看到幼儿园日新月异的风貌，我恍然大悟，原来文化一直以某种形式每时每刻地在我们身边。

文化是什么？

文化究竟是什么？这大概是含义最丰富、最难以界定的一个概念。

英语中的“culture（文化）”由“colere（耕作、栽培、养育）”发展而来。英国文化研究奠基人雷蒙德·威廉斯探究了文化发展的过程，认为文化包含“艺术活动”“生活方式”“发展过程”三层意义。英国人类学家爱德华·泰勒对于文化有一个经典定义：“文化，或文明，就其广泛的民族学意义来说，是包括全部的知识、信仰、艺术、道德、法律、风俗以及作为社会成员的人所掌握和接受的任何其他的才能和习惯的复合体。（爱德华·泰勒，2005）”

汉语中的“文化”一词源于《易经·贲卦·彖传》：“观乎天文，以察时变；观乎人文，以化成天下。”后来基本指的是“人文教化”的意思。现代著名学者梁漱溟认为：“文化‘不过是那一民族的生活的样式罢了’。（梁漱溟，2020）”张岱年则认为：“文化有复杂的内容，包括哲学、宗教、科学、技术、文学、艺术、教育、风俗等，是一个包含多层次、多方面内容的统一的体系。（张岱年，2015）”

从古至今，东西方关于文化的定义有数百种之多。各个学科、各个领域关于文化的阐释，既丰富了文化的概念，也让文化变得复杂而难懂。

文化就在我们身边

关于文化的定义，最打动我的，是余秋雨在《何谓文化》中的表述：

“文化，一种包含精神价值和生活方式的生态共同体。通过积累和引导，创建集体人格。（余秋雨，2012）”

之所以独爱这段释义，是因为我觉得他以一种直白通俗的语言讲清楚了高深莫测的“文化”的概念。或者说，他对文化的诠释符合我们普通人的思维，让我们看到，文化真真实实以我们日常所见的形式，时时刻刻存在于我们身边。

我们每个人都是文化的主人，无论是有心还是无意，都在以我们的存在成为文化的一部分，以属于我们的方式成为文化的缔造者。

1 “快！抓紧我的手！”站在4.2米的高墙上，几位男教师伸出手臂，与正在攀爬的老师手腕相接。下方的老师们则用肩膀主动承担起伙伴的重量。周围的老师们个个屏住呼吸，凝神聚气，做好随时接应伙伴的准备。不借助任何器械，没有任何的外力协助，老师们相互配合、通力合作，翻越了高墙。

2 “这一辆车怎么没有按照位置停好呢？”汽车小组又到停车场啦！孩子们围在车牌前，仔细对比手中的表格，找到对应的车牌号和位置，展开了讨论。

文化的魅力

我们的生活中处处充满文化，也充满着文化的魅力。

成都，天府之都，文化名城。李白游览成都写下："九天开出一成都，万户千门入画图。草树云山如锦绣，秦川得及此间无。"杜甫经历成都夜雨，留下名句："好雨知时节，当春乃发生。随风潜入夜，润物细无声。"蜀地文化正如这草树云山，披满锦绣；亦如这绵绵细雨，滋润一方，流传千年。现在的成都，在美景、美食，还有流行民谣的烘托下，焕发新的文化生机。成都，是一座让人来了就不想走的城市。

华为，从交换机销售代理到顶尖通信设备公司，从民营小厂到员工持股 99% 的世界巨头，从目光长远的任正非到坚强大气的孟晚舟，华为发展的过程也是华为文化千锤百炼的历程。东莞基地的城堡式办公园区、24 小时灯火通明的华为餐厅、客户第一的价值观念、飞跃发展的华为手机、领先世界的 5G 技术……华为，让我们如此震撼又如此惊叹。

北京十一学校，是一所有 300 多门课程、260 多个学生社团、4000 多张不同的学生课程表的学校，创造适合每一位学生发展的教育，帮助每个孩子发现自我、唤醒自我。正如李希贵校长所说：教育就是帮助孩子认识独一无二的自己。十一学校以独特的教育文化践行教育理念。

从城市到企业再到学校，文化以其独有的方式，影响着我们的生活。

对于国家，文化是一种全民信仰。

对于城市，文化是一张独特名片。

对于企业，文化是一项发展理念。

对于家庭，文化是一份精神寄托。

对于教育，文化则是一股唤醒生长的力量。

文化引领幼儿园的未来

文化是学校的魂，是前进和发展的"灯塔"。幼儿园也是如此。一所具有生命力、行动力和影响力的幼儿园，离不开文化的引领。

特色鲜明的幼儿园文化，反映着幼儿园的独特气质、品格和精神内涵，对幼儿和教师有着深刻的、巨大的引领作用，是影响幼儿生长和教师发展的重要教育基因。

幼儿园文化形成的过程，是一个不断丰富、持续发展的过程，在这个过程中，幼儿园的每一个人都是主体。文化的建设过程，也是一种无形的凝聚过程，心往一处想，劲往一处使，我们缔造着文化，文化也反哺着我们。

而对幼儿园文化的理解，也是一种文化自觉。当我们认同文化、接纳文化、践行文化，文化便成为幼儿园价值理念、生活方式、发展愿景的一部分，与幼儿园一同成长。

无论城市变迁、企业发展、教育传承，文化发展到终极，便是属于一个团体、一个区域、一个族群乃至一个国家的精神内核，这种精神内核中蕴藏着核心价值与竞争力。

幼儿园文化

文化是神奇的，不同幼儿园的老师和孩子，总是散发着不同气质！

任何一所幼儿园只要发展到一定阶段，就一定会面对文化建设。

幼儿园的理念、课程、环境、设备、师资、教学和管理等，虽然以不同的形态存在，但起点和终点都是文化。

什么是幼儿园文化

在幼儿园的管理实践和发展中，我对于幼儿园文化的理解也愈加清晰。

幼儿园文化，即幼儿园在长期的办园过程中所形成的一种特有的价值观念，以及承载这些价值观念的思维方式与行为模式。

它表现出三种特质。

其一，外显与内隐，文化包含外化可见与内化精神的双重内涵。

其二，德育与育德，文化践行其德育功能，并对道德修养形成反哺。

其三，无形胜有形，无形的文化影响往往最具力量。

外显的文化特色与内隐的文化价值相辅相成，影响着教师和幼儿的生活、行为以及习惯，帮助师幼构建一种内化的素养。在这个过程中，文化的影响往往是无形的，但是比有形的教导更富有魅力、富有力量。

幼儿园文化的三种特质

幼儿园文化的三层内涵

幼儿园文化分为表层、中层和深层表现形式，包括物质文化、制度文化和精神文化。

物质文化是幼儿园文化的表层表现形式，包括硬件和环境，如建筑、装修、设备、材料等物质基础。

制度文化是幼儿园文化的中层表现形式，包括课程文化、行为文化、组织文化等。

精神文化则是幼儿园文化的深层表现形式，也是幼儿园文化的核心，包括办园理念、课程理念、教师形成的工作作风、教师与幼儿的行为特质等。

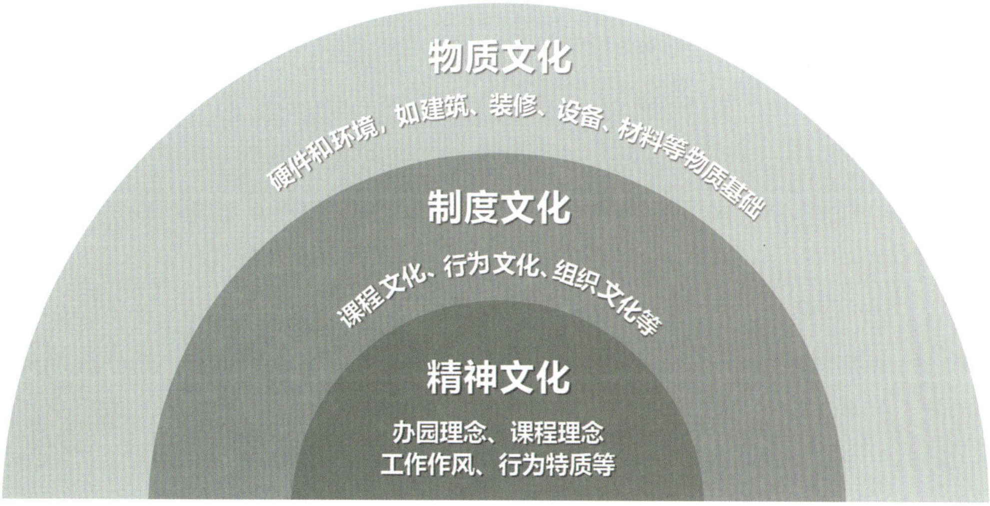

幼儿园文化的三层内涵

文化的印记："群体特质"

当一个集体凝聚了自身的文化，文化便会化作整个群体的特质，成为一种具有辨识度、具有特色的"文化印记"。

记得南京师范大学学前教育本科毕业生的双选会上，在"双向选择"之前，我们这些用人单位的园长有十分钟的时间来介绍各自的幼儿园。几乎每一位园长都做了充分的准备，以PPT演讲、宣传画报、园内简介等多种方式来展现幼儿园的风采，吸引最优秀的毕业生。其中最令人印象深刻的，就是每所幼儿园的独特理念与文化风貌。

每年的招聘季，招聘官们除了关注应聘人员的学习与工作经历，同时也会注意到他们的"出身"。某某高等院校学前教育专业的毕业生往往理论功底扎实，教科研能力强，工作严谨细致；某某学校毕业的学生知识面广、求知欲强、专业基本功扎实；某某幼儿园出来的老师大多专业技能突出又很敬业；某某幼儿园出来的老师常常有创造力、有思考力、有行动力。

大班幼儿毕业生升入小学后，也会形成一定的"群体印象"。例如有的幼儿园毕业生规则感强、纪律性好；有的幼儿园毕业生礼貌、友好、善合作；有的幼儿园毕业生自理能力、动手能力强；有的幼儿园毕业生爱思考、敢质疑；有的幼儿园毕业生善交流、会表达；等等。

这些"群体特质""群体印象"背后，代表着其成长环境和成长文化的深远影响。

虽说"英雄莫问出处"，但不同院校、不同幼儿园培养出来的教师或幼儿，一定会带着独特而鲜明的文化烙印。这就是学校文化孕育下的人格特质。

不同的幼儿园，一定会培育出不同特质的教师和幼儿。这是属于幼儿园的独特味道，是园所文化的深层体现。

1 | 2
3

1 教研讨论时间，老师们围坐在年级组办公室，借助思维小地图，真实地讲述孩子们在小组活动进程中的思考、探索与发现。大家你一言我一语，在碰撞中擦出教育智慧的火花。

2 “真的有水跑出来了！”水循环小组的孩子们惊奇地发现有水从小菜园的水井中源源不断地流淌出来。他们用水管将水接到水桶中，准备进行下一步的探究，兴奋之情溢于言表。

3 从高高的油桶上一跃而下，这小小的困难对刚刚升入中班的孩子们来说不值一提。从小班开始，老师们便让孩子们尝试各类田径、体操运动器械。有了老师们的积极支持与小伙伴们的加油鼓劲，孩子们的体能锻炼水平日渐提高，运动热情更是日益高涨。

文化从养育来

没有什么可以一蹴而就，文化养育就是一种浸润与滋养。

文化从何而来？

对于学校、幼儿园的管理者来说，这是必须深入思考的命题。

文化养育

传统意义上的学校文化是“构建”而来的，一般会经历“新文化引入”和“旧文化修正”两个过程。确立文化，适应文化，最终形成文化，多少有一种“削足适履”的意味。

在我看来，文化不是“削足适履”，而是“量体裁衣”；文化的形成不是“构建”，亦不是“打造”，而是“养育”。

好的幼儿园文化，是“养育”而来的。

养，指的是滋养；育，指的是培育。

文化养育，是个人与集体共同成长，最终协调一致、形成共有价值观念的过程。

“养”是一种浸润

幼儿园文化的“养”，是精神价值、教育信念上的浸润。

幼儿园将契合教师成长的前沿教育理念、积极价值观念、社会道德信念及职业信仰意念等根植内心、融入思维，并融入幼儿园的每一处环境中。

在建筑、设计、装修风格、色彩定位、空间布局、设备配置等环境要素中，融入幼儿园的核心理念与价值取向。

在活动、人际、合作等团队要素中，倾听教师内心的声音与需求。

在教学、学习、研究等成长要素中，关注教师的思维变革与自主成长。

长此以往，教师在工作与生活的方方面面，都能切身体会到文化的感染与熏陶，在潜移默化中受到滋养。

“育”是一种引领

幼儿园文化的“育”，是生活方式、行为习惯上的引领。

幼儿园将各项工作规范化、制度化、标准化，在此基础上，教师与幼儿一起讨论，形成师幼共同遵循的一日生活流程。

其一，文化养育具有活动性。教师和幼儿并不是被灌输，而是在各种活动中自发感悟文化、培育习惯。

其二，文化养育强调体验感。教师和幼儿不做旁观者，亲身投入，真实地体验与感受。

其三，文化养育需要标准化。园内生活、活动的各个细节，如洗手、如厕、户外活动等都制定相应的标准与流程，可以促进习惯的养成。

其四，文化养育讲求持久性。好的习惯并非一蹴而就，需要长久的自我坚持与自律管理，方能内化为自身的素养。

文化养育，不是改造个人，而是共同成长。

重在文化氛围的滋养，关注教师心灵的成长，以“润物细无声”的方式，通过长时间的积累、积淀形成一种集体价值观、思维方式与行为模式，最终成为一种团队的独有特质与气质。

文化养育，就如同一粒种子在适宜的土壤与环境中，自由呼吸，自主生长，最终才能迸发出生命的活力与惊喜！

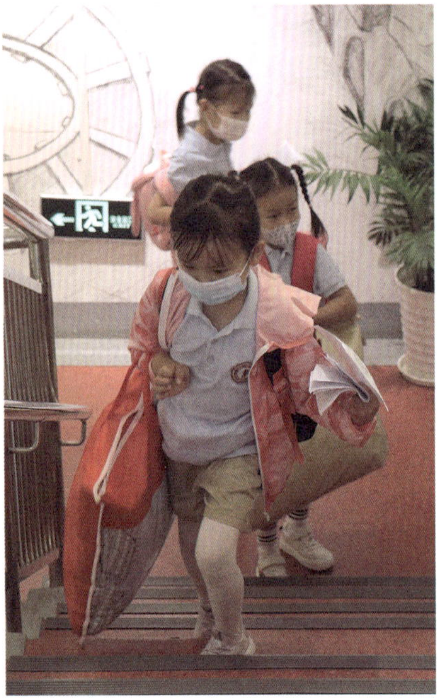

1
2 | 3

1　每周二、周四的湖边散步日，孩子们都需要穿越马路抵达湖边。斑马线一头连着安全，一头连着温暖。我们总能看到司机师傅们主动让行，在斑马线前等待着孩子们安全通过，孩子们则是用不同的方式回应这份温暖，鞠躬、用小手比画着爱心，或是绽放他们稚嫩的笑脸。简单平凡的一幕，是孩子们的文明小课堂，是司机们的暖心举动，也是幼儿园与社会联结的缩影。

2　小小的身体蕴藏着大大的能量。每周一的入园时间，孩子们背着被褥包袱在幼儿园的楼梯间“负重前行”，一边拒绝着老师们的帮忙，一边还会用稚嫩的声音给自己打气：“我可以的，加油！”

3　美滋滋的午饭时间到啦！孩子们做好个人卫生准备工作，自己取好餐盘，排队在餐车一旁打饭。保育老师则蹲在餐车旁，提醒孩子注意荤素搭配。整个打饭环节有条不紊地进行着。

管理的最高境界：文化育人

文化，才是最有力量的。

九龙湖幼儿园从2016年9月开始筹备，到2022年9月已发展为有48个班级、200余位教职工和1700多名幼儿的大家庭。短短六年时间，海马家园从孕育到生长，最难的不是物质文化与制度文化的建设与积淀，而是这200多位教职工“生态共同体”，从精神文化中得到的体悟、浸润、滋养与培育。

面对不同地区、不同家庭、不同教育经历的教师们，面对80后、90后乃至00后的年轻教师们——

有没有一种方法，能在她们心中播下一粒种子？

有没有一种管理，能帮她们重树坚定职业信仰？

有没有一种智慧，能引她们重拾教师职业幸福？

管理的最高境界是什么？三个关于文化的故事，带给我们思考与启发。

“Andon”（按灯）制度下的亚马逊

第一个故事，来自美国零售巨头亚马逊。

前亚马逊中国副总裁张思宏入职后，参加亚马逊客服中心培训，与客服小姑娘一起接听用户的来电。有一个用户购买了一本畅销书，发现书页有缺陷，于是打进电话投诉。客服了解相关信息后，及时安抚，以全额退款并赠送礼品卡的方式圆满解决问题。

故事还没有结束。接下来，客服点击屏幕上的按钮并提交了注释，于是这本正在创造大量营业额的畅销书立即下架！张思宏当时很震惊，一个基层的客服，不用上级审批确认，居然有权下架一件商品？客服告诉他，在后台数据库发现同类投诉不止一件，所以按照规定直接执行“Andon Cord”流程（一旦有超过两名客户投诉亚马逊公司的同一产品或同一营销规则的同一问题，客服都可以直接按下“红灯”键，将产品或促销机制下架）。后续会由质量部门进行产品审核，解决问题后才能够重新上架。

“Andon”（按灯）制度源于亚马逊创始人贝佐斯，体现着亚马逊的价值观。

第一，用户至上。“Andon”（按灯）制度大大增加了亚马逊的运营成本，但同时也造就了亚马逊世界最顶尖的用户口碑。

第二，信任员工。“Andon”（按灯）的权力被授予员工，员工得到充分信任，相信自己可以去帮助到公司和用户，下架产品评估准确率高达98%，实现了这一制度的价值。

第三，制度保障。“Andon”（按灯）制度背后有完善的“Andon Cord”流程，员工明确知道自己可以做什么，遇到问题该怎么做，工作效率得到充分保障。

亚马逊的“Andon”（按灯）制度背后，是“客户至上”的企业文化信念。

焕发新生的传统中医

第二个故事，来自中国传统的中医药。

中国是医药文化发祥最早的国家之一，当文明出现在亚洲大陆时，中国便有了对医学的探索。从神话里“尝百草”的神农，到现实中的张仲景、孙思邈、李时珍等医学大家，一代代医者的努力构建了璀璨的传统中医文化。

在新时代发展下，中医文化重新焕发生机，正在大步走向世界。针灸、按摩等健康疗法，在世界遍地开花，成为国外的潮流时尚；疫情之中，中医药也发挥出自己的力量，令世界为之侧目。

如今，中医药已成为中华文化的生动载体。中国外文出版发行事业局局长、中国翻译协会第八届理事会会长杜占元介绍，《中国国家形象全球调查报告2020》显示，有30%的海外受访者接触或体验过中医药文化，超过80%的体验者对中医药文化持有好印象。（光明网，2022-07-07）

正如中国中医科学院原院长曹洪欣所说：“中医药理论与实践至今有效地指导着人们养生保健防病治病，凝聚着中华民族从传统走向现代过程中维护健康、抵御疾病的人文与科学智慧。（搜狐网，2022-08-24）”

中医药焕发新生、走向世界的背后，是“开放自信”的民族文化力量。

走向世界的“安吉游戏”

第三个故事，来自中国的学前教育领域的“安吉游戏”。

21年前，在浙江北部小县城安吉的幼儿园里，出现了一种特别的游戏方式：游戏时间到了，孩子们自己冲出教室来到场地，自由地搬出自己想要的材料，自发组织游戏，投入自己喜欢的游戏。这种以游戏为基本活动的学前教育课程模式，被称为“安吉游戏”。

“安吉游戏”是以“让游戏点亮幼儿的生命”为信念而进行的一场游戏革命，将游戏的主动权彻底还给幼儿，让幼儿在自主、自由的游戏中获得经验、形成想法、表达见解，使幼儿潜能得到最大程度的发展。这样的教育模式很快风靡全国，成为中国幼教领域本土化实践的杰出代表。

2018年，浙江省教育厅在省内设立103所“安吉游戏”实践园；2020年，又在普惠性民办幼儿园中设立第二批117所“安吉游戏”实践园。2021年，“安吉游戏”被写入《浙江高质量发展建设共同富裕示范区实施方案（2021—2025年）》。从2021年开始，教育部与联合国儿童基金会在31个省（区、市）、61个实验区、177个实验园推广“安吉游戏”。

“安吉游戏”在国外受到138个国家的专家和机构关注，在美国、欧洲和非洲等地设立了15个海外实践园。2020年，世界经济论坛发布《未来学校：为第四次工业革命定义新的教育模式》，提出“教育4.0框架”，为“未来教育”选择了16个全球典型案例，“安吉游戏”是其中之一。

“安吉游戏”走向世界的背后，是“创新变革”的教育文化自信。

管理的三重境界

管理过程中，一般分为三重境界。

第一重境界，人管人。

第二重境界，制度规范人。

第三重境界，文化育人。

人管人，这是新手管理者常用的一种管理方式。管理者常常不自觉地去管人，譬如管人的每一个工作时间节点、行为动作、工作安排、进程等。这种管理方式往往依靠管理者自身的主观标准与评价，让被管理者与管理者之间形成一种高气压氛围，长此以往，团队会越来越僵化，没有进取心与斗志。

制度规范人，这是以制度或流程来管理的一种方式。通过建立各项工作的规范或流程，来实现管理的效能。对于计件产能的企业来说，这种管理方式非常重要，但对学校等育人工作管理来说，管事可以依据制度、规范与流程，但育人却需要一种尊重、自主与创新意识。

文化育人，顾名思义，是通过建立共同的理想愿景、理念信仰等，创设一种平等、尊重、自主、合作、创新等机制，激发所有人的内驱力，激发每个人的内在潜能，达到共生共长的目标。幼儿园管理过程也是育人的过程，文化育人，即让所有人心有所属。心有所属了，管理就轻松了。

文化，才是最有力量的！

文化有一种无声的力量，在无声无息中容纳人、聚拢人、引导人、规范人、鼓舞人、催动人，润物细无声，管理了无痕。

幼儿园管理也是如此，“文化育人”是管理的最高境界。

文化以其无处不在的深度感染力，决定了我们的思维方式。思维方式是行为的风向标，而行为影响习惯、作风和性格的养成。

可以说，文化是孕育一切的根本和土壤，文化是管理中“看不见的力量”。

新启程：以文化人

人生是不断前行的列车，在九龙湖幼儿园的驿站，崭新的我与最好的你们相遇，从此开启了一段追寻理想中的幼儿园教育新征程。

2016 年 8 月的一天，我接到了一纸调令：筹办九龙湖幼儿园。

那时我虽然已有 26 年的教育与管理经验，但自己亲自操盘来筹办一所规模为 24 个班的幼儿园，却是人生第一次。

一场教育的新征程

从惊讶到欣然赴命仅仅用了三天，三天后，我带着唯一的助手淑芳一起踏上了筹办九龙湖幼儿园的征程。

从无到有，从茫然到坚定，一路走来的艰辛恐怕只有同样筚路蓝缕的创业者们才能感同身受。今年是九龙湖幼儿园开园的第六个年头，办园仅仅六年，在业界已小有影响力。

回首第一次踏进九龙湖幼儿园的那个雨天，我和淑芬深一脚浅一脚地踏在杂草丛生的泥泞中，摸索到幼儿园的大门。斑驳的建筑物下，我俩看看脚上的泥，相视一笑。

我们就这样开启了别样的九龙湖幼儿园新征程。

1 | 2
3

1—3 建设前的九龙湖幼儿园，一切都是未知数，但是蕴藏着一种执着的快要发芽的文化精神。这种精神在九龙湖畔、在砖石泥土中默默生长。没有场地，我们就拖着设计师在茶馆讨论到深夜；没有通电，老师手持着电灯，照亮每一个讨论的夜晚。仅仅一年的时间，一座崇尚自然、融合审美、贴近儿童的九龙湖幼儿园拔地而起。

4	5
6	7
8	

4—8 幼儿园是社区的一部分，在建筑色彩使用上要尽量与社区融为一体。园内空间布局灵动、曼妙，我们将自然、开放、童趣的环境充分还给儿童，每一处都能满足幼儿的游戏和学习。从空中俯视，我们远远就能看到幼儿园醒目的海马标识，幼儿园是一座名副其实的儿童乐园。

文化系统顶层设计前的追问

多年的幼儿教育生涯，让我有机会看过世界很多国家的幼儿教育。

无论是有着巨大文化差异的西方发达国家的幼儿教育，还是有着同根同源的东方国家的幼儿教育，其本质归根结底都是以儿童为中心。真正好的教育一定会以儿童的发展为核心价值取向，真正好的幼儿园也一定会以优秀的文化来影响人，塑造人。

九龙湖幼儿园地处江宁开发区九龙湖畔，历史上“九龙湖”地名有何特殊寓意？

作为历史上江宁织造府的所在地有何文化渊源？

作为国家级开发区的九龙湖地区有何独特的企业资源？

九龙湖幼儿园周边社区及5千米内有何资源？

九龙湖地区家长及家庭的结构与资源有何特点。

九龙湖地区家长及家庭的基本状况是怎样的。

幼儿园的定位、办园理念、培养目标、课程设置、团队建设、管理框架、制度设置等园所文化如何确定？

……

带着这些问题我们进行了一系列调查，开启了文化战略层面的幼儿园建设深度思考。

文化战略视野下的幼儿园文化系统思考

“不谋万世者，不足谋一时；不谋全局者，不足谋一域。”

这是出自清朝陈澹然《寤言二·迁都建藩议》的一句话，道出了全局、长远、系统战略思维的重要价值。

幼儿园教育同样如此，尤其是对于一所新园的建设谋划。

这种战略谋划一定是在幼儿园建设之前，并基于顶层设计前的一系列调查与思考之后，核心团队共同拟定出幼儿园文化系统的价值观，且随着幼儿园的发展与国家教育的需求实行动态修订，保持其向前展望、超前思维、提前谋局的文化战略思维，才能让幼儿园教育始终保持发展动力与活力。

基于这些思考，我们在园所建设前便拟出了九龙湖幼儿园文化系统的设想与架构。

随着幼儿园的发展，我们前后进行了三轮的修订，每一轮修订后都会通过小组、集体审议、听证，不断完善优化幼儿园的文化生态系统。

海马家园文化系统

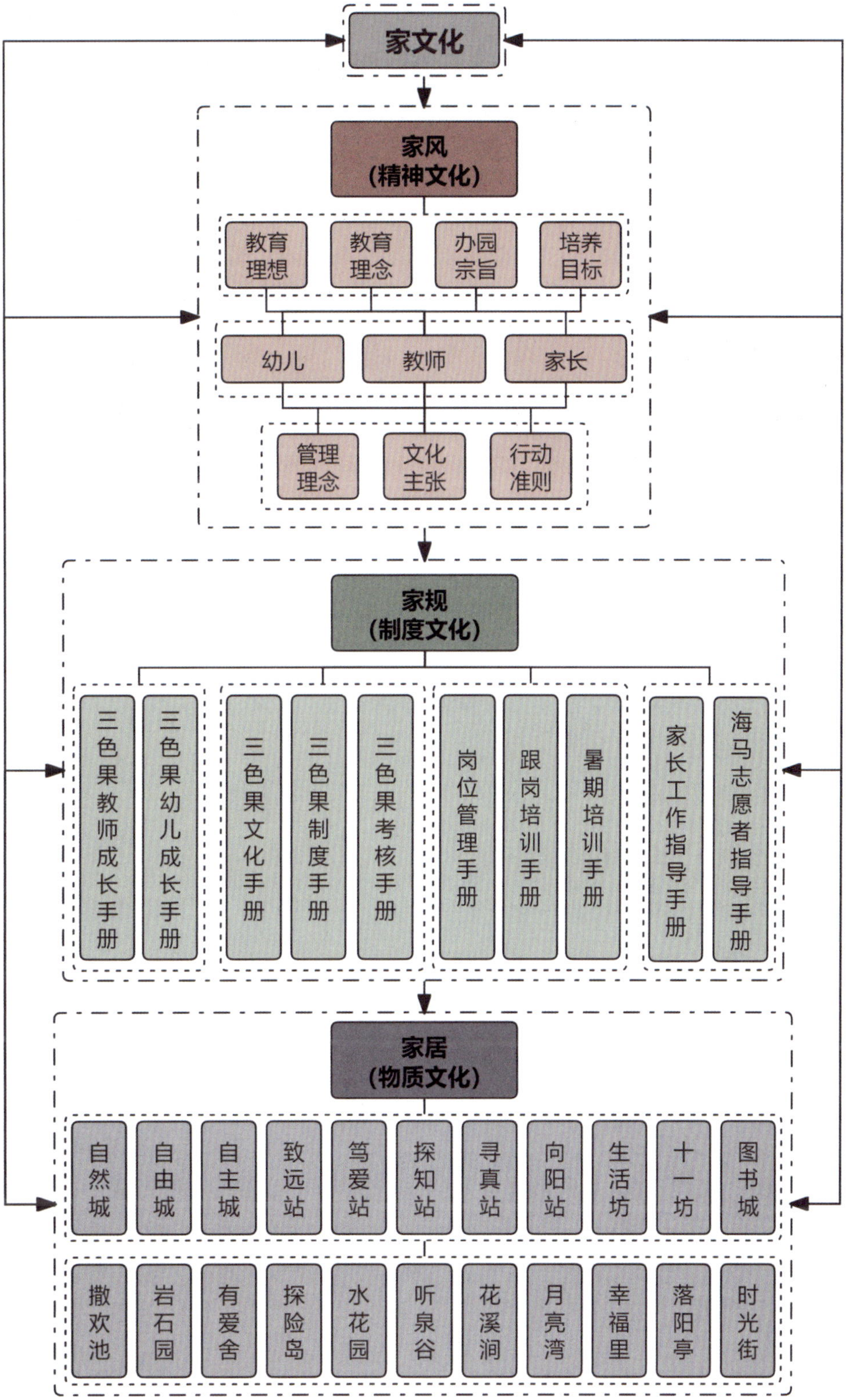
家文化
家风
（精神文化）
教育理想
教育理念
办园宗旨
培养目标
幼儿
教师
家长
管理理念
文化主张
行动准则
家规
（制度文化）
三色果教师成长手册
三色果幼儿成长手册
三色果文化手册
三色果制度手册
三色果考核手册
岗位管理手册
跟岗培训手册
暑期培训手册
家长工作指导手册
海马志愿者指导手册
家居
（物质文化）
自然城
自由城
自主城
致远站
笃爱站
探知站
寻真站
向阳站
生活坊
十一坊
图书城
撒欢池
岩石园
有爱舍
探险岛
水花园
听泉谷
花溪涧
月亮湾
幸福里
落阳亭
时光街

海马“家”园

好的教育，唤醒每个孩子内心的生长渴望。

好的校园文化，为孩子和老师构建流连忘返的家园。

九龙湖幼儿园的别称是海马家园。

海马家园，包含了三个关键词：海马、家和园。

“海马”是由孩子们通过投票产生的吉祥物，“园”则代表了九龙湖幼儿园这个园子，而“家”则代表了九龙湖幼儿园的文化价值观，即“家风”“家规”和“家居”。

何谓“家风”

家风是指一个家庭或家族历经数代所形成的传统风尚，包括生活方式、家庭的风气、风格与风尚。家庭的公众行为习惯，也就是一个家庭或一个家族的“家文化”。

海马家园办园仅六年，但非常注重“家文化”。它凝结着一位见证中国幼教三十二年发展的一线教育工作者的观察与思考，寄予着对未来十年中国幼教发展的希望与期待，更承载了当下我们追寻幸福教育生活的美好目标与梦想。

“家文化”，重在“家”。

家，是一个安全的、自由的、令人愉悦的空间。

家，是一个平等的、自主的、知行碰撞的场域。

家，是一个包容的、支持的、创造梦想的高地。

家，是一个孩子们、老师们和家长们共同生活、游戏、学习与成长的园地。

海马家园“家文化”

教育即生活，生活即教育。

在海马家园，让每一个人眼里有光、心中有梦想、行动有力量，是我们孜孜不倦的追求。

教育理想：让教育成为一种美好生活！

教育理念：接应儿童视角，回应儿童需求，顺应儿童发展。

办园宗旨：一个让幼儿、教师、家长流连忘返的家园。

培养目标：自然生存、自由生长、自在生活，培养富有生命力的新时代儿童。

自然生存，意在让教育回归自然生活中，习得独立生存的基本自理能力与自我保护能力；

自由生长，意在让教育给儿童更多空间，相信儿童、支持儿童、唤醒儿童的生机与活力；

自在生活，意在让教育成为美好的生活，自在生活即自在教育，为儿童未来生活做准备。

1 教育即生活，生活即教育。“让教育成为一种美好生活”是海马家园的教育理想，我们期望幼儿、教师、家长都能享受在这里的三年美好时光。

2 海马家园大厅右侧是我们的主题理念墙，教育理念、教育使命、培养目标、吉祥物等一一呈现，无论幼儿、教师、家长还是来宾，进入海马家园一定会被这面墙吸引，驻足观看。

管理理念：自主成长、高效工作、优雅生活。

“家”文化下的管理者已经彻底打破了传统的学校管理者的固化思维，幼儿、教师和家长才是海马家园自主管理的主人，我们期待在大家的协同努力下，幼儿自主成长，教师们高效工作，家长和我们才能成为优雅生活的幸福者。

行动准则：

幼儿——亲自然、爱社会、悦生活。

敢质疑、勇挑战、乐创造。

能探究、会合作、善表达。

教师——一种自觉的工作态度、一种有效的工作方法。

一种良好的行为习惯、一种创新的思维方式。

一种快速的行动效力、一种快乐的工作氛围。

家长——积极陪伴、正面引导。

鼓励赞赏、有效支持。

主动分享、共同成长。

文化主张：

低一点，用儿童的高度与孩子看世界。

慢一点，用儿童的速度陪孩子成长。

“笨”一点，用儿童的方式和孩子交流。

相信儿童、支持儿童，跟随儿童的脚步。

为每个孩子播种一粒爱的种子。

3 | 4

3 区域游戏时间，建构区的两个孩子正针对停车场的搭建问题进行热烈讨论，老师则是盘腿坐在一旁安静观察，手中拿着记录本随时记录孩子的对话和想法，同时，手持手机拍摄游戏画面。此时，孩子们沉浸在自己的游戏中，而老师始终是倾听者、记录者。

4 九龙湖畔，爸爸带着孩子在进行幼儿园举办的“运动小达人”的打卡活动，妈妈用相机记录着亲子瞬间。这一刻，是陪伴，更是一种认可与成长。

5

5 大大的柱子支起一座三层楼的房子，这是孩子们正在完成的一件伟大的作品《水上的房子》。孩子们边动手边观察，不断尝试着小脑瓜里天马行空的想法。房子越来越高，孩子们够不着了，于是他们借来工人叔叔的梯子，顺利完成最高点的搭建。

四只小海马的故事

仪仪、康康、慧慧和乐乐是海马家园的吉祥物。

她们是四只可爱的小海马，出自一位工作仅三年的青年教师之手。最难能可贵的是这四只小海马最初都是这位年轻教师自己设计、打样、手工缝制而成的。为赢得孩子们的喜欢，这位老师不厌其烦，反复推敲论证近十五稿，最终在全园吉祥物作品征集大赛中脱颖而出。

小海马的细节与品质体现了海马家园的理念与文化特质，更寓意着我们对海马家园孩子们的成长期待。

仪仪：一位身着粉色旗袍的小海马，寓意着幼儿、家长和教师们都能成为五千年中华礼仪文明的传播者。

康康：一位代表着热爱运动、热爱生活，身心健康，有独立生存能力的小使者。

慧慧：一位头戴博士帽的小海马，寓意着做一位爱读书、会思考、善合作、能探究的智慧小使者。

乐乐：一位手拿画笔的小海马，寓意着孩子们会用多种方式表达自己的梦想与快乐。

造型各异、特质鲜明、憨态可掬的四只小海马，常常惹得孩子们驻足在橱窗前，一边看着小海马，一边比画着手中的积分券，嘴里还念念有词道："这个周末我要再去照顾羊妈妈，这样我就可以用我的积分兑换一只小海马了。"

瞧，孩子们可以通过为小朋友、小动物、班级、老师和幼儿园服务，或者做小小志愿者等，给自己赢得积分，来换取他们心仪的吉祥物。

小海马的故事，也是孩子们成长的故事。

6 四只可爱小海马；仪仪、康康、慧慧和乐乐，代表着我们对孩子们成长的美好期望！

6

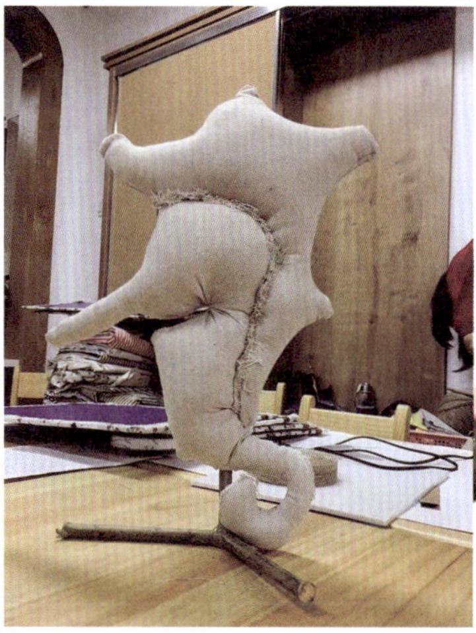

7 | 8
9

7—8 这是小海马吉祥物的设计手稿和年轻的设计者亲手缝制的样品——从最初的想法到初具雏形再到小海马的诞生，凝聚着设计者对于海马家园文化的深刻思考与理解。

9 小海马兑换橱窗开放后，成为孩子们流连忘返的地方。总会有孩子仰着头看着橱窗中的物品，小手攥着自己的心愿积分，想着要更加积极地做小小园内志愿者，获取更多积分兑换喜爱的小海马。

小海马的歌

“欢迎你光临到，小海马家园，搭积木过家家，一起来玩耍。

像一只小海马，不停快乐歌唱啦啦啦啦，有困难不用怕，勇敢把手拉……”

在海马家园，有一首歌，无论是幼儿、教师，还是家长，人人会吟唱。这就是我们的园歌——《来吧，小海马》。

从歌词征集到小歌手征集、录音棚录音、伴奏合成等，都是在海马家园第一届家委会的组织下完成的，我这个园长妈妈倒像是一个台下的观众，等着欣赏她们每一次的歌唱。

每天清晨，迎着阳光、踏着歌声，孩子们愉悦而至；每天午后，《来吧，小海马》又会轻轻叫醒孩子们的耳朵；每天离园，熟悉的童声再次响起，孩子们告别老师，奔向爸爸妈妈的怀抱。

当然，每当幼儿园有重要的仪式时，《来吧，小海马》是孩子们必唱的曲目。比如小朋友每学期入园第一天、家长会入场歌曲、颁奖典礼的序曲、大班毕业典礼的献歌等，这首园歌必定是保留曲目，全场吟唱，打动人心。

小海马的歌，让美好生活从音乐开始。

10 | 11

10 我们邀请了南京著名音乐人朱小磊、张欣宇共同编写园歌。园长妈妈亲自带队参观园所环境，讲解园所理念。也正因为有了对幼儿园的全面深入的了解，才有了这首脍炙人口的园歌《来吧，小海马》。

11 园歌是由海马家园的第一届大班孩子录制而成的，为了让自己的声音更好听、咬字更清晰，他们每天都会和老师一起练习，最终在录音棚圆满完成作品录制。

12

12 唱响园歌是海马家园每一届毕业典礼的保留节目。2022 届大班毕业典礼上，孩子们身穿园服，手持泡泡枪，一起用稚嫩的声音最后一次唱响园歌，为幼儿园生活画上圆满句号。

六招播种“家风”

春天是最好的播种时节，播种看似简单却不简单，总要历经选种、育苗、整土、播种的流程。

播种“家风”同样如此。如何让内隐且无形的“家文化”生根落地开花，这里介绍六招。

第一招，深入调研。

“家文化”的每一条价值观、每一个理念、每一句文化表达都不应是园长或管理者拍脑袋的决策，而是基于对幼儿园及周边资源的过去、现在、未来的深入调研，经过若干轮不同层级与群体的审议论证方可确定，并且应随园所发展变化不断修正，同步纳入五年发展规划的审议、调整与实施。

第二招，征集招募。

“家文化”中的群体行为与规范应充分发挥每一位幼儿、教师和家长的智慧，比如园标设计、吉祥物设计、园歌歌词、园服设计、园刊征稿、环创设计、志愿者招募等，我们都面向幼儿、教师和家长开展了全园征集招募。这样做既是一种文化传播，更是一种自我管理的唤醒。

第三招，描画未来。

园长与管理者是文化管理的引领者，但一线教职工才是文化传播与传承的践行者。管理者要善用罗森塔尔效应，用多种方式向幼儿和教师描画自我、描画目标、描画梦想。比如每一次接待外来的参观团时，我们会根据不同主题，请幼儿或一线教师来做小导游，听他们说过去、道现在、话未来。

第四招，讲好故事。

管理离不开讲故事，文化管理的高手总是擅长于讲好每一个故事。作为管理者，我们应创设各种机会与平台，让幼儿、教师、管理者、家长们讲故事。比如第一次新生家长会，园长妈妈一定会给新生家长们讲海马家园的成长故事；而班级家长会的第一个仪式一定是每个孩子用自己的方式给爸爸妈妈们讲自己的成长故事；幼儿园重大活动时我们会邀请家长们来讲故事。用故事讲好我们的成长，用故事传承“家文化”。

第五招，敢于授权。

海马家园的每一个人都是“家文化”的参与者与缔造者，播种“家风”就要敢于授权，用人之长、尽己之责，形成人人都是管理者的自觉担当。比如园歌的录音制作由家委会全程独立组织实施；每周四的家委会主任接待日，值班主任开启幼儿园、园长和家委会主任三个邮箱，分类梳理问题，共同商议协调回复等。这种授权不仅是信任，也是“家文化”的传播与传承。

第六招，学会赞美。

马克·吐温有个略微夸张的说法，一句赞美的话可以让他多活两个月。赞美是一种有效而不可思议的力量，优秀的管理者会时时欣赏、处处赞美。如在班级让孩子们找小伙伴的优点；在教师团建活动中“送金子”（真诚地夸赞他人的优点，送出金子般的鼓励与赞美）；搭班教师闹矛盾时给对方找十个闪光点；管理者每天一句赞美的话等。学会把赞美当作一件礼物，播种“家风”会随风潜入夜，润物细无声。

播种“家风”是一种管理的艺术，更是“家文化”的实践场。

第二章　唤醒本原觉知

家是什么？家是心灵的栖息地。

它不仅仅是温馨、舒适、放松的代名词，更应是有温度、有爱、能唤醒并激起梦想的发源地。

在九龙湖幼儿园文化生态系统的创设过程中，我们将无形的“爱”尽可能地可视化，以色、形、味、物、时、空等方式相互连接呈现出来，塑造一种立体的、有形的、有温度的“家文化”。让“家”根植于幼儿和教师的心中，让“家”融入每一天的生活与工作场景中，让“家”逐渐成为心中美好的向往与信仰。

小海马的家

班级活动室，属于每个“小海马”的家，是孩子们来了就不愿走的小窝。

在海马家园，孩子们称呼自己为“小海马”。每个班级就是一个小“家”，48 个小家融成一个大家庭。“小海马的家”即班级活动室，是幼儿园内阳光最好、面积最大的空间。

九龙湖园部每个班的面积平均达 150 平方米。殷华街园部的建筑主体原本为商场而建，每层的层高达到了 4.4—5.4 米，这么高的层高为班级创设多变的空间提供了更多的可能。在与设计师讨论后，我们依据每一个班的空间结构，为每一个活动室创设出 190 多平方米的 3 层跃层空间，多维的空间变化让活动室极富趣味。

空间布局与价值呈现

在班级活动室空间布局与环境创设时，价值呈现可从 3 点思考：

第一，环境应体现园所办园理念与价值观。

第二，环境应体现园所的课程建设理念与目标。

第三，环境应体现儿童才是幼儿园环境的主人。

基于我们的办园理念、培养目标、办园宗旨以及课程设置，在幼儿活动室空间布局设置时，我们提出了“三化”“三式”环境创设六要素：

生活化、区域化、低结构化、自然式、开放式、可探究式。

依据六要素的核心价值指向，海马家园的班级活动室布局分为生活体验区、科学探究区、艺术创造区、情感表达区四大功能分区，且每一功能分区都设置了 2 个以上的活动区域。

生活体验区：生活区、娃娃家、超市、中药铺子、茶社、花店等。

科学探究区：科学区、认知区、光影区等。

艺术创造区：美工区、写生区、建构区等。

情感表达区：阅读区、表演区、分享区等。

生活区，悦纳生活

有家的地方，就有小厨房。在 48 个班的活动室里，生活区面积达 30 平方米，有 6 个不同造型水龙头的圆形水槽，和长 4 米、高 0.6 米的石英石儿童操作台，各种洗、切、蒸、烤、擀、捏、卷的厨房工具一一挂在操作台上，小冰箱、小烤箱、电饭煲、电饼铛、空气炸锅、微波炉、榨汁机等儿童小厨房的电器一应俱全。每天早晨一到幼儿园，孩子们便穿上小围裙、戴上小袖套、撸起小袖口，开始了他们早晨的美妙生活时光。

他们或是做寿司、蛋挞、曲奇，或是做水果拼盘、蔬菜沙拉，或是小心翼翼地剥着各种带壳的坚果……而最让他们得意的时刻，便是打开小烤箱，端出他们亲手做的小点心，邀请几位小伙伴，悠然坐在小餐桌旁。当餐桌上方那盏琉璃灯将暖黄的光洒在孩子们的脸上时，孩子们嘴角的笑容和得意的眼神，像在说：“明天我也要露一手！”

教育从生活而来，也为未来的生活做好准备。孩子们在真实的场景中感知生活、体验生活、热爱生活，成为生活的小主人。

1

1 充满生活气息的生活区是孩子们最喜欢的地方，这里烹饪工具一应俱全，孩子们一早入园不仅能在这里享受美食，还能一起体验榨果汁、煎鸡蛋、包饺子的劳动乐趣。

2 | 3
4

2—3 6个不同造型的水龙头，拥有不同的开启方式、不同大小的水流，这总能勾起孩子们的兴趣。孩子们不仅锻炼了手部的肌肉，养成了良好的洗手习惯，更找到了生活的乐趣。

4 30平方米的生活区，设有盥洗区、幼儿操作区、成人操作区和品尝区，豆沙绿地砖与房顶的颜色遥相呼应，尽显设计感。高度适宜的台面满足了幼儿和成人的不同操作需求。

5—7 一道诱人的炒蛋、一杯鲜甜的橙汁根本难不倒生活区的“大厨们”。尽管他们刀工还不太娴熟，可在不断地尝试后，总能将黄瓜、小葱切成小段。

5 | 6 / 7

阅读区，感受美好

在海马家园的活动室里，阅读区是孩子们每一天都想“泡一泡”的地方。

之所以想“泡一泡”，是因为这里的阅读区可不是传统意义的图书角，每个班风格迥异，有的在窗边，有的在小跃层上，有的在楼梯下，有的则藏在了办公桌旁。

软体沙发、地毯、靠垫、小帐篷、纱帘、垂吊的月亮船、落地灯……当然还有各式各样的小书架、读写板、阅读区公约等，任何时候进入活动室，都能看见两三个孩子，或倚、或靠、或趴、或端坐在小桌前，沉浸在他们的图书世界里。

孩子们随时可以“慢下来”，感受图书世界的神奇与未知，享受阅读的宁静与美好。

8 每本书都有属于自己独特的标签，它们被整齐地摆放在图书柜上。孩子们将鞋子整齐地放在标识线旁，三三两两坐在柔软的沙发里，拿出爱读的绘本，分享自己的发现。

9—10 半透明的帘子既给孩子神秘感，又能保证孩子仍处于教师的视野中，孩子置身其中，既能充分调动孩子们的好奇心，让他们产生愉悦的情绪，又让孩子的隐私获得尊重。

8
9 | 10

光影区，探寻惊奇

光影区是科学探究区的一部分，这里是男孩子们津津乐道的地方。

当他们轻轻转动投影仪的折射镜，发现胶片上的人物竟然可以从白色的墙壁上一下子飞跃到房顶上时，惊喜不已，于是干脆一起并排躺在了地板上，指着胶片，讲起了脑洞大开的故事……

投影仪真是神奇！图书、实物、胶片，不同的东西放在上面总会带给孩子们不同的发现。小小的透明胶片让他们产生了浓厚的兴趣：一层与很多层的重叠，不同色彩的重叠，不同造型的重叠等，每一次小实验都让孩子们惊奇不已。

孩子们在一次次奇妙的探寻中，已将小小的科学种子种入心头。而这小小的种子未来有一天定会萌芽、绽放。

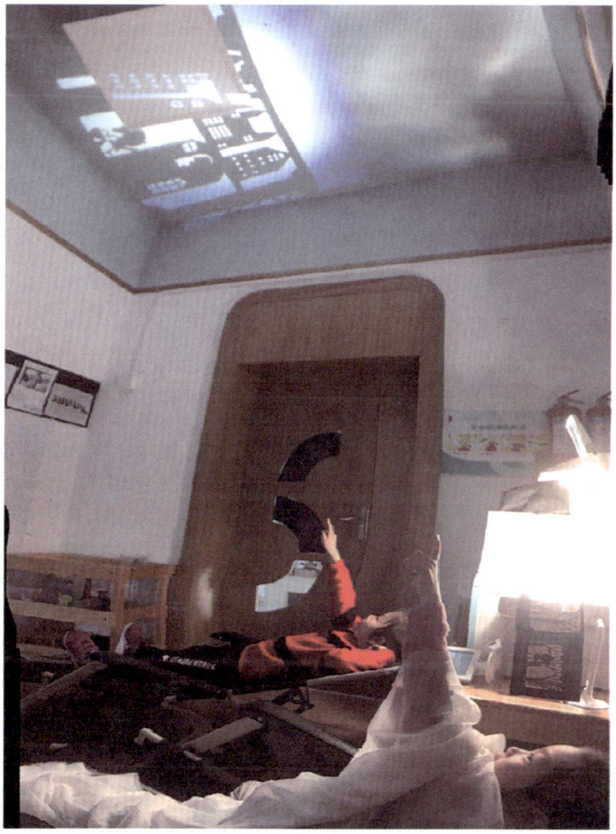

11 | 12 / 13 / 14

11 孩子们发现调整投影仪上挡板夹角的大小，影子的位置也会发生变化。瞧，“电影”飞到了房顶上，那么就索性躺着看一场“电影”吧！

12 神奇的光和影，给我们的生活增添奇妙的色彩，一张镭射纸就能在墙上投射出火苗的影子。

13 变幻莫测的影子，也能激发孩子们玩出更多有意思的影子游戏。变化身体造型或请小伙伴把影子形状画下来也是孩子们喜欢玩的影子游戏。

14 小男孩将三朵窗花整齐地一字排开，让手电筒的光穿透窗花投射到墙面上，又会有什么奇妙的发现呢？

美工区，自由创造

海马家园的孩子们，富有想象精神，敢于自由表达与表现。每个班级活动室的美工区，就是孩子们自由创造、放飞想象的空间。

美工区面积足足有十多平方米，有一个 4 张长桌组合而成的大操作台，四周为开放式的材料柜。材料柜的材料大多为来自生活中的自然物，如木片、小木棍、木柱、木屑、树皮、树枝、树桩、树叶、贝壳、纽扣、衣物等，当然还有各种材质的纸、颜料、画板、操作工具、展示架等。

15
16 | 17

15 琳琅满目的美工材料分门别类地摆放在各种器皿中，清晰的操作流程图支持孩子们自主完成作品创作，空中、桌面、墙面都成为孩子作品的陈列区。

16 “小画手”凭借一张圆形的纸片、几支画笔、一些颜料，专注地完成她精美的艺术作品。

17 孩子们相互学习、相互合作，用毛线在两根木棍上有规律地缠绕，又会创造出怎样的艺术作品呢？

操作台上有许多小台历，当然这些台历不是用来查阅日期的，而是孩子们自己创作的美工小台历。不同的美工主题、不同的流程与步骤图，还有创作注意事项等，这些都是出自孩子们的手绘，是他们自己创作的表达，是他们的思维小地图，更是他们分享给小伙伴们的创作来源与灵感。

班级活动室，一个每天陪伴孩子们的温暖小家。

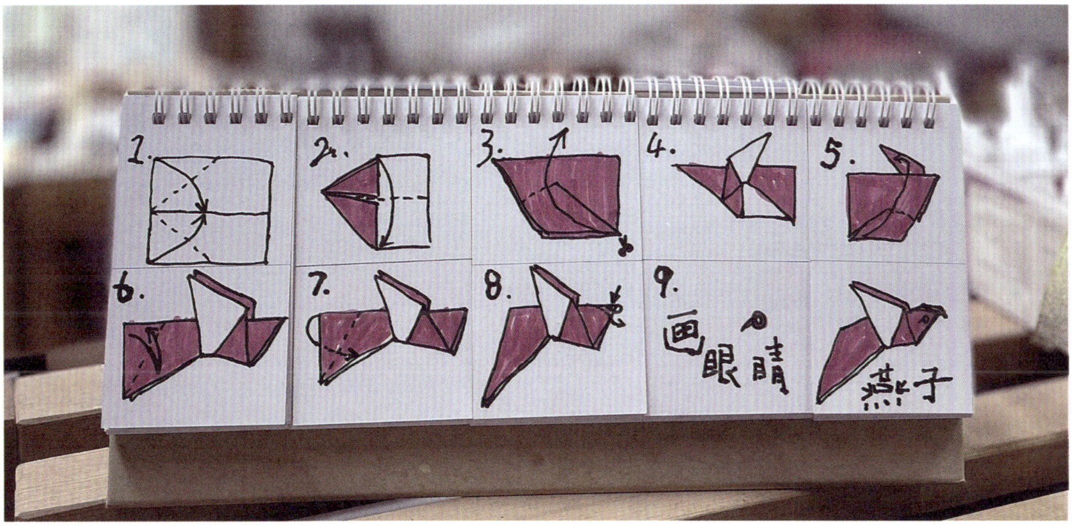

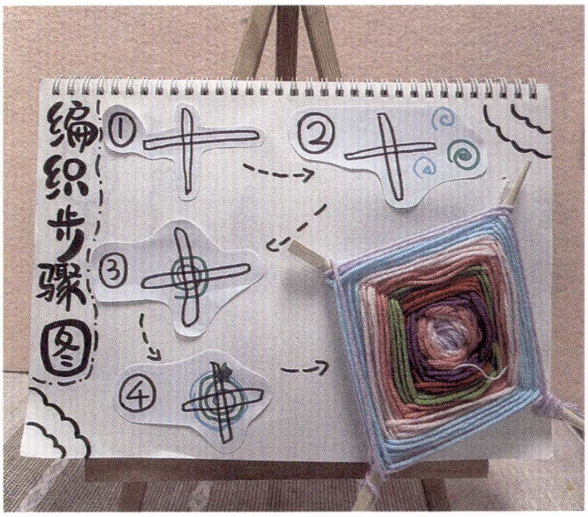

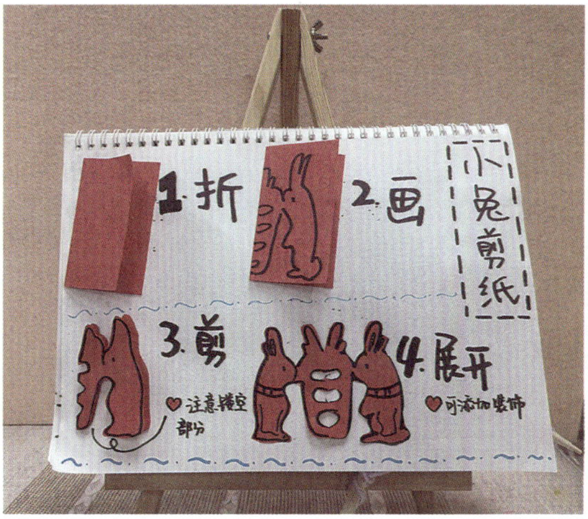

18 / 19 | 20

18—20 步骤图小台历上呈现的是作品的创作流程，孩子们将一些重要的技法流程绘制出来，图文并茂，方便其他孩子们自主创作学习。

“幸福里”的甜蜜时光

海马餐厅，一个常常吸引孩子和老师们停下脚步的地方。

食之味也，人之欲也。

从幼儿园大厅左转，来到“幸福里”餐厅，这里便是海马家园“家的味道”的源头。

爱的时光机

推开餐厅的那扇海马木门，最先映入眼帘的是悬挂在门一侧中间的一个长条老木框，由黑色铁艺弯曲造型而成的“Home”镶嵌在了老木框中，看似质朴的铁艺与老木框，却散发着一种奇妙的吸引力。

一台颇有质感的老式摄像机架在餐厅的玄关前，一卷卷充满年代感的老式电影胶卷陈列在玄关架上，三两本泛黄的老书开启了“家”的记忆。

每学期开学前，海马家园的所有老师都会精心挑选两张和家人一起旅行或用餐的照片，亲手挂到餐厅四周的黑色网格上，两百多张珍贵的照片串起了一个个爱的故事。

长长的高脚餐桌，复古的格子桌布，白色做旧的陶瓷花瓶，古铜色大喇叭的留声机，还有憨态可掬的树脂娃娃，老师们置身其中，或站、或坐、或倚在餐台上制作美食，仿佛打破了时空的界限。

清晨、午间或傍晚的用餐时间，“幸福里”餐厅总有老师结伴，或悄坐一角说着悄悄话，或轻言细语戏说着照片上的故事，或专注投入地热议着孩子们的成长趣事。

1

1 “Home”——家，一个充满艺术感的铁艺，一种有爱的园所文化，吸引着海马家园的大小朋友走进来。大家在这里品尝美食，畅谈人生。半遮挡式的玄关设计，为餐厅蒙上了神秘的面纱，与家人游玩的合影相框陈列在最显眼的地方，传递着高效工作、优雅生活的园所理念。

2	3
4	5

2 一张地毯悬挂于墙上，一张复古边柜设立于地毯下方，再用一些装饰品进行装点，让“幸福里”餐厅的环境既复古又充满文艺气息。在这里，老师们总能放下一天工作的疲惫。

3 一面照片墙，呈现了所有老师和家人外出游玩的照片，将他们相互依偎、打闹嬉戏的美好定格。

4 餐厅的一角摆放着憨态可掬的青蛙摆件，橘色的灯光洒满吧台，仿佛看到老师们手举饮品，话人生谈未来。

5 一张长条高桌放置在餐厅的中间位置，晶莹剔透的高脚杯，摆放考究的餐盘，让我们的餐饮文化更具格调。

餐厅老电影

“幸福里”餐厅，还是一个看电影的地方。

每两周一次的电影社团活动时，老师们便会齐聚到“幸福里”，迫不及待地关上门，掩上窗帘，调暗灯光，打开投影幕布。随即，经典老电影的音乐缓缓流淌出来……

电影结束，主持人端出一壶醇香的热茶，给每一位观影老师斟上。老师们忍不住用手来回感受着温热的茶杯，凑上鼻子贪婪地吸着茶香，再轻轻抿上一小口茶水，立马打开了话匣子：从战争到和平，从爱情到婚姻，从孩子到家庭，从工作到生活，如涓涓细流娓娓道来，或潸然泪下，或忍俊不禁，或思绪万千，或踌躇满志。

这时的“幸福里”，成了老师们放空头脑、舒缓情绪、排解压力的心灵港湾。

6

6　电影社团的老师们时常聚集在“幸福里”餐厅，投影幕上投放着老师们爱看的电影，她们时而低头私语，时而品茗饮茶，在嬉闹的幼儿园生活中，寻得那一份难得的宁静。

做个西点高手

“幸福里”餐厅，是一个可以学习厨艺的地方。

海马家园有 3 位厨师，包括 2 位中厨和一位西点师。

这位西点师原本是一位专门从事私家定制的西点名厨，因为孩子入园与幼儿园结缘，从此一发不可收拾地爱园如家，还亲自带出了一批热爱西点制作的年轻教师。

蛋挞、曲奇饼干、奶油酥皮、泡芙、清水蛋糕、雪媚娘、雪花酥、裱花蛋糕、苏式月饼、麻薯，以及各式包子等中式点心，西点师信手拈来。西点社团成了海马家园最热闹、最受宠的一个社团。

制作点心看似简单，实则每一个细节都不可小觑。比如，每一次都必须正确佩戴口罩、帽子、手套，严把食品安全卫生第一关；用到烤箱以及蒸锅时必须提前预热；冬天要用温水和面，夏天要用冷水和面；蛋糕制作时的手法是翻拌而非搅拌，包包子时使用的手法是提、拉、捏；下课后社团成员们需将当天的学习总结发到社团学习群里，并回家复课 3 次；等等。

如同我们的教育，在孩子们成长的过程中，要细细观察、跟进对比、倾听记录、实践反思等，但最关键的一定是实践、反思、再实践，如此循环往复，才能成为西点高手。

7 杜老师是幼儿园的西点师，孩子们每日的下午点心都出自她的手，她身上总是散发着甜甜的面包香味，孩子们戏称她是“香香的魔法师”。

8 杜老师不仅给孩子们做点心，还教老师们做点心，她是西点社团的社长。每个月有两次社团活动，她的社团最受欢迎。老师们围着她，学和面、学配料，她也总是手把手教并耐心地讲解。

7 | 8

100 种点心，100 位师傅会制作出 100 种口味。

100 个孩子，100 位老师会有 100 种支持策略。

“幸福里”餐厅，电影、音乐、美食、茶艺、手工沙龙等，只要预约，就可以和小伙伴们享受私人定制空间。

“幸福里”餐厅，一个可以让老师们演绎小小幸福感的空间！

9	10	11
12	13	14
15	16	17

9—17 蛋黄酥、泡芙、雪花酥……这些美食均来自“幸福里”餐厅的大厨们，健康的食材、鲜甜的味道、好看的外形，让海马家园的孩子们不仅能吃饱还能吃好。大厨们不仅做美食，还研究美食，每个月都会出美食新品。用他们的话说：“我们要牢牢抓住大小朋友的胃。”

一座遇见未来自己的站台

楼道，一个再平常不过的公共空间。

而海马家园的楼道，却是一座遇见未来自己的站台！

在海马家园，所有的环境都是为儿童创设的。

楼道当然也不例外，这里有孩子们喜欢的电影故事，孩子们可以自己创作，自己布置展台……当然小小解说员一定也非孩子们莫属。这些听起来跟楼道八竿子打不着的场景，竟然就藏在海马家园的楼道里。

这究竟是一个怎样神奇的楼道？

遇见未来的自己

每一位走进海马家园的大朋友小朋友，迈入楼梯口的一瞬间，总会被眼前楼梯上整幅倾泻而下的黑色炭笔画震惊：这是哪里？列车将开往哪里？千寻能救出自己的爸爸妈妈吗？她会遇到什么样的危险与困难？谁又会帮助她？

如果这时，恰好身边有小朋友经过，他一定会笑着对您说：“欢迎来到海马家园笃爱站 1 号站台，笃爱站里呈现的是《千与千寻》的故事。我们海马家园的小朋友也会像千寻一样不怕困难，努力成为勇敢自信、团结合作、有冒险精神、有责任担当、有爱与信仰的孩子。”

瞧，这就是海马家园楼道的神奇之处：一座遇见未来自己的站台！

五个楼道化身为电影故事中的五座站台，笃爱站、探知站、寻真站、致远站和向阳站。每一座站台都藏着一部孩子们喜欢的经典电影；每一座站台都讲述着孩子们成长中可能会遇到的困难与挫折的故事；每一座站台都是孩子们的真情流露与肆意表达；每一座站台都是孩子们遇见未来自己的重要体验与成长历练。

探知站，激发孩子们的求知欲。每个孩子都是生活的探险家，他们从这里出发，敢于探知，勇于发现新世界。

寻真站，让孩子们做中学，做中玩，做中寻真理。他们从这里明白，在成长的道路上，要始终保持寻求真理的勇气与自信。

致远站，每天会有一群群充满理想的孩子路过。他们在这里行走、成长，迈向梦想与远方。

向阳站，迎着阳光的方向。充满热情与生命力的孩子们，在这里向着阳光的方向，拔节生长，尽情绽放。

1 | 2 / 3

1—3 海马家园所有的楼道变身为神奇的站台，从笃爱站到寻真站，从致远站到探知站，再到向阳站，带领孩子们走进一个个童话的世界。这些站台都是由教师、幼儿、家长一起绘制而成的。炭笔画的素描风格让幼儿园最普通的楼道呈现出魔幻的艺术气息。

楼梯间的小心思

海马家园的5座站台里，停靠着5辆列车，被孩子们亲昵地称为笃爱号、探知号、寻真号、致远号和向阳号。

每一个楼梯的拐弯处便是列车停靠点，每一处停靠点巧妙地运用了电影故事中的主要道具或场景，展现出电影故事的脉络，让孩子们产生无限遐想。比如向阳号从1号站台到3号站台，楼梯墙面、拐角处，甚至顶面都大量装饰着各种各样的铁艺飞机，悬挂在楼梯的空中或拐角处。置身其中的孩子们总会与小伙伴兴致勃勃地讲述飞机设计师的故事。当然，这些飞机还可以用来展示儿童的作品。

再如探知号列车的3个站台再现的是龙猫的电影场景，楼梯间选用了森林里的老木头、木桩、木片、木框、木椅等材料作为展架。目光所及之处都是孩子们创作的作品，高低错落地布置在整个楼道的老木头上。儿童作品与楼道间森林场景融为一体，看似不经意，却美得令人沉醉。

每个月底的一周，孩子们会和老师一起更换作品。如果孩子恰好能亲手把自己的作品放置在展架上，就会难掩心中的得意。

楼梯间的小心思，满满的都是爱与梦想的味道。

4

4 每一个楼梯的转角处都是一个小小的作品展示区。孩子们将自己的美术作品展示在各种展架上，让原本魔幻的楼道增添了更多灵动，一件件作品似乎在向我们讲述海马家园的有趣故事。

5	6
7	8

5—8 行走在幼儿园中，每一个拐角，你都可能与孩子们充满奇思妙想的作品相遇。可能是乘坐在飞机机翼上的迷你纸山，可能是展示台上错落有致的黏土怪兽，可能是鲜艳的手工蜘蛛网，也可能是在哪个不起眼的角落翩翩起舞的锡纸小人。孩子们的作品在署名后被珍藏在幼儿园楼梯、走廊的每一处，它们不再是架子上孤单的展示物，而是灵动的、有生命的、会说话的艺术作品。

把美术馆搬到长廊里

2020 年 12 月，江宁区教育局把殷华街幼儿园相邻的一栋 4000 多平方米的建筑移交给我们，用于扩班，解决本区幼儿入园问题。

两栋教学楼如何连接？

在翻阅查找了大量的国内外儿童建筑的资料后，我有了一个大胆的想法：把美术馆搬到长廊里。

海马艺术长廊，必须具备 3 种功能：①楼宇间送餐的通道；②雨雪天的师幼通道；③一个可触摸的、随时能参与的、具有艺术审美的、融入真实生活中的艺术长廊。当然还有一个最重要的设计元素：万花筒。

海马艺术长廊，早已不再是传统意义上的方方正正的长条形封闭走廊，它突破了我们对长廊的空间认知，由 9 道不规则的铁艺焊接拱门，在两栋楼宇之间曲线穿行，自然形成了 9 道弯曲。站在第一个弯曲前并不能完全看到后面的弯曲，必须走到拱门前才能清楚地置身在这道弯曲中，而窗外的阳光透过玻璃折射进来，就像万花筒似的变幻莫测。每一次穿行或处在不同的角度看艺术长廊，作品带给我们的感受都如此震撼而有趣！

整个海马艺术长廊由全透明玻璃组成，每一个弯曲就是一种艺术材料的展示，有自然物类、木质类、线类、布类、纸类、玻璃类、金属类、绘画类等，每一区域的作品都来自儿童，由不同班级定期更新布展。

从此，海马艺术长廊成了孩子们穿行频率最高的地方。

入园时、户外活动时、早操时、体育活动时、送餐时、散步时、项目小组活动时、游戏时，甚至离园时，孩子们都会忍不住到艺术长廊中，走一走、看一看、摸一摸……似乎每一件作品都是他们的珍宝。

瞧，我们把传统意义上的艺术馆搬到了幼儿园的长廊中，让它成为孩子们日常生活的一部分。艺术不再是束之高阁的清冷，而是儿童内心与情感世界的随时表达与表现。

我想，这就是海马家园赋予楼道的新的生命力。

9	
10	11
12	13

9—13 海马艺术长廊是殷华街园部最富标志性的空间之一，红墙白字，醒目地展示着在“自然、自由、自在”的课程理念下，幼儿园的艺术创造课程。艺术长廊里到处陈列着幼儿的艺术作品，主题鲜明，品种繁多，木质的、琉璃的、锡纸的等。孩子们利用生活中的各种常见材料，或画或剪、或粘或拼，自由创造，将不起眼的废旧材料玩出花样，玩出精彩。

14
15

14—15 蜿蜒曲折的长廊，常常吸引孩子们驻足。他们常常在这里摸一摸、看一看、玩一玩。长长的管道后面能看见什么？透过彩色玻璃片，外面的世界有什么变化？这些都是孩子们津津乐道的话题。

爱上阅读

一本书如同佳肴，细细品，才有味道；一个图书馆也如同餐厅，有趣的器型、多变的空间、适宜的环境，为佳肴增添了几分诱人的味道。

阅读是我们倡导的生活方式之一，要让孩子们爱上阅读，却是需要动一番脑筋的。

在海马家园，每个班有 6—8 平方米的阅读区，幼儿园大厅、走廊、过道随处可见各种绘本，孩子们可以就近坐在大厅的船上，走道的轮胎、小长椅上，倚着靠垫翻阅图书。

但最让孩子们喜欢的空间仍然是我们的海马图书馆和森林图书城。

三层魔方阅读空间

海马图书馆原本是一个 157.5 平方米的长方形空间，按每个园部 24 个班的规模足以满足孩子们阅读的需求了。但在装修时，我们发现这个楼层层高达 3.8 米，于是一个大胆的想法跃然而出：将原本一层的空间进行分层设计，最终变成了一个面积达 237.5 平方米的既有趣又神秘的三层魔方阅读空间。

一层 157.5 平方米，四周是落地式英式高书架，还设置了孩子们喜欢的高爬梯，其中 1.5 米以上放着教师和家长们阅读的书籍，1.5 米以下是孩子们的绘本世界。

二层大约有 20 平方米，主要功能是图书修补区，放置了各种图书修补工具与材料，便于孩子们及时修补有破损的图书。

三层有 40 多平方米，是孩子们喜欢的表演区，区域内设置了各种陈列架，服饰、帽子、发饰等一应俱全。三层层高 1.6 米，由三个圆形拱门分割成了两个隐秘有趣的小空间，孩子们利用拱门自然形成了舞台表演区和换装准备区。每一天这小小的空间里都会上演不同的剧目，俨然成为孩子们最喜欢的一个角落。

1	2
3	4

1 在图书出现破损时，孩子们想出各种办法自己“拯救书宝宝”，并且把修补步骤绘制成思维小地图，供其他小朋友参考。

2—4 每天图书馆活动开始时，孩子们在沙发前的地毯上，盘腿而坐，安静地聆听义工爸爸妈妈们讲故事，眼中充满了求知欲，还时不时地和爸爸妈妈们互动。自主阅读时间，孩子们自主选择图书，有的找一个靠垫，席地而坐；有的坐在小桌边，和小伙伴面对面阅读；有的来到灯光温暖的小三层，寻一处私密空间；还有的和小伙伴们一起围坐在老师身边，拉着她给大家讲故事。温馨舒适的沙发座椅，取放方便的图书柜，造型可爱且配色和谐的沙发、地毯、软垫、配饰，营造出温馨的氛围，有利于幼儿形成信任、温暖、安全的心理状态与人际关系。

森林中的童话书屋

殷华街园部的森林图书城则是一个近300平方米的开放式图书城。

说它是图书城倒不如说是一楼海马剧场门口的开放式大厅，因为大厅内有4根直径达80厘米的圆立柱，我们在装修设计时，将4根圆立柱充分利用，一来作为森林图书城的区域动线巧妙划分出了蓝色森林、月亮船、绿野仙踪、摘星星、天上的房子5个区域，二来直接利用圆立柱创设出几个树屋和树池，大大小小错落有致的树屋和树池成为孩子们最喜欢的读书空间。

透明的玻璃树屋、悬挂在空中的木房子、包裹着老树皮的大树桩爬阶、卧在森林里的枯树、形态各异的小木房子书架，还有倒挂在剧场门口的月亮船、飘落空中的彩色绘本图书、屋顶倒映的小木屋，还有那条蜿蜒曲折的星星河，无不让孩子们流连忘返，陶醉其中。

5

5 蓝色森林中悬挂着三栋错落有致的小树屋。孩子们绕着旋转木梯拾级而上，有的在屋子里静静地翻阅着绘本，沉浸在童话世界；有的两两共读，彼此分享着美妙的故事；有的倚靠着树桩，享受着森林中读书的快乐！这是一个自然、开放的阅读空间，一个属于儿童的森林书吧！

6—8 星空探秘，绿野寻踪，孩子们在此进入童话的世界。星空中垂下一叶月亮船，绘本围绕船身随风浮动。一本本翻开的绘本，讲述着神秘而梦幻的故事。孩子们专注地聆听，沉浸在故事的海洋中！

6
7 | 8

三套图书管理导视系统

在海马家园，儿童图书馆共有三套管理导视系统。

第一套，方便儿童识别的导视系统；第二套，方便图书管理老师快速收纳整理的导视牌；第三套，供全园家长每周带孩子们借阅的电子图书管理识别系统。

其中最有趣的便是孩子们自己设计的收纳标签导视系统。从图书馆的规则制定到6S标签的讨论制作，再到图书与标签的对应收纳，孩子们都全程参与其中。孩子们还按照年龄大小分层定位、定标签，将图形、色彩、线条、数字、空间、方位、数关系、数守恒等数概念变身为一个个有趣的标签，藏在了整个图书馆里。这既帮助孩子们建立了良好的阅读与收纳习惯，又让孩子们在反复操作中自然习得了数的概念。

我们曾做过一次有趣的测试，请一位带着孩子来参观图书馆的爸爸和孩子共同猜猜每本绘本上的标识意义。爸爸率先猜了几次都无果，站在一旁的小朋友对着爸爸说："这个标记就是送它回自己的家嘛。"瞧，这就是儿童的学习方式！

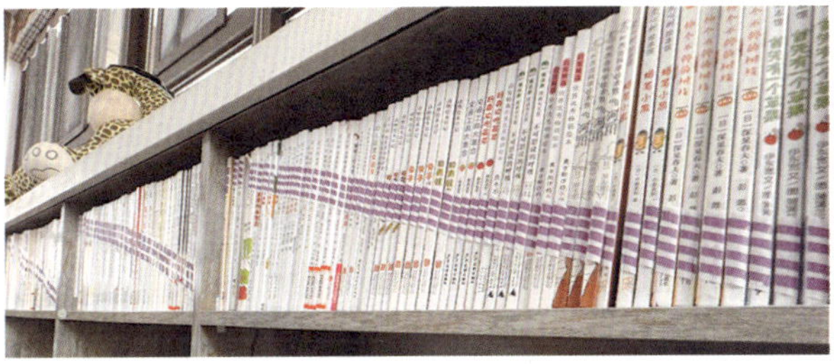

9 | 10
11

9 书柜上展示的书每月会更新一次。图书根据幼儿身高及年龄特点进行摆放，小班的孩子个头最小，书在最下层，6S标签采用实物配对的方式；中班的孩子个头稍高一点，书在中间层，6S标签采用形状配对的方式；大班的孩子个子最高，书在最上层，6S标签采用数字配对的方式。这样的标签每个书柜一个色系，帮助幼儿以最快速度找到书的"家"。

10 幼儿园藏书量较大，还有很多书不能用平铺的方式展示出来。于是老师们运用"斜线管理"的方式，在书的侧面进行标记。当线条发生断层，就证明这本书摆错位置啦。

11 海马图书馆的每一本书，自采买回来就会被赋予一张条形码标签。无论是幼儿借阅，还是教职工借阅，所有图书都进行智能电子管理，扫一扫就可以轻松借阅和归还了！

用色彩管理点燃阅读

传统幼儿园中用得最多的色彩大多是红、黄、蓝，或是粉红、粉蓝、粉绿等。

这些色彩色调单一，明度较高，饱和度较高，太多太大的面积往往会过度刺激视网膜，导致眼睛疲劳。颜色会通过光产生的能量影响儿童身体功能、思维和情绪，如引起兴奋、给予平静、提供灵感、增加焦虑或紧张、让人平和等。

因此，幼儿园在色彩应用上一定要精心设计。办园理念、培养目标、课程理念、课程组织形式等都是我们色彩管理时需要依据的重要指标。

在海马家园，依据自然生存、自由生长、自在生活（以下简称“三自”）理念与课程组织实施架构，我们将主色确定为豆沙红、豆沙绿、豆沙蓝，主配色是灰色，且孩子年龄越大，色彩的饱和度越低。这样的色彩设计更贴近自然，贴近课程，贴近儿童身心发展的需求。

图书馆作为幼儿园的公共空间，其色彩系统的主色调应用了幼儿园的主元素之一豆沙蓝，低饱和度的色彩与书橱的原木色相互辉映，自然、安静、平和的阅读环境，更能保护儿童的视力。

此外，通过窗帘、靠垫、布偶等活动性环境材料，适当点缀一些小面积、饱和度略高的色彩，来引发儿童阅读、交流、分享、表演的兴趣。

色彩管理，是物型文化的一部分，善用色彩管理的高手一定是一位卓有成效的管理者。

12 | 13

12 九龙湖幼儿园的园标，不同颜色的小海马代表不同年龄阶段。豆沙绿代表小班，豆沙蓝代表中班，豆沙红代表大班。

13 类似于海马图书馆这样低饱和度的环境在幼儿园还有很多，环境被衬托得非常雅致，让孩子在平和安宁的环境中静心去欣赏和感受。

14

14 无论是找个玩偶席地而坐，还是坐在小桌子边自主阅读，都是非常不错的选择。温馨的窗帘、可爱的小玩偶，每一个角落都给幼儿以“家”的氛围，创设出一种松弛感，帮助幼儿沉浸式阅读。

玩转“艺术创想”

每个孩子都是天生的艺术家。——毕加索

儿童对于美术的喜爱并不完全是由于特长和兴趣，而是因为它是每个孩子在成长中必然会经历的过程，这个过程对儿童的身体发育和智力发展、情感与精神的影响具有非凡的意义。

在海马家园，我们努力为每一个孩子提供更为丰富、有趣、可探究、可操作、多层次、多变化的艺术创造的空间与材料，大厅、楼梯、走道、廊架、阳台、活动室，以及户外每一个角落，都可能成为他们驻足创作的空间。

不破不立，破而后立

海马工作室，就是最让孩子们流连忘返的地方。最初接手这个空间时，它是4间连成一排的实墙空间，一间活动室进深达18米多，仅有1扇大窗户。这样的活动室黑暗、封闭、潮湿，不透气，人们走进去就会感到有种压抑感。

孩子们喜欢的工作室究竟有哪些？

怎样的空间设置更能激发儿童的创作灵感？

怎样的环境布局能支持儿童自由自在地创作？

如何将幼儿园的文化系统应用到工作室的设计中？

不破不立！将 4 间活动室相连的实体墙彻底推倒，变成了一个 422 平方米的完整大空间。

1—2 1 为改造前的活动室，中间的隔墙没有推倒前，空间狭长局促，光线灰暗；2 为改造后的活动室。从空中到地面，从顶面到墙面，从柱子到矮墙，色彩由冷到暖，明度由亮到暗，纹理由复杂到简单，造型从大到小……都显现出富有层次的变化。

1/2

文化墙里的 100 种表达

走进海马工作室，迎面是一面低矮的弧形文化墙。

“自然的种子、自由的思想、自在的创造”三行稚拙的金属字在白色矮墙上格外醒目，无论是孩子们，还是家长和老师们，走进工作室总会被这三行字吸引，忍不住一字一顿地读上一遍后，目光才移到别处。

最初在设计这面弧形文化墙时，我们完全按儿童身高与最适宜视阈砌筑而成，并在墙面上设置了一些大大小小高高低低的墙洞，完成砌筑后便邀请孩子们穿上围裙、戴上护袖，和我们一起用白色的丙烯颜料在矮墙上着色，这才有了我们现在看到的着色深深浅浅、墙面毛毛糙糙，看起来有些复古味道的白色弧形文化墙。

时光积淀，文化墙区域上下里外，甚至一个一个小墙洞里，都陈列了孩子们各式各样的作品，泥塑、手工、纸艺、花艺、布艺……100 种艺术创想里，有着儿童的 100 种声音，100 种表达。一踏入这里，大家总会被深深吸引。

3

3 走进海马工作坊，映入眼帘的是一面白色砖块砌成的文化墙，2 米多的高度，在视觉上将工作坊与外面自然分隔开来，构成了一种通透、神秘的空间关系。初见文化墙，你会在这面墙前驻足良久，它就像是一个迷你艺术展区，墙上刻着工作坊的课程理念，11 个工作坊的艺术作品琳琅满目地呈现在墙面上。每件作品都会有一个专属小标签，记录着孩子们的艺术创想。

4—7 海马工作坊的文化墙由老师和孩子们使用白色的丙烯颜料粉刷而成，每一块砖都是孩子们精心完成的着色作品。驻足文化墙前，各式各样的作品让人目不暇接。墙面的凹槽中，住着一只由枯树皮和树枝做成的小鹿，另一侧的凹槽中则是孩子们奇特可爱的陶土作品，宛若古博物馆的一角。当然还有其他意想不到的艺术创想作品，在晶莹的灯光下讲述着孩子们在工作坊中的趣味小故事。

4	5
6	7

11 个创意美术工作坊

工作室分为文化区、工作区、展示区。

在这个 422 平方米的大空间里，最重要的是环四周而设的 11 个创意美术工作坊：印刷坊、纸艺坊、扎染坊、色彩坊、造型坊、布艺坊、琉璃坊、丹青坊、陶艺坊、鲁班坊、磨坊。

我们将方钢进行组合焊接，沿着四周墙体自然形成了 11 个美术工作坊，而大厅中间则是近百平方米的展架或展台。摈弃了墙体隔断，设置成开放的、镂空的、适宜儿童身高的铁艺高架隔断，让整个空间变得通透、明亮、有变化，铁艺隔断还有一个更重要的功能——材料架，这种材料架四周通透，更便于孩子们自由取放、操作、收纳、整理。

海马工作坊就像一个个大仓储超市，所有的材料都是生活中可见的自然材料，所有的材料都由全园孩子和爸爸妈妈共同收集，所有的材料都经过孩子们和老师们共同整理分类摆放。

在这里，孩子们一个个变身为小小艺术家，通过 11 个工作坊的行走课程，唤醒混龄式同伴学习、合作学习、自主表现与创造，点燃内心情感与精神世界。

8—11 11 个工作坊的门头都是用各个坊独具一格的材料打造而成的，如鲁班坊借助了木板和树枝，丹青坊采用了卷轴和水墨画，色彩坊运用了彩色的颜料盘，扎染坊是由扎染好的布捆绑出的造型……坊内环境的打造与材料的陈列最大限度地支持孩子自主游戏、自由创造的行动。

8	9
10	11

12	13
14	15

12—15 在这里，最美的风景就是孩子们投入其中专注创作的眼神。这里有丰富的颜料、多样的纸张、各种自然物，还有胶枪、电钻、锤子等便捷的工具。孩子们不仅可以进行各项美术活动，还可以自由发挥、自主创造。当然，老师会在孩子活动前，教会他们规避危险、安全操作。

每一个作品都是一种精神表达

在这里，每天有 6 个班的孩子走进工作室，100 多件作品从这里诞生。

工作室中心近 150 平方米的核心区域就是我们的展厅，展厅里的展架多由自然材料组合而成，有木盒子、木架、木箱、纸箱、纸板、竹梯、绳网、干枯的大树和树枝、废弃改造后的条桌等。

一件件作品在成人眼里也许并不起眼，但在孩子的眼里，每一件都饱含着自己的情感。

从主题的构思、材料的选择，到不断地修正、完善，最后完稿、展示、表达、分享，整个过程中，专注力、想象力、创造力、审美能力、表达能力，以及情绪情感的自我对话与调控能力，都浸入了儿童创造的全过程，更是他们精神世界的自由表达。

儿童的审美能力绝不是教出来的，而是在环境中唤醒，在材料中探索，在操作中创造，在表现中迸发的。

海马工作室，一个让孩子来了就不想走的地方。

16 | 17

16 孩子们结合线的元素，大胆发挥想象来装饰自己的捕梦网，让捕梦网把好梦带给自己。

17 结合幼儿园“运动会”的课程，工作室开展了“有趣的锡纸小人”的活动，孩子们创作了形态各异的锡纸小人。有的在投标枪，有的在跳高，还有的在扔铅球，栩栩如生。

在体验中传承

旧时王谢堂前燕，飞入寻常百姓家。——《乌衣巷》（唐・刘禹锡）

海马时光街，又名老南京时光街。

老南京时光街是位于三楼大厅的一个“小街区”，有大缘中医堂、六朝居茶社、朝花夕拾、海马银行等，它所呈现的是六朝古都南京在明朝时的建筑风格与活动场景。

老南京的传承者

“家文化”既是对海马家园办园理念、目标与定位的深度思考，更是对古都南京文化的传承。

梳理出资源后，我们在孩子们中发起讨论：你、爸爸妈妈、爷爷奶奶喜欢南京的哪些地方？为什么？经过话题发起、调查、投票、讨论，最终大家一致确定以“乌衣巷”为古巷原型，以老南京明朝建筑特质为游戏区域造型风格，以“中药铺子”“茶庄”“花店”“银行”为游戏区主题，为孩子们量身打造出了一个老南京时光街。

时光街入口与出口处，两副对联“旧时王谢堂前燕，飞入寻常百姓家”“秦淮有水水无情，还向金陵漾春色”吸引了孩子们的目光。身着蓝花布衣长衫的小朋友们踱着小步吟诵着对联，刹那间让人有种时光穿越的错觉。

1—4 为了创设适合孩子高度和视线的隔断，我们反复打样，最后形成了这种半遮挡式的隔断。这里共设有 3 个游戏区，“大缘中医堂”“六朝居茶社”“朝花夕拾”，提供的都是真实的游戏材料。108 味中药、各种茶叶、花卉材料让孩子们在真实的场景中游戏，体验生活。

1 | 2 / 3 | 4

大缘中医堂

大缘中医堂，一个以孩子家中药铺命名的中医馆。

弯腰钻过 1.2 米高的拱形门，就能看到 60 厘米高的长长的中药柜台，柜台上放置了各种各样的秤，有最早的手工提秤、天平秤、弹簧秤、电子秤等，柜台后面是一长排 1.2 米高的中药柜，108 个抽屉里放置了 108 种中药材。

每学期开学第一周，大缘中医堂的小小中医们会逐一把 108 个小药柜抽屉取出来，小心翼翼地筛选出可以继续使用的中药材，再把缺少的中药材用图画和文字的方式记下来，做好统计，向全园家长征集。

每周总有一名老中医来中药铺子问诊，小小中医师们满脸崇拜地坐到老爷爷的身边，仔细地聆听着老中医的每一句话，还不时好奇地问这问那。其他区域游戏的小朋友，排着队来找老中医爷爷问诊，唯恐错过了这有趣又神奇的时光。

大班小中医师坐诊时丝毫不马虎，他们穿梭在中药铺子中，问诊、开药方、抓药、称重、包药、写医嘱……一套流程有模有样。

我常常想，当我们的大班孩子毕业时，如果能说出几十种中药的名称，并能在自己或爷爷奶奶不舒服时，和爸爸妈妈说出几味中药的作用，这大概就是最潜移默化的文化传承吧。

5—6 孩子们在这里“着汉服，正衣冠”，变身“小小中医”，通过识别药材、辨别穴位、针灸推拿等，开启了一场神秘而有趣的中医文化探索体验之旅。这有利于增强孩子们对传统文化的认同感和归属感。

5 | 6

六朝居茶社

老南京时光街怎能少了南京的茶铺子——六朝居茶社？

弯腰进门最引人注目的是收银台上的一个大算盘，一位身着茶服的男孩正在收银台前拨弄着算盘珠子。

在茶艺师小朋友的带领下，我们也脱下鞋子，按小鞋子的标记一双一双摆放整齐，赤脚踏上榻榻米，顿时觉得仪式感满满，此时脑子里所有的事都不及和小朋友们一起研究茶来得更重要。

几扇落地窗下，一张张小茶桌被悬挂的竹帘间隔开来，每一张茶桌上都规整地摆放着一整套茶具，茶杯、茶壶、茶垫、小镊子、小勺、开水壶、桌旗、茶叶等一应俱全。每每到了游戏的时间，孩子们迫不及待地换上茶服，盘腿端坐其中，准备泡茶接待小客人们。有的大班孩子甚至还就中国茶的品种侃侃而谈，令人刮目相看。

7　茶社位于老南京时光街的西南角，古典雅致，茶具、茶桌、铺垫、水壶等材料一应俱全，放下蔓草编织而成的隔断，云雾厅、绿茶厅、乌龙厅等多个茶厅相互贯通而又互不打扰。在日光的映射下，如同闹市中心的一处世外桃源，孩子们在其中享受着茶馆的氛围，感受着传统古朴的茶馆烟火气。　7

8 | 9
10

8 账房先生站在柜台前，时而拨弄着算盘珠子，时而吆喝两声，时而迎接进店的客人们。

9 榻榻米上一张矮茶桌，茶桌上一套齐全的茶具，茶壶旁一株正在绽放的花朵，空气中流淌着悠扬的音乐声，茶香四溢，这便是孩子们向往的茶韵清香。

10 孩子们化身小小茶艺师，培君子之风、淑女之德，在识茶、泡茶、品茶、敬茶过程中，让心与自然更加接近的同时，也体验了中国传统文化。

朝花夕拾

如果说茶是爸爸的最爱，那花可就是妈妈的最爱了。

孩子们说我们的老南京时光街，也是我们海马家园的街区，宝宝生病了可以去中医馆，爸爸爷爷可以去茶馆，妈妈和奶奶要去哪里呢？我们开办一个小小花艺体验馆吧，做很多妈妈们喜欢的作品，吸引她们来逛逛。

朝花夕拾，一个小花艺体验馆，满足了孩子们小小的心愿。

走进朝花夕拾，大家便被吸引了。各种各样的自然材料、工具、花瓶、包装纸等，被老师们精心设计，用 6S 的方式悬挂陈列在墙面、布面、网绳、竹竿上等，整个空间都被材料包围着……

在老南京时光街，孩子们玩的是游戏，感受的是生活，传承的是文化。

11 | 12

13

11—13 来到朝花夕拾，仿佛坠入了花的海洋。抬头就能看见各色玫瑰以及大把的满天星，桌上放有各类丰富的材料。孩子们根据自己的想法制作出美丽的花束，或是把花陈列在展示架上，或是自己扮演卖花姑娘——小小花艺师们忙得不亦乐乎。

水花园，自然之园

水花园，一个属于孩子们的乐园、花园、菜园、果园、茶园、家园！

九龙湖幼儿园因湖而得名，自然离不开水文化与水精神。

水，本义是河流，引申泛指一切水域。

水文化，自然环境决定文化状态，海马家园择水而居，饮水思源，水成万物。

水精神，浸润、无痕、生长。水长期与青山共处，能不断陶冶人对大自然的亲和感，能滋润人们的心灵。

海马水花园也因此得名。

听泉谷、花溪涧、有爱舍、撒欢池、岩石园、探险岛、落阳亭、月亮湾八大儿童活动区域，引水而出、沿水而设、顺水而行，从空中到地面，从自然到生活，从发现到探索，构成了整个海马水花园的自然生活课程生态系统。

听泉谷，水从哪里来

听泉谷位于幼儿园正门右侧，由教学楼三面建筑物围合而自然形成。听泉谷溪水区共有九座大大小小的涌泉，每一座涌泉的材料都选自生活中的自然材料，比如天然的石槽、石柱、石饼、石臼、石磨、石瓶等。它们造型各异、错落有致，散落在听泉谷小溪流两侧，意在让孩子们探索不同器型涌泉发出的声音的差异变化，感受大自然的鬼斧神工。

当然最让孩子们好奇的是“水从哪里来”。

每逢下雨天，大门右侧的立柱两侧上方，两串古铜色荷花雨链上雨水潺潺落入石槽，再顺着石槽的沟渠流入听泉谷下的蓄水池中。

可千万别小看了这个蓄水池，它可是我们水花园系统的水源头。在创设水花园时，我们就把未来智慧城市中的海绵城市水资源循环系统引入了我们海马水花园的建设中，所以在整个水花园中共有两处蓄水池，分设在听泉谷和月亮湾的地下，而水的源头则是通过近 3000 平方米的楼顶和地面收集雨水，再通过建筑物的落水管引入地下蓄水池，经花溪涧实现整个海马水花园的水循环。

有了这样的水资源生态系统，孩子们可以俯身聆听每一种涌泉的不同声音，可以拿起小水瓢从花溪涧中舀水浇花，可以在撒欢池中玩沙嬉水，可以打着赤脚在月亮湾的石阶上踩水嬉戏；可以蹲下身观察水渠中的小鱼小虾，可以在岩石园与同伴研究如何打地下水浇菜，可以在有爱舍拿着水枪给他们宠爱的动物们冲洗宠舍……

1—3 溪水潺潺，蜿蜒而下。大小各异的涌泉叮咚作响，中式瓦片铺装围合，配以白石子，是中国文化深邃而含蓄的缩影，在潜移默化中浸润幼儿的心灵。

1 | 2 / 3

花溪涧，植物知多少

花溪涧，一条沿着幼儿园的户外活动区域蜿蜒曲折的小溪。小溪仅 30 厘米宽、20—30 厘米深，水流自听泉谷流出，一路歌唱着穿过孩子们嬉戏的每个角落，最后流入月亮湾，再经地下水渠回到听泉谷。

30 厘米宽的水渠对于中大班孩子来说能自由穿越、轻松跨过，但对于小班孩子来说还是有一定挑战性的，所以我们在花溪涧上面还设置了许多不同宽度的小石板，让孩子们尝试在不同弯曲的小石板上练习胆量和身体动作的协调性，有趣又富有冒险精神。

整个水花园以一湾溪流连接成一个小小的自然植物园。在海马家园 289 种植物中，仅花溪涧的两侧就有 76 种花草树木，这些错落有致的树木与花草，为玩水、玩沙、写生、表演、运动的孩子们创设出一个个自然植物伞，让孩子们流连在花溪涧乐不思蜀。

园丁叔叔还会和老师一起带着孩子们给花草松土、施肥、浇水、调色、修剪、起名、测量、统计、做标签等。春天有郁金香、风信子、朱顶红；夏天有月季、绣球花、蓝雪花；秋天有各色雏菊，果树上挂满了果子；寒冬里，蜡梅、茶花傲立枝头。花溪涧随四季而变得五彩斑斓，成了孩子们最喜爱的花园、果园与乐园。

4 | 5
6

4 姜太公钓鱼，愿者上钩。花溪涧钓鱼，全都上钩。你来猜猜为什么。

5 听说保安叔叔把在老家池塘里逮的泥鳅都放进了花溪涧，户外活动时，孩子们穿上防水服，背着小竹篓，一起去捉泥鳅。

6 大大的绣球花对于施肥的需求也不少呢！园丁叔叔经常指导幼儿正确地使用工具，给花松土追肥，帮助绣球花长出花苞。

7—9 在全园卷入式照顾羊妈妈的过程中，无论是散步、喂食，还是打扫羊圈，孩子们都真切地感受到小羊一家的生长变化。“小羊在哪里呢？现在长多大了？”带着问题，他们还会经常蹲下来观察着羊妈妈的肚子。感受到新生命的存在，感受到自己的行为与动物生长之间的关系，这何尝不是一种潜移默化的教育呢？

7 | 8 / 9

有爱舍，播种一粒爱

有爱舍共由 5 座小房子组成，所有的高度依据动物和孩子们的身高而设计，这样便于孩子们参与饲养与管理。

小羊、孔雀、珍珠鸡、大白鹅、鸭子是第一批入住有爱舍的小动物。

尤其是两只小羊的到来，让全园小朋友开启了一场共同守护怀孕羊妈妈的接力赛。孩子们一开始有点害怕、紧张，后来都争着准备食材、喂食、打扫羊舍、抚摸小羊、和小羊说悄悄话、遛着小羊去散步等。

小动物们成了孩子们的园宠，更成为他们的研究对象。

有爱舍，一个播种爱的神奇空间！

撒欢池，沙水的世界

撒欢池，一个被花溪涧环绕着的、近 240 平方米的大沙池。

沙池四周散落着七八棵大树，有桂花树、樱花树、银杏树、榉树、石榴树等，沙池中有一棵大香樟树，整个树冠像一把大伞似的撑在了沙池上。孩子们最喜欢坐在香樟树下的圆形木凳上，肆意地晃动着两条小腿，欢笑着。

沿着沙池内侧的曲线，我们把大型玩具架设在了沙池上方，这样充分利用了场地的各层空间，又形成了一个游戏圈，增进了孩子们之间高频率的互动与交往。

当然，孩子们最喜欢的依然是在沙池里尽情撒欢。

哪怕是雨天，你都能看到孩子们穿着雨披，套着雨靴，拿着各式工具，兴奋地在沙池中寻宝，或是在雨中追逐奔跑。用孩子们的话说："没有什么能阻挡我们出去玩水的脚步。"

还有的班级探索着在沙池中挖渠引水，提出要在沙池中开挖人工湖，尝试用各种"船"做划船实验，一次次失败都没有打消孩子们想划船的热情。最终他们在老师与爸爸妈妈的支持下，竟然成功地在沙池中的"湖泊"上划起了自制船筏。

10/11

10 沙水是孩子们亲近自然的好材料。无论什么季节，孩子们都可以穿上防水服，纵情地玩耍。你挖渠来我引水，他们把天马行空的想法变成现实。

11 中八班孩子们造的"船"第一次试水啦！眼看 28 个大号的矿泉水瓶好像不太能撑住两个船员，小伙伴们纷纷伸出援助之手。孩子们会如何解决这个问题呢？老师正拿着"亲湖记录本"认真地记录着孩子们的行为。

岩石园，小小农场主

岩石园，我们也叫它小农场。除了有爱舍的小动物们让孩子们每天牵挂，小农场里各班的小菜园也成了孩子们每天必去的地方。

在岩石园里，有一群银发老师，他们就是孩子们的爷爷奶奶们，也是我们小农场的农场主。每学期开学第一周，园级农场主大主任就会带着各班的农场主主任们一起讨论种植计划，根据各块菜地的空间、日照、地形、土壤等因素确定种植规划，当然年龄段和班级孩子们的兴趣也是他们考虑的因素之一。经过商量，农场主们最终确定出一份全园种植计划。经招募公示后，各班的农场主就带着小小农场主们，撸起袖子开工啦。

孩子们在银发老师的指导下，播种、育苗、移栽、浇水、施肥、捉虫、搭架子、收获、分享，全程参与。最有趣的是：有一天竟然有一个班级的两名孩子代表，在老师的带领下来到我的办公室，原因是他们发现自己的辣椒地里的辣椒少了一些，想请我这个园长妈妈批准他们调监控。紧接着一个关于“辣椒去哪里了”的新话题产生了……

岩石园里播下的是种子，收获的是爱与希望。

12

12 岩石园是幼儿园的种植区，也是开展银发课程的基地。我们会召集有种植经验的爷爷奶奶成为农场主，带领着孩子们共同探究种植的奥秘。学期初我们会和农场主们根据季节特征商量种植计划，将土地分成24块，让每个班级都能领到一块责任田，在农场主的带领下开展种植活动。每学期初的农场会议上，农场主们都兴致勃勃地抽菜地“盲盒”，确定种植内容。爷爷奶奶们还会各抒己见，结合各自的种植经验，提出更好的建议。

13	14
15	16

13 幼儿园的小池塘改造啦！多了好多石头该怎么办呢？孩子们想把池塘里的大石头挪到农场再利用，可是石头又重又多，于是他们想出了各种办法搬运，其中用小车拉又快又省力，孩子们最喜欢。

14 孩子们把石头作为栅栏摆在了小农场，但他们发现光秃秃的石头一点都不好看。于是经过讨论，他们又结合本班的特色，用水彩笔、丙烯颜料等，自己动手绘制出了颜色各异、图案丰富的农场栅栏。

15—16 农场主们会走进农场，带着孩子们一起施肥、浇水、抓虫子……孩子们也很乐意参与到种植活动中，他们对于植物的生长过程总会有各种各样的发现和问题，他们也喜欢拿着放大镜观察叶子上的各种小虫子。蚜虫到底有多小？瓢虫身上到底有几个圆点？这些都是孩子们津津乐道的话题。

探险岛，挑战者丛林

探险岛，位于幼儿园最东面的小树林，占地1200平方米，地形狭长。

探险岛里有战壕、隧道、独木桥、绳索桥、木桩阵、沙袋林、黑山洞、小山丘、轮胎山等，所有的材料都是就着地形现场定制的，所有器械路径都是和孩子们共同讨论设置的，可变化、可移动。孩子们玩起来挑战性更强，甚至小班的女孩子爬树登梯都毫不含糊。

17 | 18/19

17—19 在这个充满挑战和刺激的环境中，孩子们抱团形成一个个战队，趴在沙袋后面布局对战。他们相互追逐，勇敢地起跳，越过战壕。他们小心翼翼地俯身穿越在隧道中，只为打入“敌人”后方……老师们呢？时而参与其中，一起对战；时而在不远处默默观察；时而在孩子们需要的时刻给予他们帮助。

落阳亭，凭栏赏落日

落阳亭，一个可以捧着书赏落日的亭台。亭台由二楼三楼两层近200平方米的阳台构成。整个设计风格为自然开放式小花园，地面和墙面都铺设了大地色的防腐木；曲面玻璃廊亭、楼梯步道和栏杆都采用了黑色镂空铁艺花造型；儿童尺寸的木桌、木椅、画架、材料架，各式昆虫屋，蓝白色相间的花架，散落在成片的大花绣球中。

孩子们穿梭在落阳亭中，时而倚栏眺望湖色，时而驻足观察花朵，时而凝眉调染颜色，时而咬耳欢声笑语……隔着办公室的玻璃似乎都能感受到落阳亭的空气中弥漫着缕缕香甜。

最初设计海马家园的空间时，我近乎偏执地把这个拥有独特视阈的空间预留了下来，摒弃了传统的将阳台封闭成活动室的想法，唯恐禁锢了孩子和老师们的视野。而今我们把湖泊的环境资源引入课程资源中，构成海马家园文化生态系统的一部分。

试想一下，湖泊因四季而变化，湖边、湖面、湖里、湖外，该有怎样变化多端的形态啊！孩子和老师们又会因为这些变化，引发出哪些有趣又有价值的活动呢？

20 | 21
22

20—22 位于三楼的落阳亭，是一个半封闭的空间。孩子们常常来到这里，风和日丽时赏花赏景，细雨绵绵时静听雨滴歌唱。长条矮桌、高吧桌、小圆桌都是为孩子们量身定制的，这里成了小组活动时最“抢手”的场地。

月亮湾，戏水的孩子

月亮湾，一进幼儿园南大门，最先映入眼帘的就是一个由自然石头砌筑而成的圆形拱门。穿过拱门有一个圆形的水池，水池中央有一个小喷泉，喷泉流出的水顺着水渠一路向西，经过几道小栈桥，最后汇聚形成了一个大大的水台。水台的深水区里有各种水生植物，浅水区的水刚刚没过孩子们的小脚背。夏天的时候，孩子们迫不及待地脱下鞋子，在水台四周踩来踩去，好不惬意。

月亮湾的水渠里有一种黑色的带气孔的圆形石头，在汛期水多时，这些石头就变成了水渠里的储水器，其他时候则悠然躺在水池中，成了水池里一道独特的风景。

月亮湾的两侧，被三排高低错落的树包围着，依次是银杏林、木槿林和樱花林。它们成了孩子们户外活动时穿梭探险的丛林。

春夏秋冬，四季轮回。月亮湾里变化的是树林的颜色和水池里的水位，不变的是孩子们奔跑的身影和他们欢快的笑声。

择水而居、饮水思源、水成万物！

水花园，一个可以让孩子们肆意浸润、无痕生长的地方！

23 | 24

23 会“下雨”的月亮湾，是孩子们最喜欢的地方。穿上雨靴、套上雨披，孩子们就能肆意地穿梭在木桥上，畅快地与水互动、与伙伴们玩乐。

24 圆形的气孔泉眼正咕嘟咕嘟冒着水柱，仿佛在告诉我们雨水充足。透过月亮门，我们仿佛看到晨间的操场上孩子们正在快乐地运动。

如果说，“幸福里”“落阳亭”代表了海马家园的味与色，楼道站台、图书馆则代表了海马家园的物与形，小农场、水花园却是四时变化，跨越时空，以不同的生态与景致，勾连起幼儿园和家庭的教育信念。

在海马家园走一走，听一听“听泉谷”“花溪涧”，看一看“月亮湾”“有爱舍”，探一探“撒欢池”“探险岛”，品一品“海马梦工厂”，逛一逛“老南京时光街”，游一游“天空之城”，览一览“海马剧场”。每一处物与景，每一点乐与趣，每一分暖与爱，构成了完整的“海马家园”，构成了我们的“家文化”。

“家文化”下的海马家园温暖、和谐，充满人情味和归属感，孩子和老师们时时处处有被尊重、被理解、被支持、被发现、被欣赏的体验。

这里，就是海马家园，一个随时随处散发着“家”的味道的温暖的地方。

第三章　做个心灵捕手

育人先育心，心灵成长才是教师专业成长的内源力。

我们人与人的交流，实质上是心灵的碰撞；我们对自己的认知与感受，实质上是心灵的接纳；我们渴望成长的动力，实质上是心灵的激励。

在海马家园，我们试图创设一个被理解、被聆听、被发现、被欣赏的环境，走进教师的心灵。

家风会客厅中的道德力，模块与实操下的行动力，经验分享与园刊撰稿下的表达力，一个个仪式感背后的满足力与幸福力……

用她们喜欢的方式回应她们，

用她们需要的方式呼应她们。

做个心灵捕手，与教师们一起奔赴美好的教育生活。

家风会客厅

一间别样的会客厅，一座情绪的百花园，一段携手走过的难忘旅程。

客厅，每个家庭都有，是一个可以嬉戏、倾诉、分享、碰撞、交流、思辨、畅想未来的空间。九龙湖幼儿园也有一个客厅，我们称它为海马家园“家风会客厅”。

立家风，树文化

海马家园处在日新月异的高速发展阶段，每年都会迎来大批的新教师。2023 年，海马家园 3 年以下教龄的教师约有 50%，35 周岁以下的青年教师约有 95%。她们富有朝气和活力，但缺少经验与沉淀；她们率真而富有个性，但有时会有点自我。

如何帮助她们快速地融入海马家园？

如何帮助她们塑造与海马家园一致的思维方式与行为模式？

如何帮助她们了解、感受、体悟海马文化，成为海马文化的一部分？

立家风，树文化。家风，是一个家庭的风气，是长期培育形成的文化和道德氛围，是集体共同认可的精神和思想力量。

在海马家园这样一个大家庭中，我们试图创设一个被理解、被聆听、被发现、被欣赏的环境，通过树立家风来凝聚文化，走进教师的心灵，唤醒教师成长的心灵力量。

家风会客厅

何谓家风会客厅？

在外形上，指的是海马家园的综合活动室——多功能厅。

在内涵上，指的是以“立家风，树文化”为旨，创设一种浸润心灵的师德体验场景，通过形式多样的现场访谈及参与式互动，解决教师困惑、引发情感共鸣、激发职业认同的系列师德主题活动。

家风会客厅组织“五部曲”：

第一，教师自主申报，成立编导小组。家风会客厅由师培部总负责，开学第一周向全园自主招募，成立编导项目小组。编导项目小组一般 7—8 人，分设编导、制片、音乐、舞美、摄像、制作和主持人等。

第二，审议活动主题，征集活动素材。编导组集体讨论审议，选择适宜的活动主题。根据主题内容，在全园展开征集，包括文字、照片、视频、故事等主题活动素材。

第三，邀请访谈嘉宾，制定活动方案。编导组提炼素材中的典型案例，邀请适宜的教师成为访谈嘉宾。拟订出主题框架下的具体活动方案、分工与策略，师培部审议优化，通过方案。

第四，挖掘情感故事，创设体验场景。编导组走近教师生活，挖掘最真实的情感故事和工作事迹，并分工合作，为访谈主题创设适宜的互动式现场体验场景。

第五，参与现场录制，共话心灵成长。活动每月一次，每次一个主题，时长 1.5 小时。月末的周五下午，全体教职工、受邀人员及项目组全部到场参与活动，完成现场录制。

1 | 2

1 “家”是什么？这个温馨的字眼，让我们一提到它就能消除疲劳，身心放松。主持人向我们娓娓道来关于“家”文化的思想碰撞。

2 当离别来临时，我们才真正察觉那份难舍。离别的泪水，为记忆的长河增添新的浪花。因考编即将离开海马家园的时老师噙满泪水，双手怀抱着家人们对她的祝福，奔向新的征程。

主题从哪里来

家风会客厅的主题与教师的需求、兴趣、问题、成长等紧密关联，主题的来源有三类。

第一类，保教管理中常见典型问题。

第二类，教师感兴趣或困惑的话题。

第三类，当前教育热点或社会事件。

例如第3期主题是“优雅”。年轻教师对于“美”的理解各不相同，在日常保教中难免会出现一些与活动内容不相符的着装。作为管理者，是生硬地考核，还是唠叨地提醒？“优雅”应运而生，一场“职业美与生活美”的现场设计大赛，开启了老师们对于幼儿园教师不同活动中着装、发饰的深入探讨与思考。

例如第12期主题是“味道”。保育、安保、食堂等后勤部门，撑起了幼儿园的半边天，但他们常常是被遗忘或忽视的群体。于是，我们将食堂团队邀请到台前，进行了一场“今天我是配厨”的“尝味”之旅。老师们在后厨场景体验中感受到后勤的不易与专业，学会平等与尊重。

例如第2期主题是“信仰”。2017年，幼儿园虐童事件频见报端，将幼儿教育推上舆论的风口浪尖。在这样一个关键的时刻，在海马家园“家风会客厅”，我们以辩论赛的方式展开了一场别开生面的“家园对话”，直面社会最热点、最真实的问题。我们开诚布公的态度和自由开放的理念，赢得了家长们的信任。

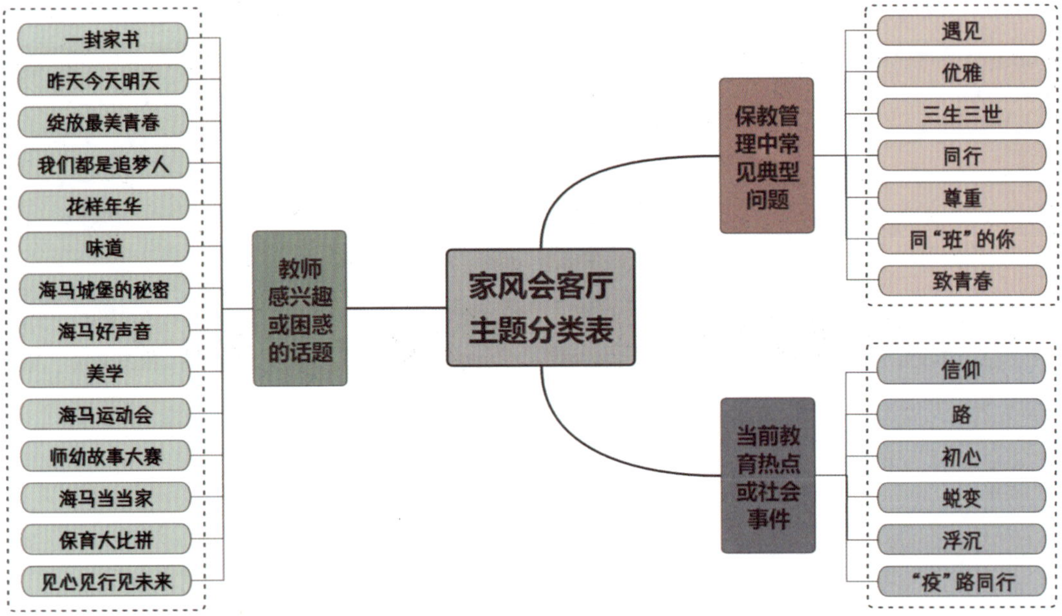

海马家园“家风会客厅”主题分类表（1—27期）

3	4
5	6
7	

3 分组讨论“教师仪表”环节中，大家纷纷表达自己的观点，高举着手牌阐述着自己对“职业”的理解，职业美才是真的美。

4 用精致的眉笔小心翼翼地描画着同伴的眉毛，丝滑的粉质让肌肤白皙而光彩照人。淡扫蛾眉，轻施粉黛，是教师对妆容的得体诠释。

5—6 我们赞美教师的无私，却不能忽略后勤岗位的奉献。一线教师们有的挽起衣袖，手握厨刀，将全园师生的美食细细雕刻；有的手拿洗碗毛巾，忙得满头大汗。刀刃与案板的摩擦声汇成最动听的乐章。今天前勤用汗水向后勤致敬，在这里，每一个岗位都能被看见，被尊重，被赞扬！

7 教育的尊严如何捍卫，教育中的惩罚该不该有？教师和家长各自组队，发表自己的见解。在不同的教育观念碰撞中，大家始终坚定的一点是：师德，是每一位教师的底线。

“别样”会客厅

第一，教师主导。家风会客厅完全交由教师主导，从主题征集、内容开发、方案拟订，到编导、主持、采访、音乐、舞美、摄像、剪辑、总结、评价等全都放权给教师。教师自己来决定每一期的活动，主导自己的成长。这样的活动又怎能不吸引教师呢？

第二，全体参与。家风会客厅提倡每个人的参与。例如擅长拍摄的去追踪记录、现场录制；擅长信息技术的去做视频与PPT；擅长交流的去挖掘情感素材，邀约嘉宾；擅长表达的去做访谈主持人……每个人都是参与者，每个人都能展现自己那一份“小独特”。不仅如此，我们有时还会邀请家长代表和社会代表，让活动走出幼儿园。

第三，形式多样。家风会客厅将现场参与和即时录制相结合。根据不同的主题内容，活动会选择适宜的形式，包括访谈、讲座、辩论、演讲、表演、联欢、比赛、户外活动等。有时候不会局限于园内空间，比如“同行”主题中，小伙伴们相约九龙湖畔，来了场激烈的环湖走接力赛。

第四，主题活动。每一期的活动都设置了主题，主题与教师的兴趣或需求息息相关。例如，关注职业理想的“初心”，集体携手共进的“同行”，充满温情感动的“一封家书”，带来欢声笑语的“海马好声音”，等等。每一期活动结束后，教师总会迫不及待地追问下一期主题，这种期待多么美好！

家风会客厅，充满平等、尊重、开放、自由，是一个别样的会客厅。

8

8 “用生命舞一场寂寞青衣”——《青衣》。京胡声声，板鼓阵阵，几多感慨，几声叹息！观看演出后教职工们在剧场门口合影留念，在心中镌刻下这难忘的瞬间。

9	10
11	12

9　本期的家风会客厅来到了户外，大家轻装上阵，在组长的带领下开启了绕九龙湖健步走比赛活动。沿途风景秀丽，令人心旷神怡。看——小伙子们大步流星、遥遥领先，女教师们不甘示弱、紧随其后，家委代表们笑靥如花、享受其中，园长妈妈们更是步伐矫健、奋力前行！

10　“乘风破浪的海马家园姐姐们”成团夜以一曲《无价之姐》将现场气氛推向高潮，现场的尖叫声掀翻了屋顶，热烈的舞蹈倾倒了一波波观众，点燃了非凡的气氛。有年纪稍大的姐姐，有四肢稍显僵硬的姐姐，但她们不被旁人眼光所扰，专注自己。想要去做就要做到最好，这就是女性力量。

11　幼儿园是我们共同的家，倾听家长的声音，接纳家长的想法，是让大家庭聚爱融美的小秘诀。谈起园所景观——水花园的设计理念，可爱的冯爸爸满眼喜悦。孩子们还给它取名叫“会呼吸的水花园”。在水花园里，孩子们能看到水的循环，感受美，体会美，真切地感受到原来美就在我们身边。

12　三个女人一台戏，我们海马家园这么多的女人们之间又会擦出怎样的火花？我们在《后宫职场生活实录》中通过同伴看见自己，看见真诚的流动与碰撞；透过自己看见同伴，看见生命最初的纯净与美好。

13
14

13—14 在新冠肺炎抗“疫”的特殊时期，“海马家园青年突击队”穿上防护服为前来做核酸检测的居民热情服务，帮助登记信息、宣讲政策、维护秩序。这一期家风会客厅我们勇于行动无悔青春力，以老带新共做幼教追梦人。

做个温暖的心灵捕手

我特别喜欢格斯·范·桑特的电影《心灵捕手》。

影片讲述了一位叛逆不羁的数学天才男孩，在教授和朋友的帮助下，最终慢慢找回自我、实现自我价值的故事。

每个人的灵魂都是独特的，是有魅力的。而这种魅力，需要别人去理解、发现与欣赏。

家风会客厅，就是要做温暖的心灵捕手，真实地走进教师内心，激发心灵成长能量。

真实的内容。每一期的内容都源自教师在幼儿园的真实经历。全程使用真实素材，真实反映教师生活，以真实唤醒真心的感悟。

真实的情感。在家风会客厅，教师可以尽情地倾诉、宣泄、讨论、思辨、畅聊，把最真实的情感投入其中，收获真实的触动和共鸣。

真实的生长。活动过后教师会自发地交流，并将真实的精彩内容、照片或视频片段进行分享。这在过去是不多见的，家风会客厅征服了教师们，她们乐享在其中、生长在其中。真实，就是家风会客厅直指心灵的“密码”。

家风会客厅，一个分享“美学”，展现“优雅”，聊聊“同‘班’的你”，品读“一封家书”，回望“昨天今天明天”，在“花样年华”的岁月并肩“同行”的魔力客厅。

15

15 “一封家书”是真实而又特别的一期主题。芳芳老师从毕业起一直跟随刘园长，后来她考上编制要离开，在依依不舍之际，她给海马家园写了一封家书。字字真情，句句实意，令人潸然泪下。四年后的今天，她终于又回到了海马家园，回到了自己的“娘家”。

【样例】家风会客厅活动方案

特别的爱给特别的你

活动背景

幼儿园开展融合教育，无论对特需幼儿还是对普通幼儿的成长都有积极意义。我园有20多名特需儿童，几乎达到每班一名，因此开展融合教育非常有必要。

活动目标

1. 通过访谈，老师们能够理解爱的含义，能够平等地去爱每一个孩子。
2. 通过活动，知道特需儿童有特殊的需求，我们要用适宜的方式了解、关注、支持每一个特需儿童。
3. 了解我园的项目课程，积极参与课程的实施，并落实到工作中去。

活动时间：2022年7月5日

活动地点：幼儿园多功能厅

人员分工

主 策 划：刘××
主 负 责：李××、林××、高××
主 持 人：高××
视　　频：张××
PPT音乐：曹××
灯　　光：李××、朱××
道　　具：李××、奚××、孙××、孙××
座位安排：李××、黄××
签　　到：朱××、刘××、李××
礼　　仪：严××、朱××
后勤服务：袁××、姜××
访谈嘉宾：刘××、吴××、谢××、冯××
特邀嘉宾：陈××、蒋××、蒋××、章××、魏××、许××、成××、张××、张××、任××

活动流程

开场环节（10分钟）

全场暗场，进行10秒倒计时。

播放融合教师宣传片前半部分。（体现特需儿童的特殊表现及大家对他们异样的眼光）（7分钟）

亮灯，主持人随背景音乐入场，说开场词。（2分钟）

介绍访谈嘉宾及特邀嘉宾。（1分钟）

采访环节（40分钟）

由视频引出特需儿童需要被关爱这个点。

吴老师，关键词，爱。凸显爱自己的孩子是本能，爱幼儿园的孩子是职业使然，爱特需孩子是我们教育的崇高之处。

谢老师，关键词，家园合力。年轻老师能够真正地尊重我们的孩子，在家园的合力下，用我们的爱心、专业、沟通感化孩子和家长。

冯老师，关键词，点燃。用自己的专业知识给予他们帮助，给予他们温暖，点燃家庭的希望。

刘园长：为什么做这个项目？

特需儿童的数据（国家与幼儿园）。

教师需求（班级孩子以及特需儿童人数），需要专业理论支撑。

两个园部 10 个保健医生，其中有一位康复师，有相关经验。

在做这个项目过程中遇到了哪些困难?

从最初的小白到查阅资料、咨询专家、签订协议，团队申报项目奋战凌晨，申报不易。

为了这个项目付出这么多，遇到了这么多困难，是什么让你一直坚持做这个项目?

（谈教育情怀，这个情怀有一些简短的故事表达，或是孩子的触动，或是家长的感恩触动，或是曾经看到某件事情的触动）为什么做这个项目：情怀。

播放园本收集的视频（教师的坚守、特需儿童的改变及和大家的相处），让所有人重视融合教育，关心和支持每一个特需儿童。

启动仪式：展望未来（10 分钟）

微视频播放申报路上的工作花絮，引出“融合教育，我们一直在路上”。

合力造梦：特邀嘉宾上台，通过拼图组成一幅图（朱老师）。

特邀嘉宾讲话。

播放视频融合教育宣传视频后半场，主持人结合视频总结：家长观念的转变、配合，教师特别的爱，幼儿之间纯真的爱，让特需儿童也能走向光明的未来。（3 分钟）

手语表演《最好的未来》，主持人同步总结，引出主题“一起向未来”。

先入“模”，后出“模”

入得“模”中，千锤百炼；出得“模”外，海阔天空。

海马家园从 2017 年开园时的 10 个班级到 2022 年的 2 个园部、48 个班级，前后仅 5 年。平均每年以七八个班级的速度扩班，每年有 30—40 名新教师入职，最多的一年高达近 50 名。

新教师上岗后往往会面临四大痛点：

第一，不清晰。文化理念不了解，课程内容不明白，实践操作不清楚。

第二，不表达。遇人就躲，遇事就让；不敢面对，不敢参与，不敢表达。

第三，不行动。犹犹豫豫，没有决断力；畏畏缩缩，缺乏行动力。

第四，不自信。总是自我怀疑：我可以吗？要不要做？做的对吗？

如何让这一群年龄、阅历、经验、能力有差异的新教师快速适应海马家园的工作与生活？

我们为新教师的成长准备了特别的支架——3 **个月影子研习社**。

3 个月影子研习社

影子，是人在光线下的投影，时时刻刻跟随着我们。

影子教师，是一种跟岗的、贴身的、体验式的教师培训方式。

3 个月影子研习社正是充分考虑新教师上岗后的“痛点”，为新教师创设的真实参与的教学情境，融入幼儿园一日生活，使其能直接感知、实际操作、亲身体验、现场实践的“浸入式”跟岗培训方式。

影子教师的学习，有四大特点：

第一，问题导向。新教师在真实教学与生活情境中发现问题，产生反思，获取新知。

第二，实践取向。新教师重视实操，亲自参与教学与生活的方方面面，以实践建构经验。

第三，深度跟随。新教师跟班听课，随班教学，参与班级管理与教研活动，深度跟随指导老师，潜移默化地习得教育理念和教学方法。

第四，随学就考。新教师的学习过程与考核紧密相连，每周五都有对应当周内容的实操考察、考核或展示分享。

在 3 个月影子研习社中，教师都需要先入“模”，再出“模”。

1

1 班主任每天为跟岗教师做好榜样示范，提出细致的要求，在活动中鼓励跟岗教师多和孩子们相处，在实际操作中不断磨炼技能。跟岗教师则认真记录，有疑惑的地方主动向班主任请教。

什么是“模”？

“模”是**模块**，是细化的成长目标和成长内容。

“模”是**模板**，是严格的操作标准与工作流程。

“模”是**模仿**，是跟随班主任的观察与再思考。

我们专门为入职前新教师制定了岗前培训手册，在毕业前半个学期的实习学期中使用。

岗前培训手册将幼儿园的工作内容与教师的成长阶段相对应，划分了新教师跟岗的“十大模块”。

这十个模块涵盖了幼儿园生活、教学与游戏活动的组织形式以及幼儿教师各项核心能力。每个模块之下再细化，分解为多个核心专题，帮助准教师和新教师细化专业成长目标，让研修的每一步都走得踏踏实实。

九龙湖幼教集团新教师跟岗“十大模块”	
模块一：幼儿一日生活作息设计	专题一：一日生活作息时间安排及原则
	专题二：一日生活环节中教师的“三位一体”
模块二：如何观察儿童	专题一：白描观察记录
	专题二：观察记录详案
模块三：早操律动组织	专题一：早操律动环节的组织
	专题二：早操律动中教师的示范和师幼互动
模块四：生活环节组织	专题一：盥洗、一餐两点、午睡及散步的组织
	专题二：入园、晨间活动、离园的组织
模块五：户外游戏组织	专题一：户外游戏的环节组织与师幼互动
	专题二：幼儿口令和队列练习
模块六：区域游戏组织	专题一：区域游戏中的环境创设与材料提供
	专题二：区域游戏中教师的观察与支持
模块七：晨间锻炼组织	专题一：晨间锻炼的环节组织与师幼互动
	专题二：晨间锻炼的材料提供与场地布置
模块八：项目小组活动组织	专题一：项目小组活动的组织流程与策略
	专题二：晨谈和反思讨论会的组织流程和策略
	专题三：关注儿童记录和教师的有效回应
模块九：半日活动组织	专题一：半日活动的组织流程及规范
	专题二：半日活动组织策略
模块十：幼儿园各类计划的撰写与设计	专题一：班级班务工作计划撰写与设计
	专题二：班级家长工作计划撰写与设计
	专题三：班级自然角创设计划撰写与设计
	专题四：班级成长档案册制作计划撰写与设计
	专题五：班级教玩具计划撰写与设计
	专题六：班级环境创设方案撰写与设计

先“入模”

3个月影子研习社的学习，就是入“模”。

教师全身心投入“十大模块”中，循序渐进地完成每个模块、每个专题的实践，发挥学习和思考的能动性，自主地学习，自发地成长。

自觉观察记录。跟岗手册中的各种记录表是师培部多年教育经验的智慧结晶，对于新教师而言是无价的财富。教师自觉地运用好这些表格，记录每天跟岗过程中的观察和见闻，也记录自己的困惑与反思。久而久之，教师可以清晰地认识到自己的成长问题、成长需求和成长方向，看见自己成长的动线。

自主申报考核。跟岗培训的每一个项目都是可视化的、可实践的，因此考核方式多为展示与实际操作，例如组织一次早操律动，组织一次户外活动，展示一份观察记录，分享一份计划方案等。新教师应该打铁趁热，在完成学习之后，主动申报考核，获得指导老师的点评与建议，这样才能有充足的时间去反复训练、弥补不足。

自发交流反思。跟岗培训充分重视教师的交流讨论，除了幼儿园每周的教研，我们也鼓励跟岗教师自发组织交流与讨论，将自己的观察案例、观察记录、学习心得、个人思考等进行分享，互助研讨、互相评价，在交流讨论中共同成长。

2

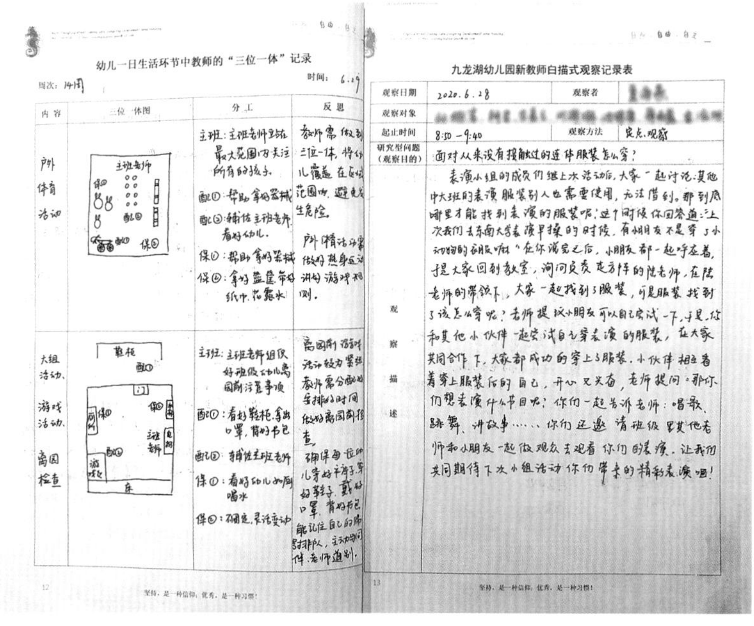

2 跟岗教师通过图文结合的方式记录一日活动中各环节的内容和自己的反思。记录本中是满满的成长“干货”。看得见的是一张张工整细致的记录，看不见的是日有所长的教学功底。

入模“四部曲”

我们根据“十大模块”，对新教师跟岗培训采用推进式的阶段化培养。每一个模块用1—2周的时间完成，教师在3个月的时间内完成所有模块的学习研修。

第一，制定研修目标。

师培部根据“十大模块”研修规划及过往经验，合理分配3个月研修时间，分模块为新教师制定出适宜的、可操作的研修目标及内容。新教师根据师培部给出的目标建议，结合自身情况，每周设置适宜自己的具体研修目标，合理安排好自己每周的研修内容和研修进程。

以模块二“如何观察儿童”为例。新教师以两周为时限制定目标，要求自己掌握“连续观察法”和“事件取样法”，并开展相应的实践活动，完成一些观察案例。

第二，跟班观摩学习。

新教师进入优秀班级跟班学习，班级教师即指导老师。跟班过程中，新教师感受教学过程、观察活动组织、思考工作难点。班级教师则为跟岗教师提供全程的、全面的指导。

在模块二中，新教师跟班观摩，学习如何选取适宜的观察对象，学习观察幼儿的方式、时机和策略等，并须掌握“白描式观察记录表”和“观察探究记录表”的记录方式与策略。

第三，反复锻炼实践。

学习各模块下的每个专题后，新教师就要投入实践中，从逐步地尝试到反复地锻炼，在实际操作中真正提升专业能力。

在模块二中，两个专题各研修一周。每个专题学习1—2天之后，新教师便可以尝试自行观察儿童，尝试填写观察记录表，在班主任的指导下反复实践。

第四，展示考核分享。

师培部每周五组织周考核，考核内容形式多样，有活动实操的展示，也有研修记录的检查，还有教师之间的分享研讨。让每一位跟岗教师周周有总结、有反思、有实操、有收获。

在模块二中，教师所完成的“白描式观察记录表”和“观察探究记录表”，不仅仅是跟岗培训的过程性材料，也是教师每周教研、交流、讨论、考核的基础。

后“出模”

如果说“入模”是一段过程，那么“出模”则是一种成长。

“出模”没有固定的标准和强制的条件，是对新教师跟岗过程的综合评价与成长认可。

第一，学期末考核。一个学期的跟岗培训结束，新教师将在学期末的6月份接受考核。考核内容是新教师独立完整地完成一次“半日活动组织”。

第二，新教师自评。新教师自主填写的各项表格，不仅是跟岗过程的呈现，也是自我评价的过程性依据。跟岗结束后，新教师还需全面反思综合自评，感悟自己“入模”中的收获。

第三，班主任评价。班主任作为指导老师，经历了新教师跟岗的全过程。班主任评价包括两层：一是每一模块完成时的单项考核意见，二是十个模块全部完成后的半日活动组织的综合评价。当新教师获得班主任的认可，则意味着拥有了独立工作的能力。

新教师入“模”，仿佛绑着沙袋负重锻炼。但只要坚持下来，完成所有的研修，等到出“模”之时，他们会发现每一个流程都记忆犹新，每一个细节都清晰可见，每一项工作都游刃有余。

先入“模”，后出“模”，让新教师 9 月 1 日自信登场。

3
4 | 5

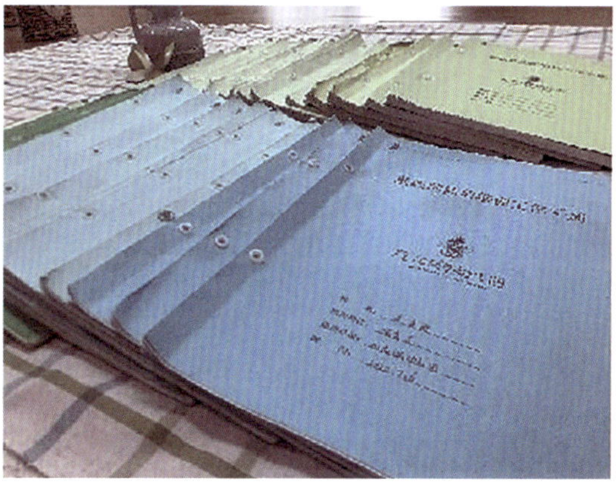

3—4 每位跟岗教师都要通过严格的考核才能上岗。这也是幼儿园优秀保教质量的坚实保证。新教师只有做到每一个流程都心中有数，真正走上岗位时才能够有条不紊。每周五下午，跟岗教师都会在师培部的组织下聚集在一起，将一周的跟岗新体会进行汇报和分享，积极展示自己的学习成果，汇报各环节中流程、注意事项及收获，用实战接受能力的检验。

5 不同颜色的手册代表不同岗位的跟岗记录，蓝色代表一线教师，黄色代表保育教师，红色代表其他岗位人员。厚厚的笔记和反思是老师们学习过程的见证，也是学习成果的展示。

【样例】：九龙湖幼儿园教育集团跟岗培训模块设置（班级教师）

模块内容	主要内容及要求	学习方式及参考	周期	考核方法	考核时间
模块一：幼儿一日活动作息	1. 清楚小、中、大班年龄段幼儿的三季不同的作息安排。 2. 明确幼儿一日活动作息时间表设置的原则、依据。 3. 一日活动中三位一体的分工、站位。	1. 现场观摩。 2. 自学《纲要》《指南》《规程》。	一个月	1. 默出所在年龄段三季度作息时间表，并说出设置的原则、依据。 2. 画出一日环节中“三位一体”站位图。	3.19
模块二：观察儿童	1. 熟练掌握连续观察法在观察记录中的运用，剖析幼儿某个时间段或某个情境中的所有表现，包括面部表情、口头语言、身体语言、与材料的互动、与他人的互动，身体活动、注意力等。 2. 熟练掌握事件取样法在观察记录中的运用，观察者期待特定预选行为的产生，以特定对象的特定行为作为观察对象，具有典型的代表性作用，能较好地进行分析。	1. 自学学习故事译丛《学习故事与早期教育：建构学习者的形象》观察和记录儿童，理解和支持发展。 2. 灵活运用连续记录法和事件取样法观察记录幼儿，并进行分析。	连续	1. 每周一篇白描式观察记录和一篇观察记录详案。 2. 每周交流时任选一个案例分享。	跟岗结束时上交
模块三：早操律动	1. 熟练掌握早操律动的组织流程和规范。 2. 动作熟练、规范、有力，面带微笑、扫视互动地进行示范。	1. 现场观摩、实况记录、实地演练。 2. 文献查找、音乐搜索。	一周	组织一次早操律动。	周四或周五
				1. 范操展示。 2. 任选一个观察记录展示。 3. PPT 分享本模块的学习与收获。	周 四
模块四：生活环节（一）	1. 清楚幼儿一日生活中盥洗、一餐两点、午睡、散步、衔接环节中的教师组织流程及策略。 2. 重点观察并掌握减少一日生活环节过渡中消极等待的策略。	1. 现场观摩、实况记录、实地演练。 2. 要求参见《九龙湖幼儿园保教一日活动规范》。	一周	组织一次生活环节。	周四或周五
				1. 任选一个观察记录展示。 2. PPT 分享本模块的学习与收获。	周四
模块四：生活环节（二）	1. 熟练掌握幼儿入园、晨间活动、离园的流程及规范。 2. 掌握与家长沟通的基本方式与策略。	1. 现场观摩、实况记录、实地演练。 2. 要求参见《九龙湖幼儿园保教一日活动规范》。	一周	组织一次离园环节。	周四或周五
				1. 任选一个观察记录展示。 2. PPT 分享本模块的学习与收获。	周四

模块内容	主要内容及要求	学习方式及参考	周期	考核方法	考核时间
模块五：户外活动	1. 熟练掌握幼儿户外体育游戏的组织流程及指导策略。 2. 熟练掌握户外专项活动的组织流程与指导策略。 3. 掌握基本的体育活动口令。	1. 现场观摩、实况记录、实地演练。 2. 外出学习。 3.“幼儿园课程游戏化”的学习。	一周	组织一次户外游戏。	周四或周五
				1. 任选一个观察记录展示。 2. PPT 分享本模块的学习与收获。	周四
模块六：区域游戏两周	1. 熟练掌握区域游戏开展的组织流程及指导策略。 2. 清楚跟岗班级区域游戏内容的设置、环境的创设、材料的投放，并根据殷华街幼儿园的班级结构图设置区域游戏。	1. 现场观摩、实况记录、实地演练。 2. 专题讲座“支持性区域游戏的创设”。 3. 外出学习。	一周	组织一次区域游戏。	周四或周五
				1. 任选一个观察记录展示。 2. PPT 分享本模块的学习与收获。	周四
模块七：晨间锻炼两周	1. 熟练掌握晨间锻炼中教师的组织流程即指导策略。 2. 晨间锻炼内容的设置原则及投放要求。	1. 现场观摩、实况记录、实地演练。 2. 专题讲座“自制晨间锻炼的设计”。 3. 外出学习。	一周	组织一次晨间锻炼。	周四或周五
				1. 任选一个观察记录展示。 2. PPT 分享本模块的学习与收获。	周四
模块八：集体活动两周	1. 掌握小组活动教学的基本模式、流程及规范。 2. 以教师的有效提问和有效回应为重点观摩记录 10 个小组教学活动。 3. 任选一节小组教学活动进行展示开放。	1. 现场观摩、实况记录、实地演练。 2. 自学跟岗班级“幼儿综合活动课程”的系列内容。 3. 外出学习。	两周	每人任选一节观摩课进行讨论。	周四
				每人展示一节小组活动教研课。	周四或周五
模块九：半日活动观摩一个月	1. 熟练掌握幼儿半日活动流程及规范。 2. 清楚幼儿半日活动组织的原则及策略。	现场观摩、实况记录、实地演练。	两周	交流半日活动中的一些小策略及心得体会。	周四
				每人展示一节半日活动教研课。	周四或周五
模块十：如何撰写各类计划？	1. 熟练撰写幼儿园各类计划：班级工作计划、晨锻计划、自然角创设计划、教玩具制作计划、班级环境创设计划等，清楚各项计划制订的实用性。 2. 清楚各类文本的格式规范及要求。	1. 现场观摩、实况记录。 2. 圆桌会谈：九龙湖幼儿园各项计划的撰写、簿册的使用。 3. 查找文献、自我设计。	一周	1. 分享一份计划。 2. PPT 交流班级环境创设方案。	周四

以“实”为鉴

纸上得来终觉浅，绝知此事要躬行。——《冬夜读书示子聿》(宋·陆游)

海马家园每个学年的开学前三天，一定会有一场面向所有教职工的“大考”。

这是一场什么样的大考?

大考的目的是什么?

为什么一定要在开学前进行这样的大考?

三天实战训练营

面对海马家园的教师团队，我们必须思考：

从理论到实践，从实践到反思，从反思到再探；从“纸头”到“手头”，从“手头”到“脑中”，从“脑中”到“心中”……如何帮助年轻教师和新教师从个人思维到“海马思维”，实现快速“转身”?

实践是检验真理的唯一标准。

三天实战训练营，顾名思义，就是一场理念转化为行为的大考，其核心就是“**实**”。

实，实景。设置真实的幼儿园生活场景，考核教职工在一日生活每个真实环节的细致操作流程，明确各个岗位的真实工作规范与标准。

实，实时。教职工轮流抽签，根据抽到的题目展示自己实操，管理层即兴点评、教职工互评，实时反馈，实时改进。

实，实地。实战考核的过程，就是一个实地展示、现场学习的过程。教职工当面观看优秀的、典范的操作，能够明确自己的不足，树立模仿的榜样。

大考的目的：

第一，以真实情境模拟实战。三天实战训练不是突击筛选，而是真实体验，在全拟真的情境中，为年轻教师、“出模”的新教师提供实战机会。

第二，为工作流程树立典范。在教师的实战过程中“找问题”，根据教师的实操表现“定标准”，为教师的工作流程“立典范”。

第三，做现场教研即时指导。三天的实战不涉及评优评先，而是开学前一次特别的现场教研，即时指导、反馈，提升工作技能。

在这个过程中，教师对于自己工作岗位的规范、流程与标准逐渐明确：

我要做什么？我该怎么做？我要做到什么程度？

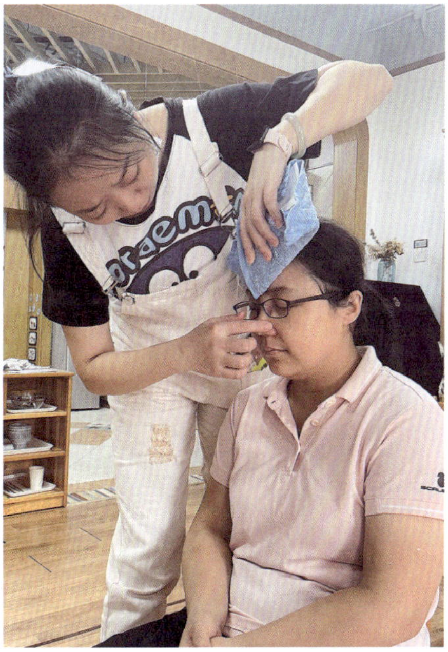

1 | 3 2

1 “早上好呀，宝贝。”一线教师正在模拟幼儿晨间接待环节。她们热情地问好，关注孩子情绪，用拥抱、击掌、鞠躬等方式欢迎孩子入园，将对孩子的关心爱护落实到每一个细节，把每件事都做到极致。

2 保育老师在实操考核中，模拟幼儿鼻子出血后的应急处置流程，在考核中模拟可能的意外，在实际生活环节中做到胸有成竹。

3 教师准备好预约访谈的相关材料及环境，模仿家长进行预约访谈，由园务中层担任评委，及时对考核内容进行打分和点评。与家长沟通是一门艺术，也是实现良好家园合作不可或缺的技巧。

实战，就是让一日活动看得见

我们将考核人员按一线教师、专用室教师、保育和食堂后勤进行分组，并为每个组设计了不同的考核内容，包含必考题与抽测题，在三天时间内依次进行实际操作演练。

必考题，与教职工每日工作内容密切挂钩，是每个岗位的“基本工作内容与要求”。

必考题的内容来源有三：第一，上一年度教师日常工作、教学组织中共性的困难和困惑；第二，幼儿一日生活中必须重视的重点环节；第三，园本课程实施中的新项目。考题根据实际工作与课程建设不断更新，富有变化性与时效性。

例如，小组活动是我们探究性课程的重点研究项目，也是幼儿学习方式的新样态，每个一线教师都必须熟练掌握组织方式与策略。因此，“小组活动组织”成为一线教师的必考题。

再如幼儿自主进餐，既是课程游戏化研究的探索，也是我们将海马家园“三自”理念转化为行为的实践。在自主进餐提出来的上一个年度，各班教师之间配合不够清晰，不明确怎样通过合理站位来充分支持幼儿。因此，班级幼儿自主进餐时，两位教师和一位保育员“三位一体”的站位、分工和配合成为必考内容。

抽测题，与教职工的进阶工作内容相关，体现了每个岗位的专业素养和专业能力。

例如在一线教师工作中，家长工作是无法回避的重要内容，因此家园共育、家园沟通的相关内容成为抽测的重点。我们将6S融入幼儿园管理的每一个细节，以期建立一种“自主成长、高效工作、优雅生活”的团队文化，因此物品6S管理成为保育和食堂后勤抽测考核的重要环节。

________年九龙湖幼儿园教育集团开学前三天实操演练考核内容

分组	必考题	抽测题
一线教师	小组活动组织、幼儿自主进餐组织	预约访谈、新生家访、新生试入园、家长沙龙（新小班教师必考新生试入园，其他年级教师四抽一）
专用室教师	专用室课程组织	“海马家园的一天”家长沟通、手工材料制作
保育	幼儿自主进餐组织	幼儿呕吐物的处理、消毒茶杯毛巾、床铺整理与拖地、班级物品6S管理（四抽二）
食堂后勤	消毒餐具及拖地	食堂物品6S管理、切配技能（二抽一）

4 6
5
7

4 用心倾听孩子，从孩子的言行举止、只言片语中寻找最合适的教育契机。小组活动考核中，评委们着重考察的就是教师接住孩子的“球”，并将“球”踢还给孩子的能力。

5 每个岗位都要考核，食堂人员也不例外。“武装齐全”的大厨们一字排开，娴熟的刀工令人眼花缭乱。美味的饭菜从第一步起就精益求精，大厨们将全身心的专注与高超的技艺融入每道菜。

6 帽子、手套、围裙，是保育员标准三件套。作为幼儿园卫生工作的守护人，保育员工作细致、操作规范，擦桌子、扫地、消毒，每一项都经过了严格的培训。

7 学习如田中禾苗，不见其增，日有所长。教师们在自主学习中飞速进步，为快速提高专业能力，每月进行一次《指南》考核。教师们一次次的进步，都呈现在卷面上。

实战，就是让工作流程看得见

在三天的实战训练中，现场各有分工。一名教师进行操作时，其他教师担任主持、摄像、点评和评分，在操作完成后即时点评、互评，操作中存在的问题和失误能够及时反馈，第一时间修正。

教师中表现优异的会自然地被其他教师当作学习的榜样。教师通过观摩优秀的操作，明确自己可改进的方向，从而及时优化自身，掌握可操作、可规范的“流程”。

以“晨间接待”为例。

第一步：班级教师晨间规范着装后，于班级门口等待入园幼儿。

第二步：幼儿出现在走廊里时，教师远远微笑或用肢体语言打招呼。

第三步：幼儿离教师 1 米远时，教师蹲下微笑拥抱迎接幼儿。

第四步：观察幼儿情绪，与幼儿简短交流。

第五步：引导幼儿换鞋、整理书包衣帽架。

第六步：引导幼儿进班，如有特殊情况及时与班级里的教师简短交流对接。

在实战演练中，我们请有经验的老教师先出场，老教师在与幼儿互动的小细节上往往更具亲和力，观察的敏锐度更强，肢体语言更丰富。这样后出场的新教师能很快学以致用，虽然动作尚显生硬，但对晨间接待的每一个教育小细节做到了心中有数。

第一步：准备工作（清水桶、消毒桶、清水毛巾、消毒毛巾、消毒液、量杯）。

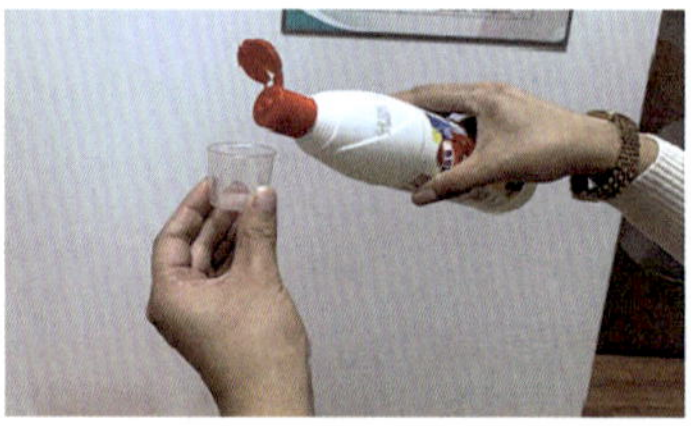

第二步：配置消毒液，消毒液配比 1：100，消毒原液 20 mL（量杯）水 2000 mL。

第三步：清水抹布擦拭桌面，每清洁一张桌面均需重新清洗抹布。

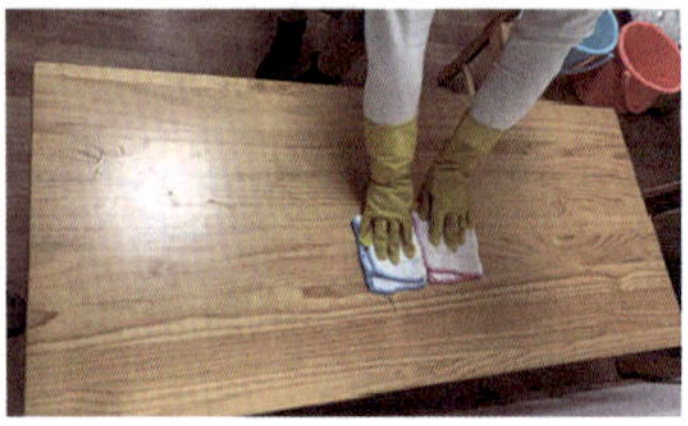

第四步：消毒抹布先消毒桌面（自上而下，从左至右，最后折叠擦拭桌子四周），消毒每张桌面均需重新消毒抹布。

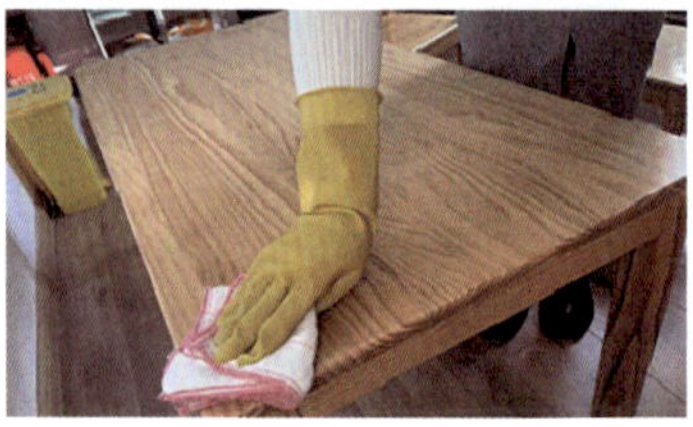

第五步：消毒桌面 5—10 分钟后，进行第二遍的桌面消毒（第二次清洁桌面，需用消毒桶及消毒毛巾）。

第六步：整理消毒的物品，清洗物品，物品 6S 归位。

再如保育员的“桌面清消”，同样是有经验的保育员先行操作考核，她们以娴熟流畅的动作和清晰明了的讲解，成为后来者的榜样。通过实战演练，保育员将规范的工作流程深刻记在心中。

实战，就是让教师蜕变看得见

教师通过三天的实战训练，重新审视自己工作的每一个环节和细节，发现微小的问题和改进之处，提升自己的基本功和专业素养。

量化的实操考核评分表，让实战训练的结果有据可依。

我们根据不同的岗位和工作内容，制定相应的考核内容和考核标准，并赋予不同的分值，每个项目都形成对应的考核量表。考核评委由管理层及教师组成，根据被测教师在规定时间内的表现进行评分，最终以分值的形式呈现考核结果。

以一线教师的必考题“小组活动组织”为例。小组活动是以幼儿为中心的自主探究式学习活动，与传统的课堂教学相比，对教师有着不一样的要求。我们结合小组活动的特点，设置了“教师支持”“探究记录表”“小组活动流程”“师幼互动”四个考核项目，其中“教师支持”赋分 40 分，其他三个项目各 20 分。每个考核项目之下，又设立至少 3 项评分标准。

实操演练的考核评分与结果不作为教师的鉴定和分级，而是教师自我审视、自我反思、自主成长的支架。

三天实战训练营，脚踏“实”地，躬身“实”践，以“实”为鉴，让教师团队的优秀名副其“实”。

仰望繁星

在海马家园，我们不一定要拿第一，但要做唯一！

在海马家园这样年轻的幼儿园，等待一位教师成熟后再传帮带，那必然会使教师们的自我成长严重滞后。

学习与成长不一定是按部就班、按图索骥。

每位教师身上都有自己的优点和闪光点，我们希望创设一种空间，来放大、激活、催化"闪光点"，让教师们成为绽放自己独特光芒的"星"。

金牌讲师修炼场

子曰："三人行，必有我师焉。"

海马家园每个教师都是行动者、探索者、思考者和研究者，都要努力成为"反思型教师"。

我们借助暑期三天经验分享会，为教师搭建了一个分享、交流教师教育经验和教育智慧的"金牌讲师修炼场"。

想成为金牌讲师，要分五步走。

第一，自主申报。教师自主申报成为主讲人。主讲人的申报不限年龄、不限岗位、不看专业职级、不论是否骨干，幼儿园每个岗位的教职员工都可以申报，去做舞台上的分享者。

第二，有效选题。在大的主题模块下，主讲人的分享内容不受限制。主讲人可以自主决定方向，选择日常教学、教育科研、后勤保育、班级管理或家长工作中的真实案例，讲述发现问题、解决问题的真实经历与引发的思考。

第三，提炼总结。主讲人申报通过后，结合自己一年来有收获、有价值、有特色、有创新的地方，如生活感悟、活动策略、工作心得、教学金点子等，总结分享内容，撰写演讲稿件和制作 PPT。

第四，打磨指导。根据主讲人的分享内容，各部门提供一对一导师。导师认真审核，跟踪打磨、指导，邀请主讲人试讲，充分沟通交流，提出指导意见。主讲人在一遍一遍的打磨中，实现自我蜕变。

第五，对话分享。主讲人走上分享会的讲台，与在场的教师聆听者们“对话”。教师可以自由提问与质疑，与主讲人对话，也可以自行交流与探讨，与其他教师对话，在对话中实现思维碰撞，提升自我。

1

1 “宝剑锋从磨砺出，梅花香自苦寒来。”每一次讲座的成功都离不开师培部指导教师一遍遍地帮助指导，不断地调整、进步、反思，这样的过程本身也是一次新的成长。

2 | 3
4

2—4 暑期培训的讲师都来自海马家园内部，她们根据培训调查问卷分析及需求，自主申报擅长的领域。她们中有市级带头人，有教科室主任、有区中心教研组成员、有经验丰富的班主任，也有有创意、有冲劲的年轻教师，只要她们自主申报并且内容获得认可，她们就是舞台上闪亮的那颗“星”。

一年一度的“主题盛筵”

暑期三天经验分享会，设于每个学年结束之后的暑假，既是对过去一学年的反思与总结，也是新的学习阶段的开端。每一年的暑期经验分享会，也是一年一度的“主题盛筵”：每年有年度主题，每场分享有板块主题，每个板块下面有内容主题。

第一，年度主题。

每一年，我们根据幼儿园五年发展规划和当年的发展目标制定年度主题。

2017 年，开园在即，我们怀着共同的理想，一起“梦想，起航”。

2018 年，我们关注过去的发展和未来的走向，“做有准备的人”。

2019 年，幼儿园高速发展，成长目标递进，“我们都是追梦人”。

2020 年，重视教师专业发展，“做反思型教师，品职业幸福感”。

2021 年，回首共产党百年征程，审视发展之路，我们“在路上”。

2022 年，展望未来，开启下一个五年的梦想，我们“一起向未来”。

第二，板块主题。

板块主题包括：

① 文化制度；② 教育科研；③ 教育教学；④ 教师德育；⑤ 家长工作；⑥ 后勤保育。

5 

5 桐花万里丹山路，雏凤清于老凤声。教育即是一棵树摇动另一棵树，一朵云推动另一朵云的代代传承。2022 年暑期培训用青春装满行囊，以老带新共做幼教追梦人，一起向未来！

第三，内容主题。

主讲人选定板块主题后，自主决定该主题下的具体内容。

教育科研方面，教师可以分享论文、案例的撰写心得，也可以分享个人课题的研究经验。教育教学方面，教师可以分享早操律动编排、幼儿游戏中的观察、区域游戏的创设策略等。后勤保育方面，教师可以分享保育工作流程、取餐与餐前准备、班级消杀、意外处理等。

一年一度的主题盛筵，以“主题”为线索，勾连起过去、现在和将来，勾连起海马家园每一个岗位的你、我、他。

激活现场的六点妙招

经验分享会设置在暑期，如何让教师们驿动的心平静下来，以饱满的、热情的、积极的态度共享这场成长盛筵？

第一，妙趣签到。签到仪式让教师们快乐又难忘，一个拥抱、一次击掌微笑、一句耳边密语、一张寄语卡片，唇印墙、手印墙、心愿墙以及用毛笔签名的签到卷轴……以丰富的形式呈现满满的仪式感。

第二，情境代入。根据主题设置相应的情境。例如2017年的“梦想，起航”，在场景布置、屏幕展示、音乐音效等方面充满了轮船和航海要素。教师们置身其间，充分代入，一起扬帆起航。

第三，团队作战。教师分成若干个小组，圆圈式围坐。在聆听分享的同时，小组之间可以随时进行讨论、交流。有集体研讨的话题时，小组就是天然的小分队，以小组的形式探讨并分享观点。

第四，即兴点评。主讲人与场下教师即时互动，教师们根据所听所见所想发表即时点评，让主讲人第一时间感受到分享的成效。园务中层担任主持人，不仅负责串场，还会对讲述者和讲述内容发表即兴点评，这也是对中层的一种考验和锻炼。

第五，美文欣赏。美文欣赏环节中，主讲人精心挑选能够直击心灵的文章，或以精美的文本发到教师手中，或邀请年轻的教师朗诵分享。在共读美文中，教师们共获心灵成长。

第六，点燃味蕾。美食分享必不可少，后勤食堂为教师们准备了丰富的课间茶歇，各种花茶、糕点、果盘、饮料等，均由食堂师傅们亲手制作。教师们在茶歇时间三两结伴，一边品尝美味，一边轻声交流，放松而愉悦。

6	7
	8
9	10

6—7 只要用心去做，简单的签到也可以变得妙趣横生。签到台摆放精巧的赠书、墨香氤氲的书法卷轴，主题中蕴含的悠长韵味不需要语言阐述，行走其间，就使人耳濡目染。

8 讲座不是你讲我听的单方面输出，而是思想与思想的碰撞，灵魂与灵魂的交流。灵感一现时就是即兴点评的好时机，这既是考验，也是另一种展示。

9 让“梦想，起航！”充满力量的话语振聋发聩，舞蹈也是一种抒发、号召的形式，它唤醒了在座每个人心中的小火苗，奔赴梦想的心情，在所有人的心中强烈激荡。身临其境之时，每一句话都会引起大家深深的共鸣。

10 如果一块蛋糕不够，那就再来一碟水果吧！在专业学习过程中，用美味回应教师身体与心理需求也必不可少。幸福的泡泡从味蕾直达脑海，让学习变得轻松愉快，达到事半功倍的效果。甜的是点心，也是被照亮的那颗心。

最美讲师

每一个积极申报主讲人的教师，都是自信、美丽的。

每一个站上主讲台的主讲人，都是海马家园闪亮的“星”。

金牌讲师修炼场，以“最美讲师”的评选收尾。

场下每个聆听、对话、互动的教师都是评委，以仪态仪表、语言表达、互动交流、主题内容及 PPT 制作等五个方面来评分，最终从 20—30 位讲师中，选出 6 位“最美讲师”。

每一个评分的块面与讲座息息相关。例如“互动交流”在百分制中占 20 分，重点关注主讲人的两个方面：第一，关注教师状态，采用提问、游戏、活动、情景模拟、分组讨论、分享、案例分析等方法，提高教师的学习兴趣；第二，结合讲座内容需要提出各种问题，让教师思考或回答，增强互动性。

开园以来，我们的最美讲师团已扩充至几十位，她们就是海马家园点点繁星中最闪亮的星，是成长的先行者，也是探索的领路人。

2017—2018 年，讲台上的主讲人大多是管理层和骨干教师。

2019—2022 年，越来越多的教师走上讲台，每年都有二三十位一线教师和十几位后勤人员成为讲台上的“星”，其中最年轻的分享者入职才一年多。

每一位教师都是一颗星，仰望星空，繁星点点，那是海马家园教师团队的魅力！

11

11 教师与孩子手捧着“最美讲师”的奖牌鱼贯入场，将奖牌挂到讲师胸前。是星星总会闪光的，她需要的只是一片懂得聆听的天空。最美讲师团则让我们看见了璀璨星空。

《海马有约》，讲好海马家园的故事

《海马有约》，一本海马家园自己的刊物。

《海马有约》，一个海马家园共同的精神家园。

每当有客人来到海马家园，收到的伴手礼中，总有一个印着海马家园标志的纸袋，袋中装着的，就是海马家园的专属园刊《海马有约》。

为什么要做园刊《海马有约》

也许很多幼儿园都在做园刊，有的是活动集锦，有的是教育宣言，还有的是课程建设或改革的路径……

海马家园的园刊《海马有约》有什么特别之处？

第一，它是一份海马文化的主动表达。

第二，它是一段师幼成长的足迹再现。

第三，它是一个家园共育的温馨空间。

第四，它是一张海马家园的文化名片。

《海马有约》园刊讲述着幼儿园最具特色、最动人心、最有意义的精彩故事，表达着我们对儿童教育的理解和追寻理想教育生活的愿景，见证着海马家园孩子、老师与家长们的成长与发展，传递着海马家园独特的园所文化。

找准园刊的读者

园刊，是一所幼儿园的刊物。主要读者自然就是幼儿、教师和家长。当然，因其社会属性也会有其他社会人士读者。

幼儿园园刊，幼儿是第一读者，也是一群特殊的读者。

如何让这群特殊的小读者愿意看，喜欢看，并能看得懂？

愿意看，意味着园刊里必须有孩子们熟悉的生活或活动，比如第三板块“童心”是专为幼儿设计的板块。其中有一栏叫“全家福”，满版都是孩子和爸爸妈妈的亲子快乐时光。喜欢看，意味着园刊里有孩子们自己的故事或趣事，比如“童言”“童艺”，都是生活中爸爸妈妈随手记录下的孩子们最稚拙有趣的话语和他们引以为豪的各种美术作品。能看得懂，意味着园刊的呈现方式必须是图文并茂，且有多种图画表达方式的。整本园刊图画与文字比例大约为 6∶4，边翻阅边讲述成了班级最美妙的风景。

幼儿园园刊，教师是第二读者，专业发展与研究动态一定是重点。

“海马园丁”就是呈现教师专业发展的专属板块，设有“家风会客厅”“探究性课程”和“教师心语录”三个专栏。

“家风会客厅”作为海马家园立德树人的“头牌”自然是这一板块的重头戏，“遇见”“信仰”“三生三世”“初心”“一封家书”“在路上”“禅茶一味”等栏目下，一张张照片打开了老师们青春的记忆，一段段文字记录了老师们蜕变的痕迹。“探究性课程”和“教师心语录”自然是海马家园课程研究的专属地，经典的教学设计、有趣的课程故事、生动的教研现场、紧张的教学大赛、充满挑战的阅读与分享，堪称年轻教师千锤百炼的又一个竞技场。

海马物语

早起上学这件小事

读万卷书，行万里路

幼儿园园刊，家长是第三读者，重在分享家庭教育与家园共育的经验。

家长作为重要的读者之一，也是园刊的主角之一，“海马物语”即为家长们分享与学习的板块。“多味布丁”“亲子奶茶”和“浓情咖啡”，从栏目名称就能感受到这一板块具有开放、民主、创新、尊重与自由的家庭教育精神。在这里，我们听到了家长的育儿经验、亲子陪伴策略、二孩家庭相处之道等真实的家庭教育心声；我们跟着家长和孩子，去了梅花山、银杏湖、九龙湖，还到了三亚、上海，甚至国外。家长的一份份投稿既是对园刊的认可，更是一段家园共育的心路历程。

幼儿园园刊，第四读者面向社会，即幼儿园办园理念与文化的传承与传播。

“遇见海马”作为园刊的第一大板块，以“印象”“聚焦”和“缤纷”三个栏目直观快速呈现幼儿园一学期的大事记。“印象”即为一学期孩子们最喜欢的活动，如“与爱同行，与书共舞”“手牵手，爱相随”“为爱而‘变’”等；“聚焦”则为一学期老师们重要的活动，如“省优创建半日活动研讨”“课程游戏化建设”“全园家委会换届选举”等；“缤纷”则以新闻的视角记录并呈现出一学期师幼历经的活动，脉络清晰，短短数页凝聚了园所一学期发展的动态与成果。

“海马驿站”是园刊的最后一个板块，也是所有人都会关注的生活专栏，包括“生活馆”“美食汇”和“安全屋”三个小栏目。

海马家园 · 印象

—九龙湖幼儿园开园仪式

锣响鼓威迎宾客，狮腾虎跃贺开园。2017年9月1号，九龙湖幼儿园隆重举行了以“海马家园 · 印象”为主题的亲子开园仪式暨秋季入学典礼。江宁区秣陵街道孙兵主任，江宁区教育局校舍科九龙湖幼儿园项目部迟程勇、侍小平、李德勇等嘉宾出席了庆典，为新园开园典礼剪彩并揭牌。

上午8点，家长和宝贝们盛装出席，手拉手从红毯上走进幼儿园，在祝福卡上写下祝福语，并按上手印，粘贴在“爱心天使”展板上，表达对幼儿园深深的祝福。9点钟开园典礼准时开始，孩子和爸爸妈妈们一起点燃圣火，传递九龙湖人的精神。接着，九龙湖幼儿园迎来了第一次升旗仪式，庄严的国歌之后，园长妈妈刘莉宣布九龙湖幼儿园正式开园！现场掌声雷动、欢呼雀跃，所有到场的家长、小朋友以及老师们共同见证了这激动人心的时刻，老师们用青春飞扬的舞姿展现了对幼儿园未来的畅想与希望。

最后，全体家长和孩子一起放飞气球、放飞梦想，将心中的愿望寄放在一个个象征希望和祝福的气球中，一同放飞。请蓝天和白云作证，让阳光和鸟儿知道，九龙湖幼儿园将开启多彩多姿的生活。

ng Seahorse / 06

07 / Dating Seahorse

这里有来自班级的生活小贴士，有来自保健室的安全小常识，有来自生活坊的幼儿美食分享，还有来自幼儿园的各种幼儿生活快递等，如幼儿亲手制作的慕斯杯、香肠卷、紫菜包饭，以及 21 天习惯养成记、洗手歌、护牙小知识，地震、消防、防拐演练、疫情应急演练等，都是教育即生活的缩影。

一本小小的园刊，让文化育人看得见！

园刊《海马有约》各板块设计

板块	栏目	内容
遇见海马	印象	本学期最重要的 2—3 个大活动新闻。
	聚焦	本学期比较重大的 9—10 个活动新闻。
	缤纷	本学期其他活动与新闻。
海马园丁	家风会客厅	本学期家风会客厅内容纪实。
	探究性课程	教师优秀获奖案例、论文。
	教师心语录	教师优秀获奖观察记录。
海马宝贝	童心	家庭全家福，附家长教育理念或心得。
	童言	幼儿生活中的趣言趣事。
	童艺	幼儿精彩作品照片（绘画、手工等）。
海马物语	多味布丁	家长教育心得征文。
	亲子奶茶	家庭亲子游感想、纪实征文。
	浓情咖啡	海马志愿者参与感悟征文。
海马驿站	生活馆	幼儿生活小贴士。
	美食汇	幼儿自制美食分享。
	安全屋	幼儿安全常识或急救知识。

细节决定成败

园刊，作为幼儿园文化生态系统的一张特殊的名片，无声胜有声。想做好却不是易事，细节决定成败。

第一，让封面学会说话。一本园刊拿到手最先看到的一定是封面，封面传递的是思想、是理念、是行为，也是成长足迹。“海马有约”的封面由三组内容构成：海马家园“三自”理念、本期重点推荐和几组儿童美术作品。大片浓郁的儿童画上，三两行主题文字跃然纸上，瞬间勾起大家对一学期幼儿园生活的回忆与美好期盼。

第二，让目录变得有趣。目录不仅仅是用来检索内容与作者，更重要的是能否引起读者的阅读欲。我们在设计目录时，将“小照片”作为板块目录和内容目录的索引之一，打开目录的页面，视线不自觉地会追随“小照片”游走，阅读的兴趣油然而生。

第三，让色彩自然流淌。幼儿是重要的读者之一，对色彩更敏感，我们将园刊的封面、板块的划分、页码的标注等都以色彩来区分，一本园刊就像是一本彩色的绘本。一学期一期，每一期一种色彩，三年六期组成一组彩色的故事。

第四，让排版吸引目光。没有人可以拒绝一本排版生动、有趣的书。《海马有约》编辑部的老师们在排版时，每一页都不马虎，图片错落有致，文字生动多变，整个版面高级有质感。

天下大事，必作于细。

1

1 园刊《海马有约》是海马家园无论幼儿、家长还是教师们都翘首以盼的一份杂志。每学期一本，记录了幼儿、家长、教师的生活点滴和学习成长。翻开园刊，一段段文字、一张张照片将海马家园这一学期的精彩故事娓娓道来。

海马有约

CONTENTS 目录

2020 年 12 月 第六期

自然生存、自由生长、自主生活，富有表现力的国际小公民

Natural Living, Free Growing, Independent Life, Expressive International Small Citizens

遇见海马

海马园丁

海马宝贝

海马物语

海马驿站

南京市江宁区九龙湖幼儿园

电话：025-8611 0606

南京市江宁区殷华街幼儿园

电话：025-8611 0612

青春是一场不会醒的梦　一张照片记录一起走过的岁月　一缕回忆串起那些美好的曾经

2020

筑梦海马，感恩成长
—九龙湖幼儿园 2020 届大班"云"毕业典礼

夏天来临，大班的孩子也迎来了毕业的时刻，今年毕业典礼的主题是"筑梦海马，感恩成长"。因为疫情，海马家园采用线上视频的方式，带着孩子与家长们完成了一次特殊的"云毕业"毕业之旅，也为这一届特殊时期毕业的孩子们送上了一份特别的礼物。

三年的幼儿园时光对于孩子来说弥足珍贵，在筹备毕业典礼期间，孩子们通过各种各样的方式传递了自己的不舍与留恋。

绘画梦想，追梦童年。以"梦想"为主题的绘画活动激发了孩子们的畅想，"我想做一个宇航员""我想成为一名医生，打败新冠病毒"……梦想的种子在心底种下。

见"画"如面，纸短情长。通过毕业"写信"活动，孩子们在纸上表达心声，说着最真诚的话语、表达最真切的思念。

7 月 17 日晚 19：30，相约"云"直播。孩子与父母换上了正装，耐心地坐在视频面前，静静地观看最后的毕业典礼，爱通过云毕业典礼的平台，在大家心中汩汩流淌着。

做反思型教师，品职业幸福感

为促进教师专业成长，2020 年 7 月 18 日起，九龙湖幼教中心开展了为期三天的教师暑期培训。今年暑期培训的主题是"做反思型教师，品职业幸福感"。

戴园长分享了《幼儿园各项考核的流程及规范》，保健室李老师和朱老师分享了幼儿园 6S 管理的方法和标准，帮助教师们认识幼儿园的文化，建立流程意识和规范意识。

周老师和王老师带来"教师五年发展规划"的讲解，赵老师和刘老师则分享了"幼儿成长册主题制定"的心得，教师们迅速掌握工作方法，学习与思考了高效的工作方式。

小组活动是我园探究性课程下的典型活动，林园长带来《小组活动的组织策略》讲座，通过生动的案例和教师组织小组活动的体会，帮助教师认识小组活动、理解小组活动，并能够自主地发掘、开展与提升小组活动。

最后，以"尊重"为话题的访谈为暑培收官。在动人的访谈中，教师们渐渐读懂孩子内心深处最迫切的需要。

暑假培训，能让老师们更好地反思保育和教学工作，有效地提高自身的理论素养和实践能力，让我们一同奋进在成为反思型教师的道路上。

讲好海马家园的每一个故事

《海马有约》，以园刊讲述着发生在海马家园的每一个故事。

园刊主编说：我们的编辑部就是一个纳贤工作室。从责任主编到编委，都是兼职，中层、班主任、家委会主任、刚毕业的新教师，还有总务主任、保健医生，只要自主申报就可以来体验一回做编辑的感觉。

园刊编辑说：园刊不是一下子完成的，而是分布在整个学期，需要长久地、持续地关注、跟进、整理、修改、排版、校对、优化。做好一件事很容易，难的是坚持每一天都做好。

幼儿说：我最喜欢一边靠在沙发上，一边读园刊，那里有我们班发生的有趣的事。小伙伴来我家，我会很得意地向他介绍我们的园刊，这感觉很美妙。

教师说：不管是编辑约稿还是自主投稿，竞争比论文评比还激烈。能选上园刊的，基本是市级一、二等奖的获奖文章，这既是一次展示的机会，也是一种专业的认可。

家长说：在这个快节奏的时代，我们缺乏一个畅所欲言的平台。《海马有约》给了我们这样的机会，能看到自己的育儿经验发表在我们的园刊上，成就感、归属感爆棚。

《海马有约》，用故事串起海马家园的时空变化，凝结出海马家园的独特气质。

《海马有约》，与您相约。

用仪式感引爆团队

仪式是使某一天与其他日子不同，使某一时刻与其他时刻不同。——《小王子》

仪式感，一个流行的词，但却不是凭空出现的概念。

中华民族的传统节日，几乎都有着特别的“文化符号”，如清明的祭祖、中秋的团圆、春节的除旧迎新等等。这些文化习俗，就是千百年流传下来的仪式感。

一个团队的成长，也离不开“仪式感”。

生活，需要点“仪式感”

什么是仪式感?

仪式感，就是为每一个普通的日子和动作定义它背后的精神内涵。

再直白些，仪式感就是把单调普通的事情变得不一样，就是使某一天与其他日子不同，使某一时刻与其他时刻不同，是人们表达内心情感最直接的方式。

可以是入园前的一个拥抱，

可以是节日时的一份祝福，

可以是活动前的一句口号，

可以是生日时的一碗面条，

也可以是每个办公室一盆喜人的绿植。

行为虽小，物品虽小，但提示我们这是不同的时刻，我们的生活是有意义的，我们所有的行动都蕴藏着让人幸福的力量。

仪式 = 印记 + 幸福

在海马家园，仪式感无处不在。

可能是环境的精心营造，可能是活动的特别启动，可能是师幼的一次互动，也可能是一场有趣浪漫的旅行。

扑面而来的“家”的气息

一踏进海马家园，跃入视线里的是一排连绵不断的“小房子”，小房子上都是彩色的地图。那种穿透墙壁屋顶的超时空稚拙视角，令人一看便知是孩子们为海马家园绘制的地图，引得路人纷纷驻足，这就是儿童眼里的“家”。

接着，一棵古铜色的“大树”映入眼帘。大树下面一扇小门半掩，门前一丛绣球花正在绽放，空气中弥漫着淡淡的花香，陶醉了孩子和老师们的笑脸。

迎面碰到入园的孩子们，一个个笑靥如花，双手轻触膝盖，一个标准的 90 度鞠躬：“老师早！”稚嫩的声音像音符般美妙，美好的一天开始了。

让教育成为一种美好的生活，就在这一刻被定格下来。

1—2 蹲下来，用孩子的视角看世界；俯下身，用孩子的高度与他相拥。这不但是关怀，更是尊重。平等地拥抱与对话使孩子真正感受到家的温暖，开启幸福一日。

1 | 2

遇见未来三十年的我

“一年一拍，一岁一礼，一寸欢喜送大家！”

这是每年的 9 月底，海马家园的老师们都期待的“大事”——拍写真。

收到工会主席的温馨短信，老师们便开始了每年这一天的精心设计与准备：

我要选择幼儿园的哪一处场景？我的成长礼主题是什么？需要怎样的服饰？

场景中还需要怎样的小装备或造型？我的小伙伴是什么主题？我们班成长礼主题是什么？在哪里拍……

老师们一整天都沉浸在校园的各个角落，直到夕阳西下，摄影师镜头里最后一组团队的成长礼完美收官。接下来选片、修片、放大、装裱，两百多个十寸写真相框成了教师节这一天最炙手可热的礼物。

老师们拿起新相框，又细细端详起去年的、前年的、大前年的……从刚走出校门时的青涩，到如今满眼自信的光芒，情不自禁猜想着：十年后、二十年后，甚至三十年后，未来的自己会是怎样的模样呢？

每年教师节的这一张写真照，成了时间的巷口里老师们最深的期待。

3
4

3—4 铭记岁月的水晶相框，记录着每一年不一样的自己，照片中那个美丽、自信、充满朝气的模样，是每年的教师节我们送给老师们最有意义的礼物。

开学第一天：三场特别的“约会”

开学第一天，海马家园一定会有三场特别的“约会”。

约会，顾名思义约定会面，是一种值得期待的见面。我们之所以称之为“约会”，是希望在海马家园建立一种愉悦向上又充满期待的开学第一天的情绪场。这种情绪场往往极具蝴蝶效应，帮助老师和孩子们快速调整情绪，进入积极心理状态，为整个团队高效赋能。

第一场约会，开工茶叙。

约会对象：中层管理者。

约会时间：开学前三天。

约会方式：园长一个拥抱、一声问候、一抹微笑、一杯热茶，几盘精致的茶点，让假期归来的中层管理者彻底卸下假期的劳顿，轻松上阵，畅谈新学期的工作计划与准备。

第二场约会，甜甜蜜蜜。

约会对象：全体教职工。

约会时间：开学前两天。

约会方式：园长与中层齐列迎接老师们归来，一个拥抱、一句关怀、一抹微笑、一块巧克力、一记鼓声，在甜甜蜜蜜中开鼓迎新。

第三场约会，蹦蹦跳跳。

约会对象：全体幼儿。

约会时间：开学前一天。

约会方式：全体老师盛装欢迎孩子们入园，对联、灯笼、中国结，摸糖果、写祝福、拆红包，敲锣打鼓、蹦蹦跳跳、欢天喜地，和小伙伴手牵手一起去找新班级。

三场约会，让开学第一天的幼儿园随处都能听见笑声。

5

5 “欢迎回家，祝你笑口常开、甜甜蜜蜜！”入园如回家，亲切热情的拥抱和击掌瞬间唤醒启航的激情。这一份开工的仪式感，充满了重逢的喜悦，承载了美好的祝福。

6 9月新起点，寄托新期望。一封送给孩子的信，也是送给每一个家庭的信，是对孩子的祝愿，也是对新一学期家园合作的期待。过去、现在与未来，我们始终在一起。

7 孩子手拿信封，踮起脚尖，把信件和对新学期的希冀一同投进班级信箱中。时光荏苒，未来可期，一封小小的信，在孩子的心中种下一颗名为希望的种子。

8 新年新学期，幼儿园也给孩子们准备了大红包，里面是甜蜜小礼物与暖心祝福语。收获了红包，揣好了祝福，新的学期也更有冲劲啦！

9 咚咚咚！咚咚咚！返园的孩子高举鼓槌，用力击打鼓面，响亮的鼓声响彻幼儿园上空，把冬日的沉闷一扫而光，为新学期的第一天注入活力，一鼓作气冲向新学期啦！

10 “摸一摸吧，新学期好彩头哦！”橘子、开心果、小葱……“吉祥物”们一字排开，等待着小手一一触摸，为新的学期赋予新的祝愿。

6	7
	8
9	10

独具匠心的签到仪式

在海马家园，有活动就有签到仪式。

签到仪式就是要创设一种极具代入感的情境，让活动者产生情感共鸣，全身心地投入接下来的活动中。

就如同一顿大餐前的环境设置，灯光、蜡烛、鲜花、音乐、桌布、桌旗、窗帘、餐具，甚至是微笑、礼仪，这些小细节既是大餐品质的要素，也是决定进餐者情绪的重要因素。

签到仪式的创设须包含四个要素：

第一，仪式内容须与活动主题契合。

第二，形式表现须体现人人皆主角。

第三，材料使用须简单便捷易操作。

第四，环境创设须呈现情境代入感。

每两周一次的儿童电影日活动，各班值日生和老师一起早早把大厅的窗帘拉上，把座椅一张一张排好，还在椅背上贴上了座位号，用颜色划分出观影区域，便于不同班级的孩子对号入座。最郑重的仪式当属孩子们一个跟着一个，手持自制电影券，踮着脚尖静悄悄检票入场的场景。

每年暑期培训，开班典礼前的签到仪式更是出其不意。一个拥抱，一次击掌微笑，一句耳边密语，一个心愿漂流瓶，一面唇印、手印、心愿墙，一卷长轴，一张泼墨画，一句字谜，一组成语、诗词、三字经接龙等，种下了所有的美好期待。

班级主题沙龙家长会的签到仪式，精妙地突出了“儿童”这一小主角。孩子们的邀请函各具特色，孩子们给爸爸妈妈精心准备的水、水果、水果茶都摇身一变成了幼儿的形象代言。对于签到台的签到方式，孩子们更是各显神通、独具匠心。

这一个个“仪式感”背后，是建立生活流程的“标准感”，是享受生活乐趣的“精致感”，是发现生活美好的“惊喜感”。

小小签到仪式，看似简单，蕴藏的能量不简单！

11
12 | 13

11—13 一面回忆墙、一片树叶、一张纸笺……签到也可以富有诗意与美好。结合活动主题设计的别样签到方式充满了仪式感，令人惊艳、让人惊喜，每一次签到都足以成为记忆中的珍珠。

感动海马十大人物评选

在海马家园，最重要时刻总是留在每年的最后一个月。

一场撼动所有老师、家属和家长们的“感动海马十大人物”评选活动会如期而至。

评选主题： 感动海马十大人物

评选时间： 每年的 12 月

评选奖项：

第一项：感动海马十大教师

敬业之星、勤奋之星、创意之星、友爱之星、活力之星、

服务之星、行动之星、微笑之星、智慧之星、魅力之星

第二项：感动海马十大家长

奉献之星、博爱之星、智慧之星、行动之星、创意之星、

幽默之星、快乐之星、热情之星、支持之星、魅力之星

第三项：感动海马十大家属

甜蜜之星、包容之星、热情之星、支持之星、幽默之星、

守护之星、陪伴之星、创意之星、魅力之星、智慧之星

评选方式及流程：

初选：通过自荐、他荐的方式推选出候选人。

复选：经全园公开投票、审议确定出获奖者。

颁奖：邀请家委会、家长、家属代表，共同参加年末的颁奖典礼。

到了年末的最后一天，海马家园的老师、家属和班级家长代表们一定会聚集一堂，盛装出席“感动海马十大人物”的颁奖典礼。孩子们设计邀请函、签到簿，和老师一起布置颁奖会场：气球、鲜花、红地毯……获奖者在颁奖词中，走上舞台，相互拥抱，噙着泪水亲吻着水晶奖杯，那一瞬间，欢笑声和掌声响彻整个舞台。

如果说《感动中国》带给我们的是一次一次触及心灵的震撼与洗礼，那么“感动海马十大人物”评选则如沁人心脾的甘泉，滋养我们向阳生长。

心中有信仰，行动才有力量！

作为管理者，我们要做的就是用发现的眼光捕捉教育生活中的每一个细小感动，并将这美好瞬间记录下来，创设一个最隆重的时刻，让美好融化成温暖的力量，温柔且坚定地一路同行。

14 丈夫用自己有力的臂膀抱起妻子，小心而稳健地跳过荷叶小桥，完成互动挑战。正如同此前与往后每个携手同度的日夜，家属的支持配合是大家庭幸福美满的小篇章。

15 “下面揭晓中奖情况——”家长与老师们齐聚一堂，不约而同地靠向签筒，视线牢牢锁在竹签上，想要一探究竟。奖励大小，都是次要的，在这里，谁中了一等奖都会赢得全场欢呼。

16 海马家园如同一所充满魔幻色彩的魔法学校，在这里有一群敢想、敢说、敢做的魔法师，更有一群敢想、敢玩、敢挑战的小小学员。这里的每一天都在上演奇迹。

14 | 15
16

17
18
19

17—19 那些掉落在时光中感人的小碎片在这一天重新被拾起。细微之处见真情，毫末之间有真意。家长、家属、老师欢聚一堂，奖状的背后，是一个个感动你我的故事——感谢有你，让家更美好。

九龙湖幼儿园教育集团“十四五”规划十件大事

1. 建构具有海马家园特色的亲湖课程。
2. 建立海马家园篮球活动、艺术活动、生活活动、阅读活动等拓展性课程资源库。
3. 打造九龙湖幼儿园教育集团名师梯队：特级 1 名、正高 1 名、副高 2 名、市学带（德带）区级及以上骨干称号 30% 以上。
4. 成立“海马有约”德育工作室和“三色果”名师工作室。
5. 完成“十四五”省级规划课题立项与研究，出版幼儿园文化、课程管理书籍。
6. 汇编主题或家长沙龙手册，形成家园共育课程资源库。
7. 完成师幼营养膳食手册汇编。
8. 优化一日保教、后勤工作标准和流程，制定员工工作手册。
9. 筹建九龙湖园校史长廊、殷华街园艺术长廊及森林书吧。
10. 完成殷华街园省优创建，九龙湖园省优复审及各类创建工作。

第四章　孵化目标管理

“目标管理”是由美国管理学家彼得·德鲁克（Peter F. Drucker）于 20 世纪 50 年代提出的，一方面强调完成目标，实现工作成果；另一方面重视人的作用，强调员工自主参与目标的制定、实施、控制、检查和评价。

孵化管理，其核心价值界定为“因成就他人而成就自我”。孵化的目的是“化”，过程和手段是“孵”，其对培育、激活人的自我管理与目标管理有着异曲同工之妙。在借鉴、探究和选择适合自己的管理工具和模型上，我们提出了孵化目标管理。

在海马家园，孵化目标管理实质上是以目标为导向，以人为中心，以孵化为路径，通过目标孵化、项目孵化、模式孵化、思维孵化，最终孵化出一支优秀的团队。

"炒"出来的规划

谋定而后动，知止而有得。——《孙子兵法·计篇》

谋定而动，好似行船，重在航向；知止而得，知道目的地才能够有所收获。

俗话说，方向不对，努力白费；方向若对，事半功倍。

在幼儿园发展过程中，发展规划就是一所幼儿园的导航仪、方向盘或灯塔。它是美好愿景，也是目标指向，更是精神引领。

何谓"炒"规划

规划指个人或组织制定的比较全面长远的发展计划。

幼儿园发展规划则是幼儿园根据国家或地区教育发展计划的需要和应对幼儿教育变革与发展的挑战，在系统分析幼儿园现状的基础上拟订的一个长期发展计划。

作为幼儿园发展的一个计划或蓝图，幼儿园发展规划具有系统协同性、持续递进性、前瞻预测性以及园本特色性等内在特性。

在海马家园，幼儿园发展规划从草拟到出台不是一蹴而就的，它会经历若干轮特别的审议，我们称之为"炒"，且"炒"的过程一般会经历一学期的"小火慢炖"与"反复煸炒"。

"炒"是一种动作，更是一种状态，表达了全园教职工主动积极参与描画园所未来发展的一种情绪状态。

"炒"是一种过程，更是一种融合，表达了全园教职工在畅想园所未来发展目标过程中的一种思维碰撞。

"炒"是一种表达，更是一种审议，表达了全园教职工在一轮一轮园所发展规划审议中的一种价值判断。

"炒"出来的规划，寓意着实践、反思、总结、再实践的循环论证发展过程。

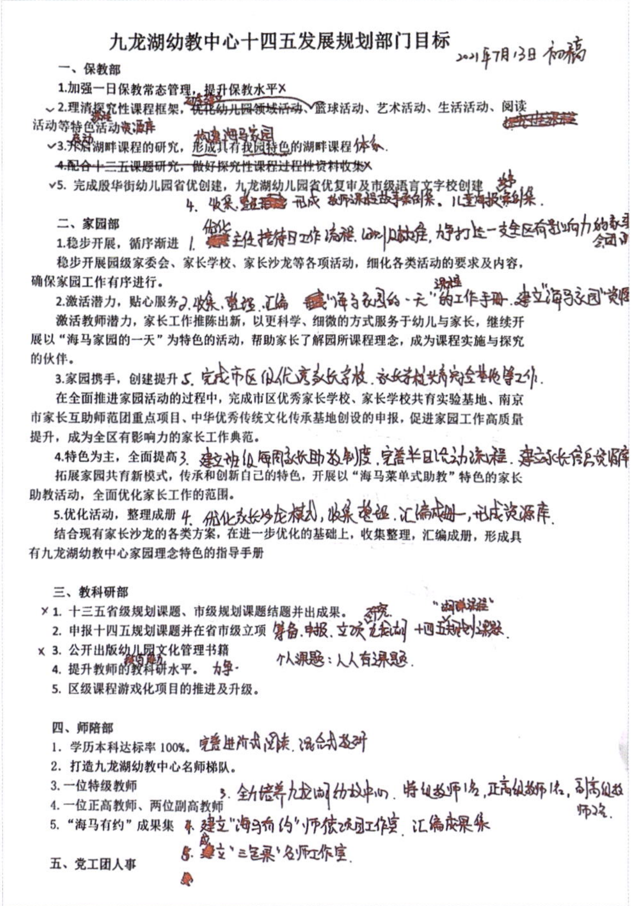

九龙湖幼教中心十四五发展规划部门目标

2021年7月13日 初稿

一、保教部

1.加强一日保教常态管理，提升保教水平

2.理清探究性课程框架，优化幼儿园领域活动、篮球活动、艺术活动、生活活动、阅读活动等特色活动

3.开启湖畔课程的研究，形成具有我园特色的湖畔课程

4.配合十三五课题研究，做好探究性课程过程性资料收集

5. 完成殷华街幼儿园省优创建，九龙湖幼儿园省优复审及市级语言文字校创建

二、家园部

1.稳步开展，循序渐进

稳步开展园级家委会、家长学校、家长沙龙等各项活动，细化各类活动的要求及内容，确保家园工作有序进行。

2.激活潜力，贴心服务

激活教师潜力，家长工作推陈出新，以更科学、细微的方式服务于幼儿与家长，继续开展以"海马家园的一天"为特色的活动，帮助家长了解园所课程理念，成为课程实施与探究的伙伴。

3.家园携手，创建提升

在全面推进家园活动的过程中，完成市区优秀家长学校、家长学校共育实验基地、南京市家长互助师范团重点项目、中华优秀传统文化传承基地创设的申报，促进家园工作高质量提升，成为全区有影响力的家长工作典范。

4.特色为主，全面提高

拓展家园共育新模式，传承和创新自己的特色，开展以"海马菜单式助教"特色的家长助教活动，全面优化家长工作的范围。

5.优化活动，整理成册

结合现有家长沙龙的各类方案，在进一步优化的基础上，收集整理，汇编成册，形成具有九龙湖幼教中心家园理念特色的指导手册

三、教科研部

1. 十三五省级规划课题、市级规划课题结题并出成果。
2. 申报十四五规划课题并在省市级立项
3. 公开出版幼儿园文化管理书籍
4. 提升教师的教科研水平。
5. 区级课程游戏化项目的推进及升级。

四、师陪部

1. 学历本科达标率 100%。
2. 打造九龙湖幼教中心名师梯队。
3. 一位特级教师
4. 一位正高教师、两位副高教师
5. "海马有约"成果集

五、党工团人事

"十四五"发展规划部门目标讨论稿（一）

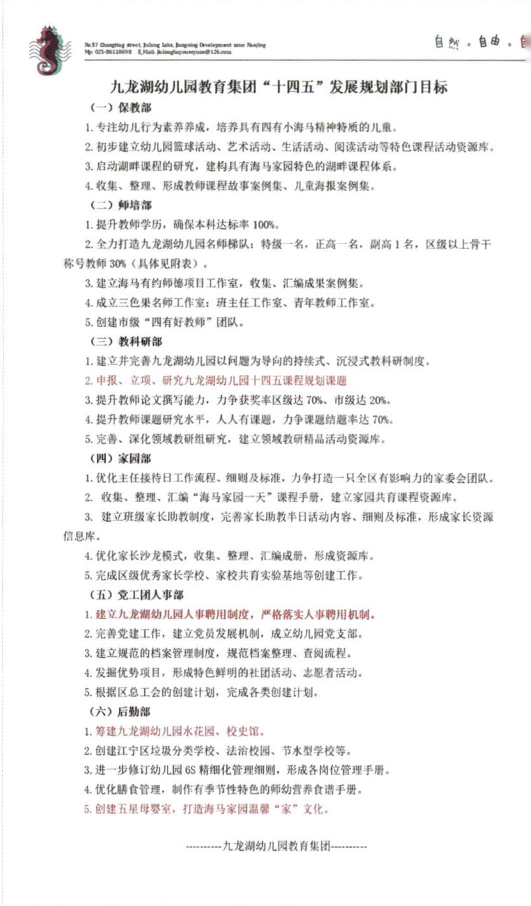

No.57 Changting street, Jiulong Lake, Jiangning Development zone Nanjing
Mp: 025-86110698 E_Mail: jiulonghuyoueryuan@126.com

自然 · 自由 · 自

九龙湖幼儿园教育集团"十四五"发展规划部门目标

（一）保教部

1. 专注幼儿行为素养养成，培养具有四有小海马精神特质的儿童。
2. 初步建立幼儿园篮球活动、艺术活动、生活活动、阅读活动等特色课程活动资源库。
3. 启动湖畔课程的研究，建构具有海马家园特色的湖畔课程体系。
4. 收集、整理、形成教师课程故事案例集、儿童海报案例集。

（二）师培部

1. 提升教师学历，确保本科达标率 100%。
2. 全力打造九龙湖幼儿园名师梯队：特级一名，正高一名，副高 1 名，区级以上骨干称号教师 30%（具体见附表）。
3. 建立海马有约师德项目工作室，收集、汇编成果案例集。
4. 成立三色果名师工作室：班主任工作室、青年教师工作室。
5. 创建市级"四有好教师"团队。

（三）教科研部

1. 建立并完善九龙湖幼儿园以问题为导向的持续式、沉浸式教科研制度。
2. 申报、立项、研究九龙湖幼儿园十四五课程规划课题
3. 提升教师论文撰写能力，力争获奖率区级达 70%、市级达 20%。
4. 提升教师课题研究水平，人人有课题，力争课题结题率达 70%。
5. 完善、深化领域教研组研究，建立领域教研精品活动资源库。

（四）家园部

1. 优化主任接待日工作流程、细则及标准，力争打造一只全区有影响力的家委会团队。
2. 收集、整理、汇编"海马家园一天"课程手册，建立家园共育课程资源库。
3. 建立班级家长助教制度，完善家长助教半日活动内容、细则及标准，形成家长资源信息库。
4. 优化家长沙龙模式，收集、整理、汇编成册，形成资源库。
5. 完成区级优秀家长学校、家校共育实验基地等创建工作。

（五）党工团人事部

1. 建立九龙湖幼儿园人事聘用制度，严格落实人事聘用机制。
2. 完善党建工作，建立党员发展机制，成立幼儿园党支部。
3. 建立规范的档案管理制度，规范档案整理、查阅流程。
4. 发掘优势项目，形成特色鲜明的社团活动、志愿者活动。
5. 根据区总工会的创建计划，完成各类创建计划。

（六）后勤部

1. 筹建九龙湖幼儿园水花园、校史馆。
2. 创建江宁区垃圾分类学校、法治校园、节水型学校等。
3. 进一步修订幼儿园 6S 精细化管理细则，形成各岗位管理手册。
4. 优化膳食管理，制作有季节性特色的师幼营养食谱手册。
5. 创建五星母婴室，打造海马家园温馨"家"文化。

----------九龙湖幼儿园教育集团----------

"十四五"发展规划部门目标定稿

1 | 2

1—2 规划力是未雨绸缪，是及时应变，是把控全局。在第一次"十四五"规划的热身会上，刘莉园长带领全体核心组班子共同畅想未来 5 年的发展蓝图，明确幼儿园的发展轨迹。在接下来的一学期中，园务班子根据实践将理想化的发展蓝图一步步落地，用"炒"的方式畅所欲言，将一个个目标细化，将一件件小事落实。在一轮轮修改、完善之后，我们惊喜地发现"十四五"的蓝图已经变成了一个人人可操作、人人可实施的指南。

发展规划中的六个要素

很多幼儿园的发展规划往往会存在这么几个常见的问题：

第一，拿来主义。没有体现出园所发展的实际状况和特点，放之四海而皆准。

第二，目标笼统。目标表述不明确、不具体，缺乏可行性、科学性。

第三，步骤不清。缺少阶段性分解目标与措施，可操作性与实施步骤不明确。

第四，内容不全。规划所包含的内容不全或格式凌乱，缺乏完整性与系统性。

一份完整的发展规划中一般包含六个要素。

第一，指导思想。

指导思想一般包括两个维度的表述：一是国家或地区学前教育政策、发展规划、需求等，二是幼儿园教育变革与发展的挑战与机遇等。

> 以科学发展观为指导，全面深入贯彻落实《江宁区教育事业发展“十四五”规划》精神，遵循《幼儿园教育指导纲要（试行）》和《3—6岁儿童学习与发展指南》的理念，以儿童发展为本，提升教师专业素养，打造一支专业素质过硬、具有共同发展愿景的幼儿园教师队伍。以培养自然生存、自由生长、自在生活，富有生命力的新时代儿童为目标，结合本园社区资源、家长资源等情况，摸索出一条适合我园特色的发展之路。

第二，现状分析。

现状分析是制定科学发展目标的重要现实依据。一般可以通过调查问卷的方式进行各类人群的数据收集，再进行深入的SWOT（优势——Strengths，劣势——Weaknesses，机遇——Opportunities，挑战——Threats）分析。

> （二）办园优势
>
> 1. 学校有科学而明确的办园理念、发展定位和园所文化
>
> 我园以培养自然生存、自由生长、自在生活，富有生命力的新时代儿童为目标，倡导课程回归儿童生活、课程关注儿童经验、课程跟随儿童脚步……目前我园已形成初步成熟的“家”文化，有一定的文化认同感，建立共同的目标，采用6S精细化管理，已经初步形成一定的管理体系，逐步由物品行动管理转向人文素养构建。
>
> ……
>
> （三）问题剖析
>
> ……
>
> 3. 在队伍建设中，对教师的统一性要求过多，对教师为本的个性培养机制研究不够，没有聚焦教师专业成长的行动。
>
> ……

第三，发展总目标。

总目标数量不宜过多，一般可以按部门来表述。表述时不要模糊不清，应尽可能明确、具体，如“创建省优质幼儿园”等。

（一）保教部

1. 专注幼儿行为素养养成，培养具有“四有小海马”精神特质的儿童。

2. 启动亲湖课程的研究，建构具有海马家园特色的亲湖课程体系。

……

（二）师培部

1. 提升教师学历，确保本科达标率100%。

2. 建立“海马有约”师德项目工作室，收集、汇编成果案例集。

……

第四，主要内容及措施。

重点需将目标进行细化分解，形成具体的行动计划，并通过哪些活动或策略来推进实施。一般按部门来表述，这样责任主体更清晰。

（一）保教部工作

……

2. 启动亲湖课程的研究，建构具有海马家园特色的亲湖课程体系。

（1）资源挖掘，形成课程资源库。

通过问卷调查等方式，收集幼儿园周边的资源情况，召开资源审议会议，进行资源的分析与整理，初步建立亲湖课程资源库。

……

（二）师培部工作

……

5. 创建市、区“四有好教师”团队。

……

（4）平台建设，团魂凝聚。

以“蜂”为教师团队象征，建立教师自主发展平台“蜂巢学院”，探索“蜂行”教师团队特质和文化，构建“蜂行”教师团队建设框架，培育具备园本特色的“四有”好老师——“蜂行”教师团队。

……

（六）后勤保障工作

1. 筹建水花园、校史馆。

（1）结合亲湖课程打造幼儿户外亲水空间——水花园，区域划分为听泉谷、花溪涧、有爱舍、月亮湾等。

……

第五，阶段性分解目标及措施。

这一板块一般以表格的方式呈现，主要包括近期目标、中期目标和长期目标，以及分解到每一个年度的部门目标与措施等内容，是行动计划的最直观体现，也是规划整体管理与系统调控的重要内容与过程体现。

阶段性分解目标及措施（示例）

阶段	时间	部门	目标	措施
近期目标	2021 年 8 月—2022 年 7 月	保教部	1. 加强一日保教常态管理，提升保教水平。 2. 开启亲湖课程的研究。	（1）分年级组管理，发挥中层的指导力量。 （2）进班听课，一对一指导，及时总结，每周汇总。 （3）资源挖掘，形成课程资源库。 （4）以小组活动为路径，开展亲湖课程的研究。 （5）拟订课程评估体系。 （6）进行总园对分园的帮扶，一对一规范班级一日保教活动的组织。 （7）结合省优新标准，做好资料的收集与整理。

第六，保障系统。

保障系统一般包含支持保障系统和反馈调控系统。支持保障系统表述一般从组织保障、队伍保障、制度保障、经费保障的四个维度来阐述；反馈调控系统从监控、评价、反馈、调控这几方面表述即可。

（一）支持保障系统

1. 组织保障

（1）组织架构健全。基于幼儿园分设九龙湖、殷华街两园部及各 8 轨 24 个班级的办园规模，分设保教部、师培部、家园部、后勤部等九大部门，各部门各司其职，灵活运转。

……

（二）反馈调控系统

……

4. 及时调控

（1）每年开学前召开幼儿园发展委员会，听取社会各界对幼儿园发展的意见和建议，科学审议，调控幼儿园发展方向。

……

“三炒”规划审议

规划一定需审议，听证审议的过程就是“炒”出一份有价值的规划的过程。

第一“炒”，审愿景。

首轮审议一定是愿景审议，也是一种自上而下的审议，愿景畅想的发起者一定为园长。园长要根据幼儿园顶层设计理念及幼儿园发展状态，提出未来发展规划的总体愿景。这一愿景可以是一种理想中的概念或目标，如“成为全国具有影响力的幼儿园”等。

首轮审议的参与者为园所管理核心团队，由园所各部门的核心管理者对愿景逐一剖析其价值判断与分解目标，最终形成共同的愿景与总目标。

第二“炒”，审目标。

这一轮审议的发起者为管理核心团队中各部门的首席部长，参与审议的对象为园长与园所中层管理者，审议与首轮相反，为自下而上听取各方代表的意见。

规划中目标的制定者为幼儿园各个部门，每个部门约有 3—4 名成员，由部长牵头，成员根据愿景与总目标分解拟定出科学、明确、量化的部门发展目标。

这一轮审议重点有二：一是园长对于各部门目标的整体把握，二是其他部门对于目标的协同与配合。

需要特别说明的是，这一轮的审议尤其重要，只有在整体愿景规划下建立各部门的科学目标，最终才能形成规划合力，实现发展规划的总目标。因此，这一轮审议可能会出现反复循环几次的论证，最终才能形成完整的系统性发展规划。

第三“炒”，审实施。

这也是最后一轮的审议，这轮审议的发起者为管理核心团队，参与者为全体教职工或教职工代表。这是一种自上而下又自下而上的双向审议与推进。

这一轮审议的重点有三：一是由管理核心团队的各部门部长向全体教职工或教职工代表诠释幼儿园发展规划的具体目标与措施，二是听取全体教职工或教职工代表的意见与建议，三是由园长开启新的发展规划的推进与部署。

这一轮审议需经过解读、投票、修订、再投票、公示、启动、部署等流程。其目的在于让幼儿园发展规划成为全体教职工共同的发展愿景与目标，激发每一位教职工的内在驱动力，开启新一轮的发展征程。

一个真正有价值的发展规划一定是经过集体审议后的智慧结晶！

3 审愿景：2021 年暑假前夕，九龙湖幼儿园教育集团总园长刘莉在园务会议上提出幼儿园“十四五”发展愿景，即培养自然生存、自由生长、自在生活，富有生命力的新时代儿童。大家听后都很兴奋，纷纷表示，这正是对“让教育成为一种美好生活”的最好诠释，而且培育新时代儿童才更符合新时代中国的国情。愿景获得一阵阵热烈的掌声，最终全票通过。

4 审目标：“有限的目标，能让人生变得整洁。”这句话也适用于幼儿园“十四五”规划中。为保证各部门计划能够圆满完成，刘园长建议各部门发展规划不应超过 5 项，每年只重点解决一项工作，做到有的放矢，有重点有难点，有成就有突破。各部门积极思考、仔细斟酌每一条目标，并在讨论会上将其不断优化。

5 审实施：既然有了目标、做了计划，那就坚定地去实行。在 2021 年度教代会上，各部长把本部门五年发展规划做了详细介绍，教师们分为 5 组，针对规划实施进行细致解读和分析。结合一线建议，发展规划中的亮点被复盘优化。

“三年”？还是“五年”？

在省优创建过程中，一般会看到两个版本的发展规划：三年发展规划与五年发展规划。

到底哪一个版本的发展规划更适宜？

我的观点是五年发展规划。

以海马家园的“十四五”发展规划为例，我们发展总目标确定为“十四五”十件大事。

这十件大事分别是保教部、师培部、教科研部、家园部、后勤部的重点目标，且大多数目标的实施周期一般在 3—5 年，如果以三年为规划周期，就会出现一个目标需要跨规划周期的情况，这样反而不便于系统管理与协同作战。

五年发展规划不仅与国家或地方的五年发展规划同步，且便于短期、中期与长期规划的循序渐进推进、实施、评价与反馈等，整个规划的战略性、系统性与科学性更强。

“炒”出来的规划，背后是强烈的成长意愿、积极的成长态度和高标准的成长期许。

行动目标

不积跬步，无以至千里；不积小流，无以成江海。——《荀子·劝学篇》

目标是一切管理的基础和开始。

对于个人来说，目标是内心坚不可摧的精神支柱；对于幼儿园来说，目标是推动幼儿园发展的最大驱动力。

个人五年发展规划：海马家园入职必修课

个人发展规划是每一位教师职业生涯的航标，也是其专业成长的加速器。

在海马家园，每一位教师入职的必修课就是为自己定制专属个人五年发展规划。

个人五年发展规划，其管理部门一定是师培部。

从教师入职的那一刻，师培部对其职业发展的规划指导与管理就已正式启动。入职教师从学习优秀规划范本到师培部手把手审议、指导、修改、定稿、实施，一般分为七步流程。

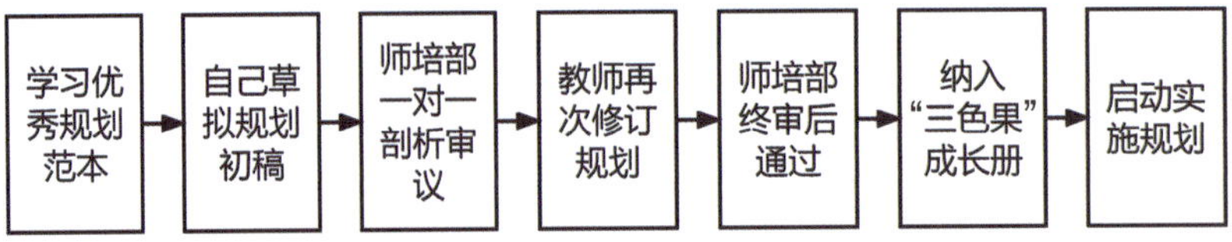

在个人五年发展规划中，教师必须客观地剖析自身的优劣势，明确自己的需求与理想，制订量化且适宜的行动目标、实施措施与策略。

专属、定制与必修是海马家园教师个人五年发展规划的三个重要特征。

建立个人目标管理的模型

在孵化目标管理过程中，建立模型非常重要。

个人五年发展规划，师培部设立了“五定”“四项”目标管理的模型：

“五定”，即定目标、定路径、定方法、定策略、定成长期限。

第一，定目标。自我认知、自我定位、自我期许，是定目标的重要核心基础。

第二，定路径。通往目标的路径有许多种，确定一种最适宜、最可能的。

第三，定方法。目标不同、路径不同，选择的交通工具一定也会各具特点。

第四，定策略。如同赛跑，有的人擅长领跑，有的人喜欢紧盯，还有的人最后冲刺。

第五，定成长期限。因年龄、经验、能力、个性等差异，成长的期限一定各不相同。

“四项”，即职业道德、专业技能、教育科研、专业进修。

第一，职业道德。指向思想层面，包括教师师德、工作态度、职业信念等。

第二，专业技能。指向能力层面，包括培训、听课、教学以及各类评比。

第三，教育科研。指向研究层面，包括教研活动、课题研究、案例论文的撰写等。

第四，专业进修。指向自主地发展，一是自主阅读、自我学习，二是学历进修与考核。

“五定”“四项”目标管理的模型，让幼儿园目标管理呈现三个趋势：一是个人发展规划规范又不失个性；二是教师由“要我成长”演变成“我要成长”；三是师培部有的放矢跟进指导，日见实效。

明确量化的目标才是行动目标

行动目标是显性的、具体的、量化的、可操作性的。

在海马家园，明确量化的“我的行动目标”必须遵循以下五个特征。

第一，自我剖析真实精准，自我认知客观恰当。

一份好的个人发展规划，真实、细致、精准的自我剖析是重要基础，客观且恰当的自我认知是规划目标的重要依据。

骨干教师在对自我进行剖析时都比较精准客观，能明晰自己的优势与劣势；而新入职的年轻教师往往在专业、能力与经验上不够自信，如“对于论文的撰写还是不得其法，实践经验不够”“阅读都是被动的，没有良好的阅读习惯”等，但这种主观笼统的表述恰恰是年轻教师最真实的写照，也便于师培部客观审议其个人规划目标的适宜度。

第二，成长目标适宜、适度，具有一定挑战性。

适宜，即目标难度应契合自己的年龄、经验、兴趣、特长及实际专业发展水平，不急功近利、好高骛远；适度，即目标的数量不宜过多或过少，且具有一定的挑战性。

新入职的年轻教师，一般侧重于“职业道德”和“专业技能”，量化观察儿童、撰写案例、与家长交流、读书、观摩、教研、比赛等目标；而骨干教师，则更侧重于“教育科研”和“专业进修”，量化独立承担课题研究、讲座、公开课、论文获奖或发表等指标。

第三，阶段成长目标细化、量化、可达成度高。

阶段成长目标是对成长目标的进一步分解细化，表述应尽可能量化最小单位，且每一年的分解目标是循序渐进、层层深入，可达成度高。

如教师以“市学科带头人”为成长目标，那么初期的阶段性分解目标可以是“区优秀青年教师”，下一阶段的成长目标则是“区学科带头人”或者“市优秀青年教师”，并落实到每一年，一步一个脚印，扎实推进，最终冲击“市学科带头人”目标。

第四，成长策略明确、具体，具有一定操作性。

目标再科学，如果没有有效措施或行动策略，个人发展规划依然等于零。在个人五年发展规划的制定过程中，我们对行动策略同样提出“明确量化”的标准。

以成长策略之一“读书”为例，每位教师需结合自身成长目标以及阅读能力，制定自己的“一年读书清单”：骨干教师一年读专业书籍4本，成熟型教师一年读专业书籍5本，新教师一年读专业书籍6本，同时必须列出具体的书名。当然，师培部会为不同类型的教师设立“必读书目”与“自选书目”备选。

第五，实施中跟进指导，期末重视自评、他评与反馈。

当个人规划纳入教师三色果成长册，师培部也随即进入教师个人发展规划跟进、指导、支持、评价、反馈与改进等过程实施中，且期末教师须根据自己的规划实施达成情况如实自评，师培部综合给予他评与反馈。

一位新教师期末自评道："教研在教学实践中的应用不到位，教学水平提高速度缓慢。"师培部的指导反馈为："将自己在培训过程中的心得、笔记、案例等及时整理，进行自我反思"；而骨干教师的自评往往会出现"力争每课一反思，每周一总结，每月一自评""立足自己教学行为的回顾、诊断、自我监控和自我调适"等有效反思与改进策略等思考。

教师个人五年发展规划，用数字表达思考力，用数字提高行动力，用数字呈现成长力。

我们的行动目标，聚沙成塔，集腋成裘！

【样例】：教师个人五年发展规划

×××教师个人五年发展规划（2021年1月—2025年12月）

项目	成长目标	学年阶段成长目标	策略与成果
1. 职业思想	1. 做一名有思想、有创新意识的幼儿教师。 2. 做一名有一定理论功底、科研能力、专业技能的幼儿教师。 3. 做一名具有一定的开拓创新精神的幼儿教师。 4. 做一名让幼儿喜爱、家长放心的教师。 5. 发挥老教师的带头作用，按照教师职业道德标准的要求严格要求自己。	2021年： 做好班主任和年级组长的本职工作。	1. 做好自己的本职工作，创造条件让幼儿通过直接感知、亲身体验来学习，在领导的帮助下高质量地开展班级工作。 2. 每天和每位幼儿语言沟通至少五次，以积极的言语沟通让幼儿感受到老师的关注和关心。
		2022年： 1. 评上幼儿园一级职称。 2. 积累教学经验，提高教学技能。	1. 根据课程指南和本班实际，对活动的可能方向、所需环境、资源和材料做切实可行的预设，把握好“预设”与幼儿自发“生成”之间的关系。 2. 协助指导老师开展课题研究，积极参与园内的各种评优活动，并争取获一等奖。
		2023年： 在区内进行一次讲座或公开课。	通过自己的努力和外出学习，使自己在教学上更扎实、灵活，在平时的教学中渗透拓展型教学，使自己能灵活驾驭新教材。
		2024年： 争取成为区骨干教师，撰写教育论文一篇，并能在区内获奖。	1. 阅读书籍，请教他人，提高自己的科研素质。 2. 每学期撰写一篇教学文章，积极申报。 3. 对照区骨干教师的评审条件，查漏补缺。
		2025年： 争取成为区德优教师，在区级范围内承担一次展示活动。	1. 在生活中寻找素材，组织教学，将生活活动、运动、游戏、学习活动融为一体。 2. 在区级范围内展示活动一次，逐步形成自己个人的教学特色。
2. 专业技能	1. 积极展示公开课，参加幼儿园举办的各项技能比赛。 2. 积极申报讲座。 3. 不断提升自身的专业技能，尤其是钢琴、绘画。 4. 积极参加区骨干的申报。	2021年： 1. 认真备课，上好每一节教学活动。 2. 组织至少两场园级讲座、三次园级公开课。	1. 多学习经验丰富的老师，提高自己的教学水平。 2. 对外开课三次，并认真反思，及时找出自己的不足。
		2022年： 1. 积极参加区教研组活动，并争取开课或讲座机会一次。 2. 加强自身专业技能的提升。	1. 多观摩、多学习，找到属于自己的有特色的教学方法。 2. 争取开讲座三次，开课四次。 3. 每周跳舞一次，一个星期完成一幅绘画作品，两个月学习一首钢琴曲。
		2023年： 1. 申报区骨干并为此做好准备。 2. 争取在区组内担任小组长，并在园内进行辐射，开展四次讲座、五次公开课。	1. 每学期开讲座两次，公开课两次，积极参与教研活动，申报展示课。 2. 了解骨干教师需要的材料，并做好准备。 3. 每周跳舞一次，一个星期完成一幅绘画作品，两个月学习一首钢琴曲。
		2024年： 能在区内开展一节公开课或讲座。	抓住机会，积极申报，并为公开课或讲座做好准备。
		2025年： 积极申报、参加区内组织的比赛。	关注江宁教育信息网，关注相关比赛信息，并做好充分准备。

续表

项目	成长目标	学年阶段成长目标	策略与成果
3. 教育科研	1. 认真撰写案例、论文等，在省、市、区内获奖。 2. 加强教育科研能力，重构自身专业知识结构。 3. 认真撰写个人课题，争取在区立项并成功结题。 4. 认真参加教研组的活动，并积极教研。	2021 年： 1. 撰写论文一篇，在区内获三等奖。 2. 撰写一项课题，并能在区内立项。	阅读相关书籍，积累写作词汇及经验，撰写论文，获区三等奖。
		2022 年： 1. 撰写案例一篇，能够在区内获一等奖。 2. 撰写一项课题，并能在市内立项。 3. 参加园内外组织的教研组学习。	1. 定期撰写视角独特的教育案例，在区内获一等奖。 2. 向有经验老师请教学习，成功申报个人课题。 3. 了解进入区教研组的相关信息与条件，自己对照并改善，成为区教研组成员。
		2023 年： 1. 继续课题的研究，撰写教学论文一篇。 2. 市级个人课题顺利结题。	认真实践探究，阅读优秀专业书籍，并做相关读书笔记，撰写有质量的读书笔记四篇。
		2024 年： 完成课题结题。认真撰写论文，争取获得省级奖项。	1. 在实践中积累经验并善于反思，平日里注重观察，为结题做准备。 2. 撰写论文，获市二等奖，省三等奖。
		2025 年： 认真撰写高质量论文一篇，在核心期刊发表教学案例一篇。	1. 注重理论联系实际，多研读著作，多写反思总结。 2. 论文获市一等奖，省二等奖；教学案例刊登发表。
4. 专业进修	1. 研读有关幼儿教育的相关文章及著作，增强专业理论修养。 2. 参加园内、区内举办的各项学习培训和比赛。 3. 利用业余时间进行网络学习和专业提升学习。	2021 年： 1. 积极参加幼儿园各类专业培训。 2. 读四本书。	1. 参加学习并做好记录。 2. 学习同事们身上的优点，让自己跟上前辈的脚步。 3. 读《幼儿教育学》《幼儿心理学》《3—6 岁儿童学习与发展指南》《0—8 岁儿童学习环境创设》。
		2022 年： 1. 参加园级教师技能考核，获一等奖。 2. 参加网络学习。 3. 读四本书，撰写读书心得。	1. 勤加练习专业技能，获教师技能考核一等奖。 2. 读《学习故事与早期教育》《儿童的一百种语言》《给教师的建议》《课堂上究竟发生了什么》，每本书写一篇读书心得。
		2023 年： 1. 争取外出学习的机会。 2. 获区级教师基本功大赛一等奖。 3. 读四本书，撰写读书心得。	1. 积极参加学习并做好记录。 2. 关注区教师比赛相关信息，积极筹备，获一等奖。 3. 读《童年的消逝》《把整个心灵献给孩子》《儿童的发展》《陈鹤琴教育论著选》。
		2024 年： 1. 参加各项学习，开展个人活动展示。 2. 读四本书，撰写读书心得。	1. 自行参加学习，提升自身内涵。 2. 读《中国学前教育史》《幼儿园游戏教学论》《幼儿工作者的视野》《学前儿童卫生与健康教育》。
		2025 年： 1. 主动学习，参加市级比赛获得名次。 2. 读四本书，撰写读书心得。	1. 多读书，读好书，勤加练习，从各类书中提高自己的专业素养及文学素养。 2. 关注省市区的教师技能技巧比赛，积极参加，并获得名次。 3. 读《回归清净本性》《幼儿园游戏教学论》《营养与食品卫生学》《活教育是怎样实施的》。
备注：本目标共分为两种，即成长目标（五年成长总目标）和学年阶段成长目标（分解到每个学年度的阶段性目标），同时写出自己为达到目标而采取的相应成长策略。			

超级管理助手

幼儿园要发展，教师是核心竞争力！

作为创始园长，首先要培养一批卓有成效的管理者。

什么是管理?

所谓管理，就是特定的环境下对组织所拥有的资源进行有效的计划、组织、领导和控制，以便组织实现既定目标的过程。就幼儿园而言，管理就是管人＋理事。“管”的着力点在于改变人，改变人的态度，改变人的能力；而“理”的着力点在于改变事，改变流程，改变不合理的做法。

海马家园现在有 2 个园部，教职工 200 多人，幼儿近 1500 人。其中一线教师 118 人，保育教师 52 人，后勤员工 36 人，外包人员 13 人。1500 名幼儿就会有 1500 个家庭，1500 个家庭就会有 3000 位爸爸妈妈，同住的爷爷奶奶还不在其中。

如果不管理会如何？如果管理没有成效怎么办？如果管理成效低之又低如何改进？试想一下，这么大规模的幼儿园每天会是什么样的状况？幼儿园又如何发展？教师又如何快速成长？

归根结底，管理势在必行！

什么是管理者?

管理者是指在组织中直接参与或帮助他人工作的人，管理者通过其地位和知识，对组织负有贡献的责任，因而能够实质性地影响该组织经营及达成成果。

对于幼儿园管理者而言，管理效益不像企业管理那样直接反映在数据上，但会转化为孩子们的喜欢、家长们的信任、社会的认可，这些往往更能决定幼儿园发展的命脉。

以海马家园为例，我们两个园部的中层管理者共有 20 人，包括执行园长、师培部副园长、教科研部副园长、党工团人事副园长、家长工作部副园长、后勤部副园长、总务部主任、安全部主任、卫生保健部主任、财务部主任，以及年级部部长等。每一个部门的管理者既要思考整个海马家园的工作目标，又要兼顾各个园部的具体管理工作。

每学期末各部门管理者都要思考：

这学期完成了几件大事？效果如何？

五年发展规划已完成哪些目标？

下学期计划完成几件大事？

什么时间完成？预计教育效益如何？

再提交园务委员会，经几轮讨论审议通过，方可在假期撰写出下学期本部门的工作计划。

但规划与计划只是一个预想目标，怎么做才能完成？什么时间完成？怎么做好过程调控？能不能达成预想的教育效益？

管理者的工作必须卓有成效。

幼儿园管理者的困境

幼儿园的管理者大多由一线骨干教师提拔而来，她们在学前教育专业领域方面往往比较有自己的专长或研究，但这并不代表她管理的团队就一定会出类拔萃。

她们常常会遇到这样的问题：

时间往往只属于别人。

被迫忙于事务性工作。

只关注做了而非做好。

在我刚刚做管理者时，我也会遇到上面这些问题与困惑，每天都有忙不完的事，不是在帮老师解决这个矛盾，就是在完成上级的某个检查任务或上报材料，整天仿佛化身消防员，好像从没有时间静下来思考我的管理效能如何，遇到问题该怎么解决。

有没有更轻松的方法能让“我来管理”变成“自主管理”，最终实现从“管”到“不管”的境界？

超级管理助手

作为创始园长，我深知这个年轻的中层管理团队在管理经验上几乎为零，尤其是“理事”的习惯尚未建立，能力仅凭认知与想象。

所谓“超级管理助手”，就是帮助管理者建立管理流程与习惯的脚手架，让管理零经验的年轻管理者能以最快的速度上手，可以总结为以下“四个确定”的管理框架：

第一，确定本学期的工作目标、主要内容和时间完成节点。

第二，确定本月的工作目标，反思上月本部门的不足之处。

第三，确定本周的工作目标，反思上周本部门的不足之处。

第四，确定每天保教指导的重点、时间管理的流程与要点。

这“四个确定”并非每天口口相传，而是通过各部门一本的管理手册，帮助管理者在每一天的操作实践中建立管理的目标意识、过程意识、结果意识，逐步养成有目标、有条理、有系统、有效益的管理习惯与意识。

日志目录

- 南京市 2021—2022 学年第一学期校历
- 九龙湖幼儿园教育集团作息时间制度
- 九龙湖幼儿园教育集团人员配备一览表
- 南京市九龙湖幼儿园教育集团园所文化
- 南京市九龙湖幼儿园教育集团“十四五”发展规划
- 园长岗位职责与工作细则
- 业务园长岗位职责与工作细则
- 后勤园长岗位职责与工作细则
- 学期工作计划
- 月工作计划与小结
- 周工作安排
- 教工日常工作检查记录
- 保教工作指导记录
- 学期工作总结
- 工作问题库

我在 22 年的园长管理经验积累中，逐渐形成了海马家园园长管理手册、副园长管理手册、保教主任管理手册、年级组长管理手册、班主任管理手册等 12 个中层管理岗的管理手册。每一本管理手册都是一套管理的标准与流程。

长此以往，海马家园从管理者到每一位教职工，每一个岗位、每一个活动、每一个环节都形成了共有的思维方式与行为模式，也就是一种集体人格与教育价值观。

当然，这里的标准与流程是最底线思维方式，因为教育有别于企业，教育的过程就是不断创造与创新的过程，所以标准与流程只是帮助管理者建立规范意识，创造与创新才是决定工作效益最大的法宝。

超级管理助手，为海马家园年轻的中层成为卓有成效的管理者量身定制的脚手架。

【样例】：九龙湖幼儿园教育集团周工作安排

九龙湖幼儿园教育集团 2022—2023 学年第二学期第 9 周工作安排

（4 月 3 日—4 月 7 日）

时间	负责部门	本周工作重点
第 9 周	保教部	1. 项目小组活动跟踪指导。 2. 送教送研活动。（×× 幼儿园）
	教科研部	1. 结合专家建议，继续修改《让成长看得见》《让管理看不见》两本书稿，同步进行 6S 环境的创设及拍照。 2. 督促教师完成区级个人课题结题材料上报。
	师培部	1. 刘 ××、王 ××、杨 ×× 跨地・三区“名师工作室”联合教研活动。 2. 2023 年“教育好故事”征文、演讲评比活动。
	家园部	1. 一周海马家园志愿者活动，每天 9 名家长全天在园进行“海马家园一天”活动。 2. 一周亲湖课程家长义工活动跟踪指导，保教主任和副园长做好全程观察记录。
	党工团人事部	1. 工会申报 2023 年“五一巾帼标兵岗”“五一巾帼标兵”“美丽江宁人”2023 年度人物等，并准备申报评选材料。
	总务部	1. 完成雨污分流检查问题的整改。
	安全 6S	1. 全园师生防暴演练。 2. 各类 6S 标签到位。
	卫生保健部	1. 幼儿午睡环节教师巡视的标准与流程再强化及检查。 2. 大班幼儿身高、体重测量。 3. 与儿保对接，幼儿口腔涂氟工作。 4. 保育员业务学习。 5. 3 月伙委会。
	财务部	1. 继续省人社一体化工资管理系统数据填报。 2. 填报省收费动态监管系统年度收费情况报告。
时间	**负责部门**	**本周工作内容**
周一（4 月 3 日）	保教部	1. 全体一线教师会议（班主任会议）：午睡环节巡视标准与流程再强化及检查，宣布亲湖外出活动安排。 2. 上交送教送研教研方案、讲座内容。 3. 确定羊舍环境再创方案。
	教科研部	1. 完成“江苏省第一百期幼儿园园长任职资格培训班”宿迁市十四位园长跟岗后续材料上报。（跟岗小结、跟岗证明） 2. 召开《让成长看得见》书稿撰写小组会议，明确书稿照片拍摄的相关要求以及完成时间。
	师培部	1. 审核本周领读方案及现场材料准备。（各组导师） 2. 发送 2023 年“教育好故事”征文、演讲评比活动。
	家园部	1. 组织海马家园志愿者活动，9 名家长全天在园进行“海马家园一天”活动。 2. 确定家长护学岗工作，6 名家长站岗。（每个大门各 3 名家长）

续表

时间	负责部门	本周工作内容
周一（4月3日）	党工团人事部	1. 人社一体化，填报人事、工资管理子系统信息。（会计）
	总务部	1. 跟踪、对接网络和监控接入教育局。 2. 食堂货架的制作跟踪。
	安全6S	1. 与供应商确认食堂各区域食品筐数量。 2. 签订融合教室教具合同。 3. 学习防暴演练方案。
	卫生保健部	1. 测量大班幼儿身高、体重、视力。 2. 按照教育局文件2021年食堂审计问题对照整理自查报告。
	财务部	1. 到银行打印3月份收支明细对账单上报街道文教办。 2. 申报教师3月份个人所得税。
周二（4月4日）	保教部	1. 预约进班指导小组活动。 2. 年级组说课、教研。
	教科研部	1. 配合保教部做好送教下乡活动的准备与安排。（××幼儿园） 2. 中午12:30区级菜单讲座，邀请示范幼儿园季××老师。 3. 反馈《让成长看得见》书稿修改意见，教师修改书稿第5稿。
	师培部	1. 12:00发送刘莉德育名师工作室观察记录表。 2. 发送2022年入职新教师见习期教学实践评比活动通知。 3. 13:00—14:00组织园内2023年“教育好故事”征文、演讲评比活动。 4. 组织名师工作室成员开展学习讨论。
	家园部	1. 征订的两个班级家校读本。 2. 对亲湖课程4名家长义工活动进行跟踪指导，保教主任和副园长做好全程观察记录。
	党工团人事部	1. 填报人社一体化，人事、工资管理子系统信息。（会计） 2. 网上申报中、高级专业技术资格评审委员信息。
	总务部	1. 完成名师工作室外出学习用车申请。
	安全6S	1. 进行食堂各区域食品框的6S标签与广告公司确认。 2. 进行全体师生防暴演习。
	卫生保健部	1. 测量大班幼儿身高、体重、视力。 2. 保育员业务学习。
	财务部	1. 整理录入3月财务账记账凭证。 2. 对教育局内部审计报告中的问题进行逐条整改。
周三（4月5日）	各部门	清明节放假一天
周四（4月6日）	保教部	1. 送教送研活动。（××幼儿园） 2. 进班指导小组活动。 3. 跟进文化墙调整。

时间	负责部门	本周工作内容
周四（4月6日）	教科研部	1. 教师思维小地图教研活动。 2. 撰稿教师上交《让成长看得见》书稿第5稿。
	师培部	1. 12：30—13：00“花成蜜就”领读活动。 2. 13：00—14：00思维小地图专项教研。 3. 再次群发送第二天刘莉德育名师工作室活动的具体要求。
	家园部	1. 1名家委会主任半天在园开展主任接待日工作。
	党工团人事部	1. 九龙湖园填写上报2023年“五一巾帼标兵岗”申报表及申报材料。 2. 殷华街园填写上报2023年“五一巾帼标兵”申报表及申报材料。
	总务部	1. 完成雨污分流检查问题的整改。 2. 优化海马膳食点心篇。
	安全6S	1. 确认各藏宝阁6S标识标签。 2. 做好“禁止随地吐痰”倡议书并发公众号。
	卫生保健部	1. 完成中班幼儿身高、体重、视力测量。 2. 与儿保对接，完成幼儿涂氟工作。 3. 上报鼻出血数据。 4. 组织融合教育感统课程。
	财务部	1. 填报省收费动态监管系统年度收费情况报告。 2. 申请运转经费。
周五（4月7日）	保教部	1. 配合做好名师工作室活动。 2. 进班指导小组活动。
	教科研部	1. 督促教师完成区级个人课题结题材料上报，确保教师都完成上报工作。 2. 反馈《让成长看得见》书稿修改意见，教师修改书稿第6稿。
	师培部	1. 8：00—17：00刘莉德育名师工作室全体成员至句容市××幼儿园活动。 2. 12：00“教育好故事”征文、演讲具体材料上报。 3. 15：40—17：00幼儿园社团活动。
	家园部	1. 海马家园志愿者活动，9名家长全天在园进行“海马家园一天”活动。 2. 家长护学岗工作，6名家长站岗。（每个大门各3名家长）
	党工团人事部	1. 审核上报2022年南京市乡村教师政府专项奖励申报表。 2. 填写江宁区“美丽江宁人”2023年度人物（刘园）申报表及事迹材料。
	总务部	1. 收集3月考勤单。
	安全6S	1. 确认融合教室教具到位并联系人安装。 2. 联系法律顾问敲定讲座内容并预约时间。 3. 联系消防副校长敲定来园讲座时间。
	卫生保健部	1. 救援融合个训课程。 2. 完成中班班幼儿身高、体重、视力的测量。 3. 3月伙委会。 4. 进行6S卫生大检查。
	财务部	1. 填报3月份固定资产月报。 2. 核算财务、食堂、工会日常收支。

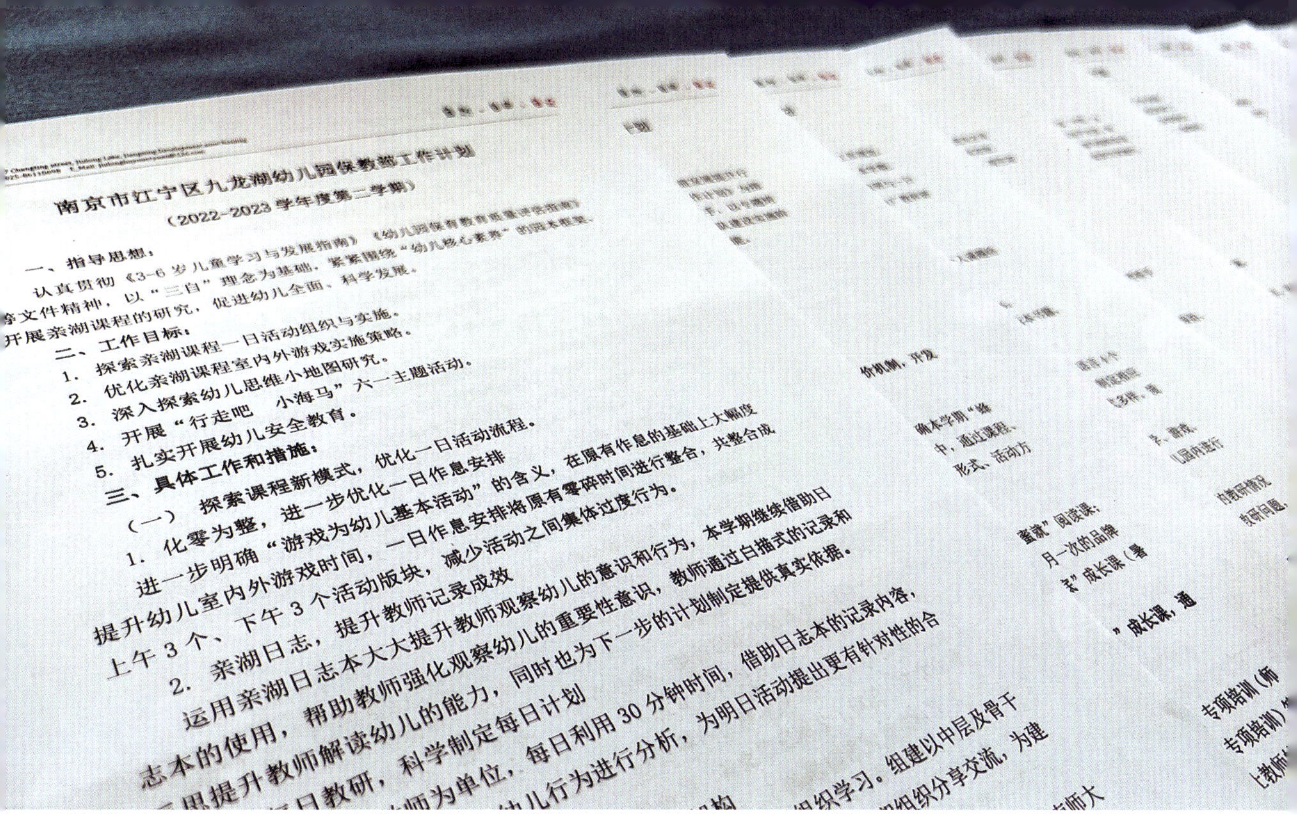

为计划瘦身

计划是目标管理的基本单位。

而明确量化的目标又是一个好计划的基本组成。

我做了 10 年的一线教师，做了 22 年的管理者，写计划是基本功之一，也是教育教学工作的第一步。计划制订得越明确、具体、可操作、可量化、可实现，管理的成效越突显。

常见的几种计划诟病

从一线教师自己写计划，到成为管理者指导中层管理者们写计划、审议计划，其中难免遇到心力交瘁的时候。

归纳起来有这 6 方面的问题：

第一，没有明确具体的目标。

第二，目标过大过泛或过小。

第三，目标数量过多不可实现。

第四，目标没有完成时间节点。

第五，计划格式无统一标准。

第六，计划长篇大论。

我常常跟我们的管理者们说：一个会制订计划的老师，才有可能成为优秀的教师。

无论是一线教师还是中层管理者，一份计划若没有明确具体的目标，又怎会有过程和结果？而在实际中经常有管理者的计划没有目标意识，通篇泛泛而谈，不知道其想做什么？怎么做？做到什么程度？什么时间完成？

而在一些幼儿园，我们会看到各个部门或班级的工作计划，格式繁多，重点不清晰，有的一篇计划竟然要用七八张纸打印。

这么长的一篇计划，谁会去看？目标怎么记得住？计划的价值在哪里？

为计划瘦身迫在眉睫！

计划到底给谁看

为什么我们年轻的管理者在制订计划时会出现上述问题，说到底是由于没有搞清楚计划到底是给谁看的，这也是每一位管理者都必须搞清楚的事。

计划首先一定不是给领导看的，而是给自己看的。

一份好的计划是一盏明灯，指引我们的方向与目标；一份好的计划是一张导航图，让我们有具体的路径到达；一份好的计划就是充足的粮草，让我们可以有备无患地到达目的地。最终达到目标的一定是我们自己，而非别人。

写计划能帮助我们卓有成效地组织开展活动，实现自我成长与自我价值。而管理者只是运用自己的管理经验与能力，帮助一线的老师们学会制订计划的流程与标准，从而实现团队协作最大最优化的效益价值。

计划有没有流程与标准

计划有没有流程与标准？当然。

无论企业管理或教育管理，只要有绩效，就有目标；只要有目标，就有计划；只要有计划，就有操作流程与标准。

明确量化的计划才是好计划。

在西方管理学中，目标管理领域有一个非常著名的 SMART 法则（详见 SMART 法则图谱）。通过这个法则，管理者可以较为容易地为团队成员制定出科学、合理、可实现的目标。

依据 SMART 法则，我们可以很容易地整理出计划的流程与标准要素：具体的、可衡量的、可实现的、相关的、有时限的。

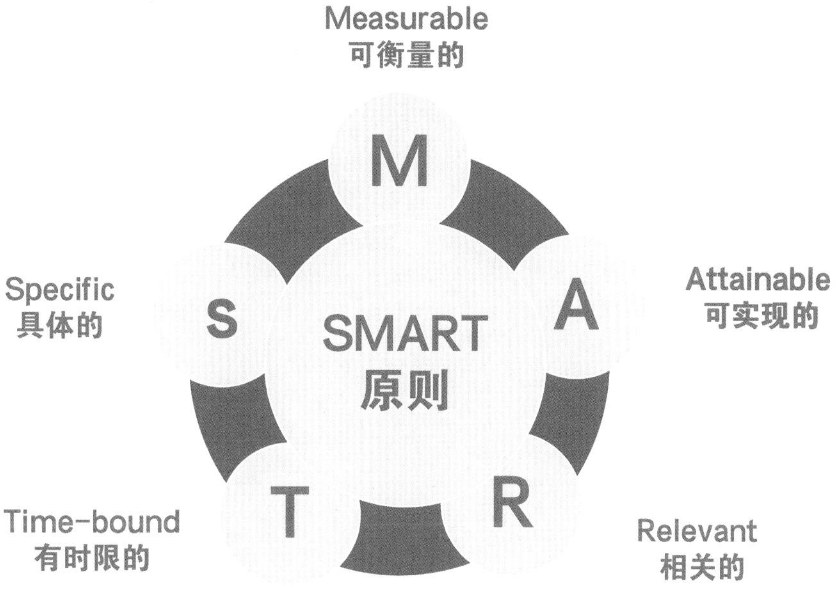

SMART 法则图谱

一篇好计划的要素

如果一篇计划放在哪里都能用，那一定不是卓有成效的计划。

基于青年管理者撰写计划的通病，我们提出计划撰写的六要素。以海马家园中层管理者的部门计划为例：

第一，每个部门每学期工作计划中目标不能超过五件大事。

第二，每个目标须明确具体，一句话清楚表述“要做什么”。

第三，内容清晰、简练、可操作，讲清楚怎么做、做到什么程度。

第四，月工作安排须量化、符合实际，时间节点清晰明了。

第五，计划格式统一，字数有限定，能把问题说清楚即可。

第六，计划先自上而下，再自下而上，共同审议通过执行。

同样，对于班级操作的班级工作计划、项目小组课程实施计划、游戏计划、户外活动计划、自制晨锻计划、自然角计划、小农场计划等，我们都会同年轻的基层管理者一起拟订、审议，确定各类计划的操作流程与标准。

为计划瘦身，使“计划为我自己所用”，实现教育管理者的自我成长与效能，改变团队发展的思维方式，增强团队的凝聚力。

【样例】：九龙湖幼儿园教育集团保教部工作计划

九龙湖幼儿园教育集团保教部工作计划
（2022—2023学年度第二学期）

一、指导思想

认真贯彻《3—6岁儿童学习与发展指南》《幼儿园保育教育质量评估指南》等文件精神，以“三自”理念为基础，指向“幼儿核心素养”的提升，开展亲湖课程实践研究，促进幼儿全面发展。

二、工作目标

1. 探索亲湖课程一日活动组织与实施。

2. 优化亲湖课程室内外游戏实施策略。

3. 深入探索幼儿思维小地图研究。

4. 开展“玩吧，小海马”六一义卖主题活动。

5. 开展“金牌班长”安全检查系列活动。

三、具体工作和措施

（一）探索课程新模式，优化一日活动流程

1. 化零为整，进一步优化一日作息安排

进一步明确“游戏为幼儿基本活动”的含义，在原有作息基础上大幅度提升幼儿室内外游戏时间。一日作息安排将原有零碎时间进行整合，共整合成上午3个、下午3个活动板块，减少活动之间集体过渡行为。

2. 亲湖日志，提升教师记录成效

运用亲湖日志本大大提升教师观察幼儿的意识和行为，本学期继续借助日志本的使用，帮助教师强化观察幼儿的重要性意识，教师通过白描式的记录和反思提升教师解读幼儿的能力，同时也为下一步计划的制订提供真实依据。

3. 每日教研，科学制订每日计划

以班级三位教师为一组，每日花30分钟时间，借助日志本的记录内容，对当日活动进行复盘，对幼儿行为进行分析，为明日活动制订更有针对性的合理计划。

4. 课程评估，尝试幼儿过程性评估架构

（1）成立幼儿发展评估研究核心小组，加强组织学习。组建以中层及骨干教师为主的核心评估小组，加强相关理论书籍学习，定期组织分享交流，为建构我园的幼儿发展评估体系，储备相关理论经验。

（2）引进专家，把脉诊断亲湖课程背景下的幼儿发展评估方案。邀请南京师范大学专家对我园的课程评估方案给予专业指导，修订更为科学全面的幼儿发展评估方案。

（3）确定试点班级，保证研究成效。结合我园规模大的特点，小、中、大年级组各选择两个班级作为试点班级进行实践研究，加大过程性跟踪指导的力度，确保研究的成效。

（二）整合室内外游戏，优化课程实施路径

1. 丰富室内外游戏环境

结合地形、资源等因素，进一步优化丰富室外游戏环境，尤其是室外游戏，做到及时更新游戏活动材料，满足幼儿室外游戏的需要。

2. 科学合理统筹安排

由于作息时间的变化，为有效支持幼儿室内外游戏的同时开展，保教部需从人员配合、场地安排等方面进行重新统筹规划，做到有幼儿之处就有老师在场，有老师之处就有互动发生。

3. 结合“名师工作室”，开发活动室混龄自选课程

活动室活动作为幼儿重要的活动场所之一，本学期结合田素贤特级教师的名师工作室活动，开发出一套适合我园“海马工作坊”区域活动课程，拓展我园在艺术领域的研究，丰富幼儿更多的艺术体验。

（三）深入思维小地图研究，拓展幼儿表征形式

1. 以点带面，加强试点班级跟踪指导

结合教科研部，分析上学期的研究成效。提出思维地图不仅仅在小组活动中使用，还可拓展到一日

生活中各环节的研究思路，指导试点班级进行相关研究，在思维地图的呈现方式上做进一步的拓展研究。

2. 搭建平台，开展思维小地图展示活动

为进一步提高教师研究的主动性，组织思维小地图的展示活动。利用看现场、听报告等形式，给有研究热情和想法的教师搭建自我展示平台，同时提供班级之间相互学习的机会。

（四）丰富幼儿节日活动，举办迎六一“玩吧·小海马”义卖活动

1. 丰富主题式晨会内容及形式

做好每学期的主题式晨会内容规划，充分调动家长资源，提前一个月审核晨会方案，班级提前 1—2 周准备，给每位幼儿创建表现的机会与平台。

2. 开展浸入式节日活动

结合我国传统节日，关注儿童的体验与参与，将节日融入幼儿园的环境和一日生活中的每个环节。

3. 开展迎六一“玩吧·小海马”义卖活动

结合亲湖课程以及六一儿童节，开展为期一个月的“玩吧·小海马”义卖活动。

（五）开展“金牌班长”安全检查系列活动，加强幼儿安全教育。

1. 合理规划活动场地，投放适合幼儿年龄段的安全器械，做好每日场地材料的安全检查。

2. 定期组织教师进行安全培训，通过评选“金牌班长”活动加强教师的安全意识，随时关注幼儿安全。

3. 落实安全平台课程，各年级组保教主任跟进指导各班级的安全课程实施质量。

4. 开展安全演练，开展入离园安全演练、消防演练等各类演练活动。（具体工作见安全工作计划）

四、具体工作安排（附后）

月份	内容
2 月	1. 常规恢复月，第 1 周学习新早操律动，第 2 周上操，第 2 周正常户外晨间锻炼。 2. 拟订班级计划、年级组计划。 3. 拟订晨间锻炼自制器械计划并完成器械制作。 4. 做好开学第一天幼儿活动组织。 5. 召开课程审议教师座谈会。 6. 各班级明确项目小组活动名称。
3 月	1. 三八妇女节、植树节等节日活动。 2. 成立幼儿发展评估核心组，确定试点班级。 3. 拟订幼儿发展评估总方案。 4. 亲湖课程系列研讨。 5. 教师五认真检查。
4 月	1. 核心组教师会议，反馈上月研究情况，明确本月研究重点。 2. 邀请南师大专家指导。 3. 思维小地图评比展示活动。 4. 教师五认真检查。 5. 启动“金牌班长”安全检查。
5 月	1. 五一劳动节主题活动。 2. 核心组教师会议，反馈上月研究情况，明确本月研究重点。 3. 教师五认真检查。 4. 筹备六一活动。
6 月	1. 儿童节、端午节活动。 2. 召开核心组教师会议，反馈上月研究情况，明确本月研究重点。 3. 召开课程期末审议会。 4. 进行幼儿期末评估及抽测评估。 5. 筹办小、中班结业典礼，大班毕业典礼。 6. 五认真检查期末各项资料的整理与归档。

三色果：为成长代言

让思维看得见，让过程看得见，让成长看得见。

我们常说：教师是一所幼儿园的核心竞争力，也是最核心的软实力。

教师的专业发展不仅是每一位教师自身的职业需求与梦想，更是一所幼儿园的责任与使命。作为园长，我常常想，有没有一种支架，能帮助教师轻松驾驭自己的专业化发展进程。

专业化发展的困境与根源

近二十年中国幼教的发展可谓“翻天覆地”“奋起直追”“脱胎换骨”，而我恰恰是同行者与见证者。

这一路前行中，教师的专业化发展是备受园长与管理者焦虑的重要研究命题。

“脑子走在了前面，脚却拖在了后面”成了教师专业化发展最真实的写照。

归纳起来有四类突出的困境：

第一类：教师说起来头头是道，但实践往往偏离理念。

第二类：各类专业化学习与培训没有分层，一刀切现象多。

第三类：园所专业化发展规划缺整体性、系统性、连续性。

第四类：教师专业发展评估大多偏评比、竞赛、论文、课题等。

从 2001 年 7 月 2 日颁布的《幼儿园教育指导纲要（试行）》、2012 年 10 月 9 日颁布的《3—6 岁儿童学习与发展指南》，到 2022 年 2 月 10 日颁布的《幼儿园保育教育质量评估指南》，教育部 20 多年来先后颁布了三个重要的幼儿园指导性文件。

追本溯源，就不难发现以上困境的原因：

第一，在过去 20 年教师专业化发展过程中，我们的学习、培训方式偏向于理论层面，主要表现形式为课题研究、讲座、论文、案例、研讨等，实践层面的形式较少。

第二，大多数园所的教师专业发展还停留在“一刀切”模式，往一个模子里套。没有根据教师的年龄、能力、经验、兴趣和儿童需求等要素设计不同层次、不同需求、不同方向的专业发展规划。

第三，教师专业化发展大多由教科室负责，专业化发展的路径大多以教研、公开课、课程审议、竞赛评选等形式为主，实际上教师专业发展应由师培部总负责，并纳入幼儿园教师培养规划的整个体系中。

第四，近 20 年对儿童发展评估的研究较多，但对教师专业发展评估较少，但教师专业发展是教师职业发展的重要课题，教师的自评与过程性成长痕迹非常重要。

“三色果”，为每个人量身定制的成长手册

“三色果”指青苹果、红苹果和金苹果。

用苹果在生长过程中的三种颜色比喻教师的三个成长阶段，引导教师实现由新手型到成熟型、专家型教师的专业发展自主成长。

“三色果”成长册，即借助一本手册呈现出教师专业发展过程中的自主定位、分层成长、持续反思、自律管理的全过程。它实则是教师自我认知、自我成长、自我管理的脚手架。

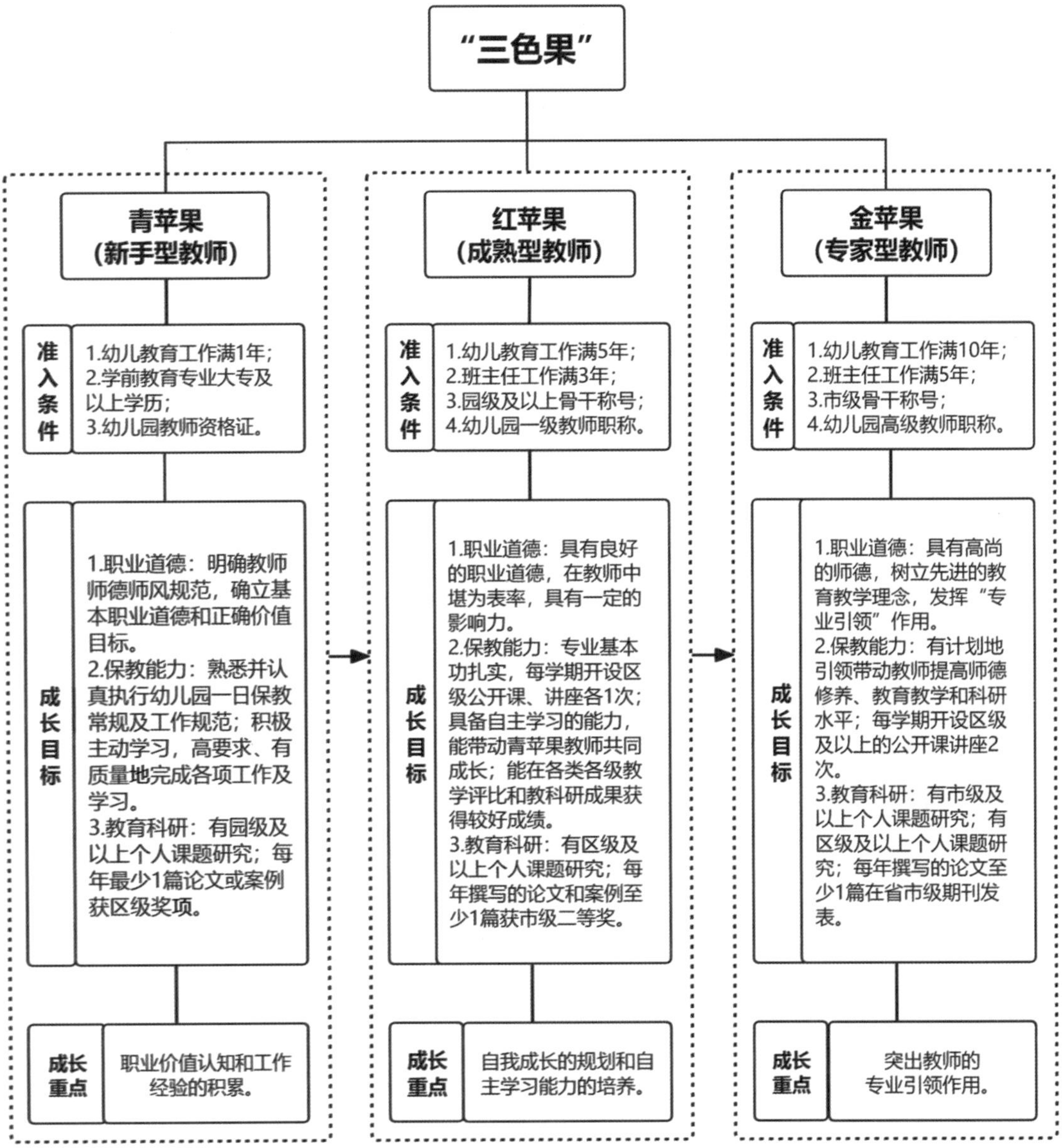

“三色果”成长册分层培养导图

“三色果”成长册有三大模块。

第一模块，“定位”。包含“教师准入条件”“教师成长目标”“教师基本情况分析”以及“教师个人五年发展规划”。教师准入条件和教师成长目标由师培部制定，为教师提供精准的分层定位，让教师认识到自己专业成长的阶段，并明确本阶段的成长方向。教师基本情况分析和个人五年发展规划由教师自主完成，是教师的自我定位。教师对于自己的岗位、专业、科研及学习四个方面进行反思，明确自身的优势与不足。

<table>
<tr><th colspan="8">研修教师基本情况分析</th></tr>
<tr><td>教工编号</td><td colspan="7"></td></tr>
<tr><td>姓名</td><td>××</td><td>性别</td><td>女</td><td>出生年月</td><td>××</td><td>参加工作时间</td><td>××</td></tr>
<tr><td>前学历</td><td>大专</td><td colspan="2">何时何校何专业毕业</td><td colspan="4">××</td></tr>
<tr><td>后学历</td><td>本科</td><td colspan="2">何时何校何专业毕业</td><td colspan="4">××</td></tr>
<tr><td>所在岗位</td><td>教师</td><td colspan="2">骨干类别</td><td>区学带</td><td colspan="2">周课时数</td><td>5</td></tr>
<tr><td>职称</td><td>一级</td><td colspan="2">职称评聘时间</td><td>××</td><td colspan="2">行政职务或兼职</td><td>副园长</td></tr>
<tr><td>身份证号</td><td colspan="3">××</td><td>联系电话</td><td colspan="3">××</td></tr>
<tr><td>家庭住址</td><td colspan="3">××</td><td>电子邮箱</td><td colspan="3">××</td></tr>
<tr><th colspan="8">职业分析</th></tr>
<tr><td colspan="8">自身岗位的认识：
优势：我有20年的从教经验，所以在家长工作和教科研这一块相对熟悉，班级课程设置、幼儿各项管理也都进展顺利。
劣势：幼儿园目前引进新的课程教育理念有所更新，教育方式的改变是自己目前需要调整的方向。</td></tr>
<tr><td colspan="8">自身专业水平：
优势：能做好家长工作，组织好班级的各项活动；活动中能有效地支持和引导幼儿；认真撰写教育活动的计划并有效实施；活动后能与班级老师沟通交流并进行反思，提升自己的专业水平。
劣势：尚需要更新教学模式。</td></tr>
<tr><td colspan="8">自身教科研水平：
优势：参与幼儿园园级课题，是核心组成员，南京市个人课题顺利结题；论文、案例多次在全国、省、市、区各类比赛中获奖。
劣势：在课题研究中要更加深入、细致，将课题研究成果落实到工作中。</td></tr>
<tr><td colspan="8">自我学习能力：
优势：善于通过阅读、查找资料的方式学习自己需要的知识；教学中善于自我反思并不断的实践提升自己的专业水平。
劣势：不能坚持每日阅读并做好读书记录。</td></tr>
<tr><td colspan="8">注：职业分析是对自身的客观认识与分析，可从优势与劣势来分析、反思，为职业成长目标的定位提供最真实、有效、适当的设置依据。</td></tr>
</table>

第二模块，“研修”。包括研修计划与研修记录。教师以学年为单位，从职业道德、保教能力、教育科研、专业素养四个方面制订研修计划，确定细致的研修内容。根据计划投入研修学习，并做好时间线的研修记录，展现动态的成长过程。

教师年度研修内容一览表（2022年度）

项目类别	研修内容	研修方式	研修课时
职业道德	1. 热爱幼教行业，能认真贯彻幼教法规，具有良好的师德修养，爱孩子，无体罚或变相体罚幼儿行为，深受幼儿的喜爱与家长的信任。 2. 积极参加幼儿园各项新时代文明实践活动、主动献计献策、不无故缺席。 3. 积极参加园内各种政治学习与团队活动。	园本培训 政治学习 团队活动	4
保教能力	1. 熟悉学科课程标准和教材，能积极参加园级教研活动，每学期上教研课 / 开设讲座不少于 1 次。 2. 认真参加园内组织的各项园本培训活动。 3. 带领园内音乐教研组创新教研模式。 4. 积极参加幼儿园教师基本功大赛，获区二等奖，通过考核被评为区第六届德育带头人。	园本培训 园级教研 区级教研	36
教育科研	1. 有区级及以上个人课题研究，担任幼儿园市级课题第三子课题负责人。 2. 进行课题研究，收集完善过程资料。 3. 撰写论文不少于 1 篇，并能在区级及以上获奖或发表。	自我学习 园本培训	8
专业素养	1. 研读幼儿教育相关文章著作，增强专业理论修养。 2. 参加区内、园内举办的各项学习培训和比赛。 3. 利用业余时间进行网络学习提升专业素养。	自我学习 区级培训	8

研修项目（第一项）：职业道德

研修时间	活动主题	主办方	类别	研修地点	参与情况
2022.01.22	家风会客厅——见行、见心、见未来	殷华街幼儿园	师德建设	多功能厅	全体教职工
2022.03.21	冬训第一讲	殷华街幼儿园	党建学习	会议室	全体党员
……	……				
注：活动类别可填写政治学习或团队活动，要求活动参加率达 100%。					

研修项目（第二项）：保教能力

研修时间	活动名称	执教者	反思类别	级别	页码标注	完成情况
2022.06	儿童立场下的幼儿自主游戏的开发实践	××	理论讲座	区级		已完成
2022.09	江宁区 2022 年度“筑梦向未来”中华经典诵读大赛	××	竞赛获奖	区级		已完成
……	……					

注：1.“活动名称”可以填写教研活动或园本培训名称内容。“反思类别”注明教研活动或业务学习。

2. 教研活动执教者可以是自己也可以是他人，教研活动的原教案、思考后反思以三栏式教案表格形式形成文本附后，标注页码。（要求每月 1 篇）

3. 园本培训“学习心得”：包括业务学习、理论讲座、外出学习、“三色果”教研活动等，学习心得形成文本附后，标注位置。（心得包括微博、教育笔记等形式，要求每月至少 1 篇入册）

4. 在各项教育教学评比中，获得园级及以上奖项，填写并备注获奖级别和内容。

研修项目（第三项）：教育科研

课题研究

研修时间	课题名称	级别	立项时间	结题时间	参与形式
2022.01	《基于儿童发展证据的幼儿园探究性课程构建的研究》	省级	2018.07	2022.12	子课题组长
……	……				

注：参与形式包括：A. 主持人　B. 课题负责人　C. 子课题组长　D. 课题参与者（根据实际情况填写）

论文撰写

获奖 / 发表时间	文章名称	获奖 / 发表等第	主办单位
2022.10	《基于儿童视角解决游戏中的矛盾》	《江苏教育》	江苏教育报刊总社
2022.12	《融合，从真诚的理解和接纳开始》	市一等奖	南京市教育局
……	……		

注：1. 拥有市级及以上个人课题或园课题的子课题任务，课题过程资料完整。

2. 每年认真撰写论文，并能在论文评比中获市级二等奖及以上或发表。

研修项目（第四项）：专业素养

研修时间	书籍或文章名称	摘要	作者	标注位置	完成情况
2020.03	《观察儿童——儿童行为观察记录指南》	我们为什么要观察儿童？——为了发现他们独特的特点。	本特森	55 页	《观察儿童——儿童行为观察记录指南》读后感
……	……				

注：每学期不少于 2 篇读书笔记，字数不少于 1200 字。（读书笔记不计入教育笔记数量之中）。

第三模块，“评价”。一个学年结束后，教师对照计划进行自我审视，总结一年来参与的研修活动和研修成果，并进行自我评估与考核。之后，师培部组织年级组逐一考核审议，分析每个教师的成长动线，及时反馈，组织反思讨论会，指导教师调整并拟订下一年度的自我研修计划。

在海马家园，“三色果”成长册由师培部总负责，由园领导、中层、骨干组成一支“导师”团，在师培部的规划指导下，结成一对一师徒小组，扎实做到人人有目标、有行动、有帮扶、有指导、有评价、有反馈。

研修项目年度总结与评价（2022年度）

教师姓名：××　　评估时间：2022.12

类别	评价指标	考核分值	考核结果		考核方式
			自评	复评	
职业道德（20分）	1. 热爱教育事业，遵纪守法，具有良好的职业道德，教书育人，为人师表，敬业爱生，明礼诚信，平等合作，勤学乐教，廉洁奉献；遵守“三要八不准”有关规定。在教师中堪为表率，无家长投诉。	10	10	—	月考核
	……				
保教能力（40分）	3. 教育教学基本功扎实，在教学工作中能起骨干带头作用，每学期开设区级及以上讲座、公开课各1次以上；积极参加园级、区级教研活动，认真填写三栏式教案表格，每月一篇。	10	10	—	活动记录
	……				
教育科研（30分）	7. 有区级及以上个人课题研究，参与园级总课题的研究工作并承担子课题的负责人工作。（市级加1分）	10	10	—	研究资料
	……				
专业素养（10分）	10. 喜欢读书，定期阅读《早期教育》《学前教育》《幼儿教育》《学前教育研究》等幼教专业杂志，每学年精读幼教专业书籍6本，撰写不少于1200字的读书笔记，每学期不少于2篇。（超出达3篇加1分）	10	10	—	活动记录
总分		100	100	—	—
教师研修小结	—				
专业发展部意见	—	评价等第	优　秀☐ 合　格☐ 待合格☐		
审核人签名	—	本人签名	—		

说明：1. 考核得100分为优秀、得90分以上为良好、90分以下为待合格。

2. 自评为教师个人根据实际收集的材料进行客观公正的自我评析、打分；复评为九龙湖幼儿园教师成长工作室根据教师上交材料进行考核、复议并给出分数。

3. 教师成长手册领取时间为每年2月，考核时间为次年的1月，考核周期为一年。

让成长“看得见”

在海马家园，一本成长册走天下。

只要是评选现场，你一定会看到老师们抱着自己的“三色果”成长册走进赛场，自信地打开成长册供评委们评分。

成长不仅是目标，更是过程的动态呈现。

第一，成长目标看得见。教师在第一模块“定位”中，客观理性地分析个人的学习能力和特点，明确自己的成长目标、成长路径、成长方法和成长期限，为自己制订出一份详尽的目标明确、切实有效、可量化、可操作性强的成长计划与方案。

第二，成长内容看得见。“三色果”成长册强调计划落地，教师的研修内容是明确的、可操作的，杜绝大而化之、空喊口号。例如读几本专业著作、计划阅读著作的名称、撰写几篇论文、有几篇获奖与发表、对外开放几次、与每位幼儿每天积极互动的频率、每月与家长积极沟通的频率、每学期与专家积极对话的频率等。充实细致的成长内容，让教师的成长有的放矢，每月、每周、每天都有事可做。

第三，成长过程看得见。“三色果”成长册不仅仅是一份研修记录，还是教师成长过程的动态呈现。从连续的、动态的时间线中，评委可以看见教师完成每个目标的时间、周期、参与度、侧重点等，从而分析出教师的成长动线，并明确研修过程中的优势和不足。同时，每个年度的研修不是割裂的，而是贯穿的、互动的，前一年的研修分析影响着下一年的研修规划，让教师的成长动态生成，螺旋上升。

第四，成长收获看得见。在厚厚的“三色果”成长册中，最耀眼的当属研修记录最后的一张张成果复印件，如读书心得、公开课证明、案例或论文获奖证书、各类班级或个人的竞赛证书、骨干荣誉证书以及孩子们自制的心愿卡、家长的感谢信等。这些收获让这一年努力与坚持的日子变得熠熠生辉，自信昂扬。

“三色果”，让成长看得见。

教师专业化发展评估新样态

“三色果”成长册也是教师专业化发展评估的新样态。

传统的教师专业化发展评估大多是自上而下的，观摩、评选、竞赛、论文、课题是比较常见的评估方式。但这种方式传递给教师的往往是被动的、被发现的、被督导的、被评比的情绪与状态，实则很难调动教师对自我成长的内驱力。

“三色果”建立了一种以教师自我评价为主体、以过程性评价为核心、以激励专业发展内驱力为导向的评估方式。

第一，“三色果”看似是一本成长的过程性手册，实则是教师专业化发展的支架，它强调教师才是规划与计划的制订者，才是过程的实施者与记录者，才是自我评价的核心，才是这本手册真正的主人翁，才是自我评价的主体。

第二，“三色果”看似是一本成长的过程性手册，实则体现的是一位教师一年间动态的、连续性的、客观的、全面的、多元的、有特点的、有个性的专业发展的痕迹与收获，这种过程性痕迹恰恰就是我们提倡的过程性评价。

第三，“三色果”看似是一本成长的过程性手册，实则呈现出的是每一位教师对待自己专业化发展的学习态度、学习方式、学习路径、学习能力、学习习惯等，这些思维方式与学习品质最为难能可贵，它决定了教师专业发展的广度与深度。

“三色果”成长册，实质是让教师思维看得见，让过程看得见，让成长看得见。

“三色果”成长册，见证着教师专业发展蜕变的过程，为成长代言！

1

1 教师评价的两个主体是师培部和教师自身。从外在的视角来评价，师培部严格把关教师的专业目标、方向与成长进程。从内在的视角看，教师自我评估是一个动态的过程，在这个动态过程中，教师无时无刻不在反思、自查。教师每月在三色果成长册中进行总结，这是对自己行为的一种体察，形成了一种时时、处处、事事思考的习惯。教师能真诚地面对自己的不足，也能给自己找到更好的方向，向前走。

26 个岗位考核细则

绩效考核绝不是终点，而是一种过程管理的正面反馈！

在海马家园的绩效管理架构中，我们共有 26 个岗位考核细则，而这 26 个岗位考核细则即由 26 个岗位的工作细则演变而来。

说到岗位考核细则，很多管理者可能都会质疑：

26 个岗位考核细则？有必要吗？这么多岗位怎么考核？

岗位考核的价值取向：正面反馈

“绩效考核”一词源于 19 世纪的英国公务员制度。1854—1870 年，英国实施文官制度改革，重点考核公务员的才能和日常表现。1887 年美国政府效仿此法，建立考核制度，完善了考核内容，具体体现在德、能、勤、绩四个方面。

此后，随着管理理论的发展，绩效考核的形式和内容逐渐改变，并被广泛运用于企业管理中，取得良好效果。

幼儿园的绩效考核由月考核、学期考核、年度考核构成。

岗位考核细则即为月考核，它的考核结果不仅是过程管理的阶段性体现，更是学期考核、年度考核的重要依据。

这样一来，我们就能明晰岗位考核的价值取向：

其一，岗位考核是每个岗位每个人阶段性自我评估的工具。

其二，岗位考核是教师自我诊断成长中优劣势的自测工具。

其三，岗位考核是管理者进行阶段性正面反馈的重要依据。

其四，岗位考核是管理者学期和年度绩效评估的重要内容。

其五，岗位考核是管理者实现整体管理高效能的管理工具。

从上面五个价值取向不难看出，我们在拟订 26 个岗位考核细则时，不仅重视这 26 个岗位考核细则对每个岗位、每一位教职工的自我评估，通过各岗位教职工每个月的自我诊断、自我剖析、自我反思实现岗位考核细则对教职工的正面引导。

绩效考核虽然表面看起来考核的是每个岗位的个体，但也是考核管理者的管理效能，通过每个月的自评与他评让管理者们看到自身管理的问题与不足，同时依据这些问题，及时与每一个个体进行阶段性的正面反馈，或肯定、赞扬鼓励，或共同反思、寻求解决办法与策略，或给予示范、帮助与正面支持。

管理者在月岗位考核后的阶段性正面反馈中对每一位教职工的激励非常重要，用得好、用得及时，就像一剂强心针，能让一个团队始终保持积极向上的团队精神与凝聚力。

滴水穿石，积沙成塔。

岗位考核是过程管理，更是管理者最终实现整个团队卓越发展的管理工具。

岗位考核细则是一种量化的标准

岗位考核细则是在岗位工作细则的基础上提炼而来，它体现的实则是这个岗位工作的标准，因而岗位考核细则必须是明确量化的指标内容。

明确量化的考核细则必须包含考核内容、频率、要求、时间、周期、自评人与考核人。

每一条考核指标力求简练、清晰、明确、具体、可量化，这样才能有效传达给每一位自评者与管理者，并通过每个月自评与他评过程的循环往复，在实践中不断将岗位工作标准内化为自己的保教行为习惯。

班级教师工作考核细则（示例）

项目	权重	内容	考核依据	负责部门	自评	组评
文案工作	1分/项	每日制订日计划，幼儿离园后和班级教师进行日教研不少于30分钟。每周制订科学合理的教学周计划，并在周五下班前张贴至家长园地。	巡查记录	保教部		
		每月听课4节以上，并完成听课记录。	检查记录			
		……	……			
环境材料	1分/项	结合幼儿年龄特点、班本主题，创设符合本班幼儿特点的环境，开学第三周完成班级自然角创设。根据活动进度每周更新1次主题墙内容及幼儿作品。	巡查记录	保教部		
		每周及时更新区域游戏材料不少于2种。	检查记录			
		……	……			
总分	40分			实得分		

保育员工作考核细则（示例）

项目	权重	内容	考核依据	负责部门	自评	组评
保育护理	2分/项	每日每位幼儿均做好离园前检查，检查衣服、鞋袜是否穿戴整齐，身体、脸部是否有伤痕等。	巡查记录	保健室		
	1分/项	采取有效措施保证幼儿每日饮水量（800 mL—1000 mL）。	巡查记录			
	1分/项	午睡期间每5分钟巡视1次。	巡查记录			
	……	……	……			
卫生消毒	1分/项	对班级物品定期进行清洁消毒并记录：空调滤芯每月清洗消毒1次，饮水机每天清洗消毒1次。	检查记录	保健室		
	……	……	……			
总分	35分			实得分		

26 个岗位考核细则，分而治之

管理就是分而治之。

分而治之的关键一方面在于“分”，另一方面在于“治”。

如何分是有效管理的关键，只有分得科学合理，适宜适量，才能把每一件事情做得更专业深入。而如何治则是“分而治之”能否成功的另一个关键，“治”就是“分”后的目标管理，目标越细致、越明确，达成率就越高。

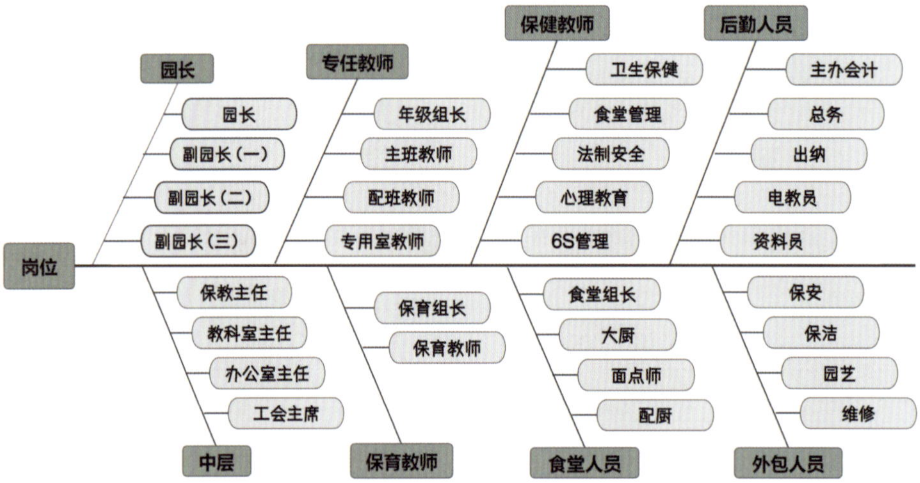

26 个岗位体现的是“如何分”。譬如海马家园有 24 个班的规模，按照园领导配备标准为 1 正 3 副，正园长的岗位职责必定是谋略规划、统筹全局、引领发展，而 3 位副园长如果没有明确细致的分工，那么就会出现有的工作争着管，有的工作没人管。所以根据幼儿园的办园理念、目标与课程，再结合每一位副园长的能力与个性，合理设置 3 位副园长的岗位内容就是关键。

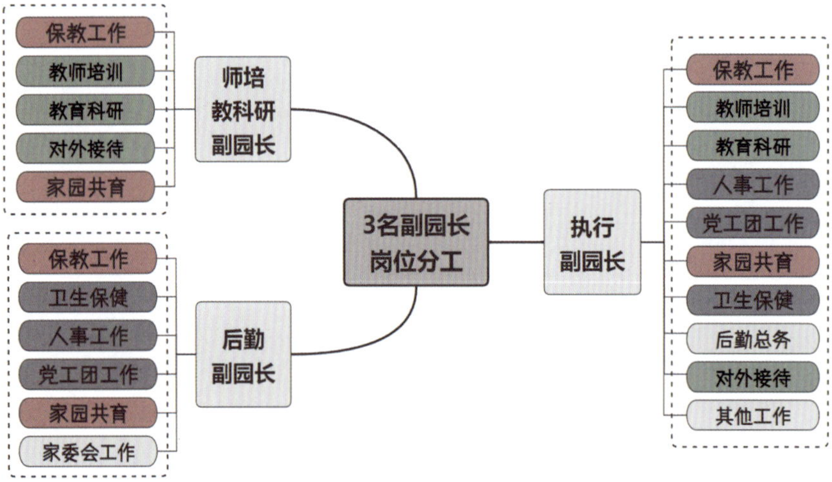

每一个岗位考核细则体现的则是“如何治”。同样以3个副园长岗位的考核细则为例，每个副园长岗位都会有明确、细致、量化的考核目标，每人各管一个块面，各有重难点，纵向上不断深入，横向上又相互关联配合，最终实现卓有成效的管理。

26个岗位考核细则，“分”最终的目的一定不是“分”本身，而是让所有人都关注整体，让管理者能用人之长、尽人所能、促人成长，最终实现无为而治。

执行副园长	保教工作	2分/项	开学前一周内科学制订课程实施方案，安排好阶段性工作，指导工作开展，学期结束前一周撰写1份阶段性总结。
		2分/项	开学前一周内科学制订幼儿评估方案，安排好阶段性工作，指导工作开展，了解幼儿发展水平，学期结束前一周撰写1份阶段性总结。
		2分/项	每天上午跟班巡查指导，每天下午不定时巡查指导，了解班级保教工作，发现问题及时总结调整，提高保教质量，每学期听课不少于40节。
		2分/项	指导保教主任、年级组长组织开展每周1次的课程审议工作，把握课程制定的科学合理，提升保教主任、年级组长的业务指导能力。
		2分/项	指导保教主任开展每周1次的五认真检查工作，了解教师五认真撰写情况，及时给予指导和批注。
		2分/项	组织开展好每周1次的班主任例会，合理安排周工作内容，通过反馈、总结、反思的方式，帮助其反思班级一周工作，指导制订下周工作计划。
		2分/项	指导教师进行幼儿发展情况评估，每月月底做好年级组内幼儿发展评估工作及学期最后一周幼儿发展评估抽测工作。
		2分/项	每周周三检查指导幼儿成长册制作情况，做好学期末幼儿成长册征订工作。
师培教科研副园长	保教工作	2分/项	每天上午跟班巡查指导，每天下午不定时巡查指导，了解班级保教工作，发现问题及时总结调整，提高保教质量，每学期听课不少于40节。
		2分/项	指导保教主任、年级组长组织开展每周1次的课程审议工作，把握课程制定的科学合理，提升保教主任、年级组长的业务指导能力。
		2分/项	指导保教主任开展每周1次的五认真检查工作，了解教师五认真撰写情况，及时给予指导和批注。
		2分/项	组织开展好每周1次的班主任例会，合理安排周工作内容，通过反馈、总结、反思的方式，帮助反思班级一周工作，指导制订下周工作计划。
		2分/项	指导教师进行幼儿发展情况评估，每月月底做好年级组内幼儿发展评估工作及学期最后一周幼儿发展评估抽测工作。
		2分/项	每周周三检查指导幼儿成长册制作情况，做好学期末幼儿成长册征订工作。
后勤副园长	保教工作	2分/项	每天上午跟班巡查指导，每天下午不定时巡查指导，了解班级保教工作，发现问题及时总结调整，提高保教质量，每学期听课不少于40节。
		2分/项	指导保教主任、年级组长组织开展每周1次的课程审议工作，把握课程制定的科学合理，提升保教主任、年级组长的业务指导能力。

后勤副园长	保教工作	2 分 / 项	指导保教主任开展每周 1 次的五认真检查工作，了解教师五认真撰写情况，及时给予指导和批注。
		2 分 / 项	组织开展好每周 1 次的班主任例会，合理安排周工作内容，通过反馈、总结、反思的方式，帮助反思班级一周工作，指导制订下周工作计划。
		2 分 / 项	指导教师进行幼儿发展情况评估，每月月底做好年级组内幼儿发展评估工作及学期最后一周幼儿发展评估抽测工作。
		2 分 / 项	每周周三检查指导幼儿成长册制作情况，做好学期末幼儿成长册征订工作。
执行副园长	教师培训	2 分 / 项	谋划幼儿园发展，指导师培部开学前一周修订幼儿园教师五年发展规划。
		2 分 / 项	及时了解幼儿园教师发展现状及需求，开展各类培训活动，开学前一周科学拟订园本培训计划。
		2 分 / 项	重视教师师德培训，指导师培部开展各类师德培训活动，如海马有约活动。
师培教科研副园长	教师培训	2 分 / 项	开学前一周修订幼儿园教师发展规划，拟订阶段性培养目标。
		2 分 / 项	结合“三色果”成长手册，指导教师撰写个人发展规划，并组织开展阶段性考核。
		2 分 / 项	按计划开展在职教师园本培训活动，做到每次活动有记录、有反思、有报道，学期末进行反思、分析，学期结束前一周完成。
		2 分 / 项	按计划开展新教师岗前培训活动，明确每个阶段跟岗内容，每周五进行周考核（PPT 分享、考试、看现场等），了解新教师成长情况，并做好相关材料的收集整理。
		2 分 / 项	按计划开展暑期培训活动，做到有审核、有记录、有反思、有报道，活动后三天内材料收集整理结束。
		2 分 / 项	组织做好教师外出培训工作，培训后第二天，收集整理教师外出培训材料（视频、照片、学习心得等），当月组织二级培训。
		2 分 / 项	做好教师继续教育课时认证，确保每位教师的继续教育课时达标。
		2 分 / 项	每月组织开展 1 次“海马有约”活动，做到有方案、有过程、有报道，活动后第二天完成材料的收集整理。
执行副园长	卫生保健	2 分 / 项	指导后勤副园长做好幼儿保育保健工作。
后勤副园长	卫生保健	2 分 / 项	指导保健老师每月组织 2 次保育人员业务学习，有记录，有过程性资料。
		2 分 / 项	指导保健老师开展每学期 1 次的保育人员业务练兵。
		2 分 / 项	指导保健老师开展每月 1 次的幼儿自我服务活动。
		2 分 / 项	指导保健老师开展每学期 1 次家长健康讲座及教职工健康讲座。
		2 分 / 项	落实保健老师每天 9：00 前将幼儿在幼儿园的饮食内容通过图片方式发至家委群，向家长展示幼儿园的食品健康及安全。

“自治式”“捆绑式”文化效应

海马家园，从这个别称诞生之日起，“家”文化就烙印在每一位教职工的心底。

海马家园所有的规划、制度、标准与流程、绩效考核方案等的出台都必须经过自下而上、自上而下、再自下而上的几轮的调研与修订过程。

在 26 个岗位考核细则中，也充分体现了海马家园“自治式”“捆绑式”管理策略。

所谓“自治”，即通过 26 个岗位考核细则充分信任、授权给每一位管理者；所谓“捆绑”，即每一个管理单元都是一个小集体，一荣俱荣，一损俱损。

班级是幼儿园最小的一个管理团队单元体，班主任是管理者，班上另外两位老师是成员。在我们每个月岗位考核细则中，如果一个班成员中有一位老师因为个人工作原因被扣分，那么作为班主任的管理者当月考核同样要被考核扣除对应标准的管理分值。如有老师请事假超过几天，那么这个班级在学期先进班级评优中就会失去入围的资格等。

“自治”体现的是海马家园对每一位管理者的充分信任与授权，因为这份信任与授权，每一位管理者才有可能发挥自己最大的潜能，快速成长。“捆绑”体现的是海马家园管理团队间的有效监控，这个监控不是单向的，而是多向互动的，它能让团队形成凝聚力，实现团队目标的最大价值。

实践证明，对于学校这种专业化很强、社会关注度极高的组织机构来说，分工越细致、责任越清晰，要求越明确、标准越清晰，考核越关注过程，管理成效就越显著。

8
9
10

第五章　形成动力定型

动力定型是指人长期生活、劳动、反复重演某种活动、逐渐在大脑皮质高级神经系统中建立的巩固的条件反射活动模式。其外在表现即为动作习惯。

巴甫洛夫动力定型的概念为心理学研究习惯和熟练技巧的养成提供了生理学的说明。动力定型形成后可以大大节省我们的脑力和体力上的消耗，减轻我们的负担而提高功效。人们在生活中养成的习惯、技能以及生活方式等等，在生理机制上都是动力定型的建立。

在海马家园，我们将 6S 精细化管理应用到幼儿园的人、财物、管理中，帮助团队成员建立稳定的动力定型，形成保教行为习惯、技能与一日生活的标准与流程，提升管理效能。

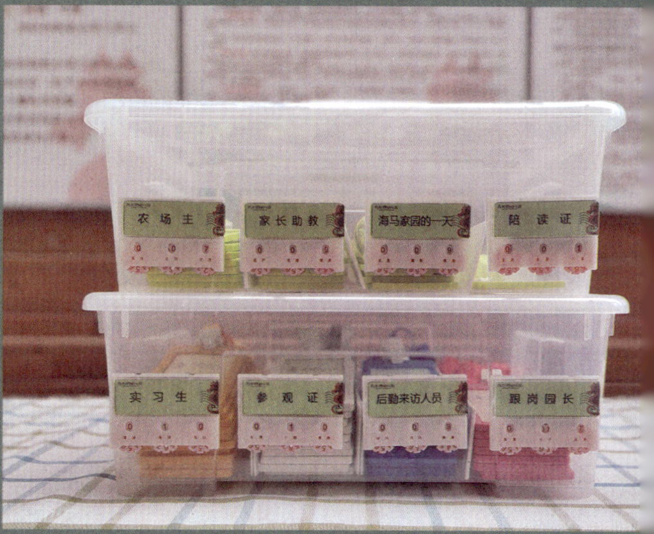

从物品开始，来一场自我变革

一屋不扫何以扫天下？

幼儿园管理，从物品管理开始的行为习惯动力定型。

平时的工作与教学中，你是否总是太过于忙碌？

活动后物品与材料的整理和归位，是否让你不胜其烦、压力重重？

大量的时间用于处理琐碎的事情，是否让你没有时间、没有精力提升自己？

相信与质疑

看一看这些图片，

能否给你带来舒适的、愉悦的视觉与心理体验？

你是否有了立即动手整理身边物品的冲动？

你是否注意到这些物品排列和整理上的“小心机”？

标签、流程在物品管理上又有怎样特别的运用？

幼儿园教师总是面临各种考验。

课程与活动需要的物品及材料往往很繁杂，严格收纳则使用不便，简单收纳转眼就一团糟。教师每天都要进行整理这种重复劳动，明明花的时间不少，但第二天却不得不重来一遍，反反复复，没有尽头。工作的耐心和热情消磨在这些低效劳作中，教师当然没有精力也没有心思再去学习、研究、反思。

要想改变这个状况，首先需要从物品开始，来一场自我变革。

打破原来的物品管理思路，制定全新的物品管理原则，形成高效的物品管理机制，来一场解放一线教师和后勤人员双手与思维的效率风暴。

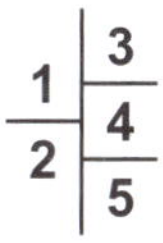

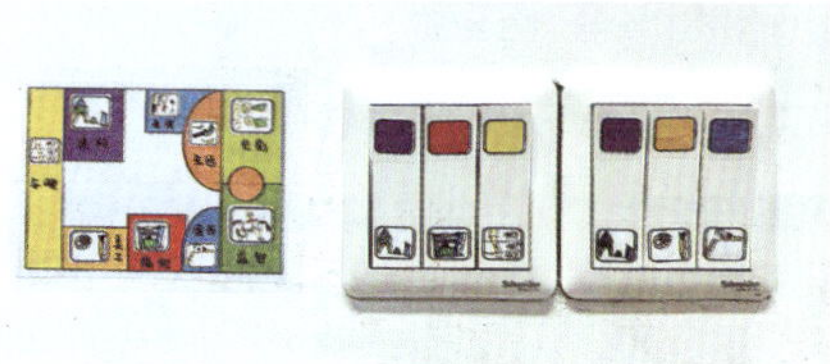

1 孩子们的游戏材料统一使用去盖的非透明容器收纳在高矮适宜的材料柜上，根据幼儿的年龄特点，师幼共同设计制作一对一标识，孩子们可实现自主取放，无须教师提醒。

2 孩子们尚处于具体形象思维阶段，用流程化的思维理清思路，有助于孩子明确事情的先后顺序，无需教师随时提醒推进环节。如早上入园要做哪些事情，从问好开始到收拾结束，孩子们在熟悉入园六部曲后，活动起来游刃有余。

3 孩子们的晨间锻炼器械根据大小、型号、颜色划定统一收纳区域。每一辆小车都有它的专属停车位，骑行结束，小司机们可自行停放车辆。

4 班级门口人来人往，频繁开合的门存在一定视觉盲区。比起老师们的千叮咛万嘱咐，在地面上用直观的线条划定潜在危险区域，孩子可自觉预判危险，养成应对危险的能力。

5 师幼共同将班级区域进行色块划分，区域色块与灯光开关一一对照，无需再反复尝试就可以准确点亮需要的灯光，师幼也可共同实现班级灯光管理。

五定法

我们在物品管理上针对物品摆放、设备使用、操作流程提出几项原则，称之为“五定法”。五定法包括定点、定量、定人、定责、定时。

定点，给每个物品设置一个固定的摆放位置。可以按照物品的外形、类别、功能、用途、使用频率等适当定点。

定量，简单理解，就是物品的数量标准。其一，每一种物品在购置及入库前，都要做好适宜的数量标准测算；其二，在使用物品时要有“量”的标准，按需使用；其三，无论购买还是使用，管理者应根据平均用量数据来确定更新或领用的频次标准。

定人，即责任到人。每一件物品、设备、区域都分人管理，专业设备专人使用和维护，让管理更加扁平化、高效化。

定责，给物品和设备的使用制定相应的管理职责和规范。岗位职责要明确，权限要清楚，规范要细化、精准。

定时，指物品、设备、空间等使用的时间、时长和频次。合理规划时间、分配时间及安排活动，可以帮助每一个孩子、教师养成时间概念、时间意识、时间危机和时间敏感度。这是关于时间的管理，是良好行为习惯养成的重要环节，也是自主成长、高效工作的重要法则。

6 给你一个“歪头杀”！柜子上粘贴着一只歪着头的小鸭子，在没有任何文字提示的情况下，孩子们在整理剪刀时也会不自觉地将剪刀按照同一方向“侧卧”。

7 书是孩子们在园每日朝夕相处的好伙伴，在阅读区，有那么一群小小图书管理员，他们运用图片、颜色、形状将图书分门别类地放置，在他人借阅后也能准确归位。

6 | 7

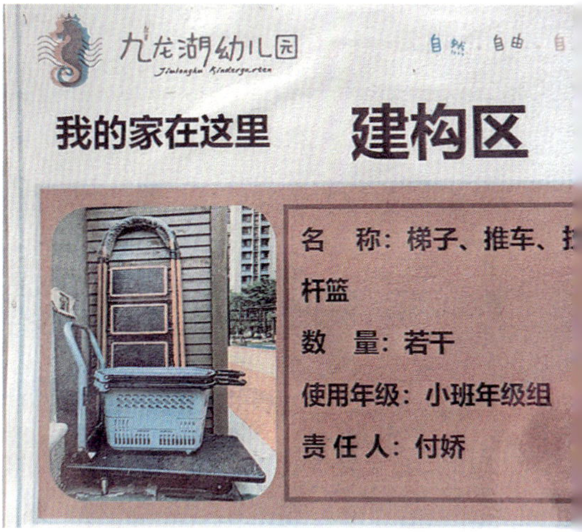

8 | 9 / 10

8 孩子们的操作材料都被整齐收纳在资料室的箱子中，架子上的标签与箱子上的标志相对应，配上巧妙的“计数器”，管理老师可以随时确认物品的数量。

9 即使是初次来到保教用品的档案区，老师们也能够根据导视牌上的物品导视信息快速找到自己想要领取的物品。

10 幼儿园的每一种户外游戏材料都有一个“家”，在它的“家”门口粘贴着一张定制门牌，上面记录着游戏材料的照片、名称、数量、使用年级和责任人。无论是游戏的孩子还是整理的老师都能够根据这张特殊门牌为游戏材料找到它的“家”。

易取放

物品管理并非做做样子，而是为使用服务。

所谓“易取放”，就是容易发现、容易拿取和容易归还。

第一，根据收纳柜的特征，确定适宜的收纳方法：“横打竖放”或“竖打横放”。

如开放式的玩具柜，物品收纳就应采用竖打横放的方法，即所有物品都需整齐有序横置在玩具柜的隔板上；而抽屉里收纳物品就应采用横打竖放的方法，即所有物品都需竖置在抽屉柜底面。无论横打竖放，还是竖打横放，都能一眼看清收纳柜里的每一件物品。

第二，根据物品外形定容，专物专放，大小物件都能收纳得当。

如幼儿跳绳如何收纳？常用方式是把跳绳收纳在一个箩筐中，这种收纳的遗患是每次跳绳前要花费许多时间来解开缠绕在一起的跳绳，耗时耗力。正确的收纳方式是将每一根跳绳独立收纳在格子中，薯片多格盒或多格方盒都是不错的选择。

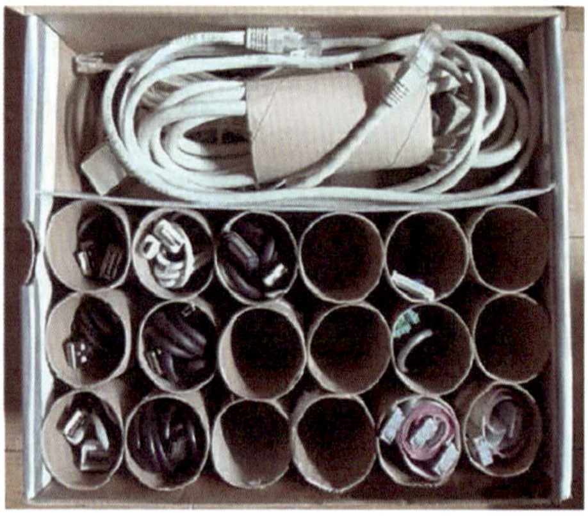

11 | 12
13

11 放眼望去，班级区域空间如同“材料超市”，根据收纳柜较扁平的特点，采用竖打横放的方法，每一种材料都被整齐收集在篮筐中，通过集成管理，最大限度地实现了资源共享，孩子们依据对应的标志可随时自由取放。

12 打开教师的抽屉，各类数据线、小物件等一目了然，教师用纸巾筒零成本改造的数据线收纳盒，仅两秒就可以精准找到数据线，省时省力又高效。

13 大班的孩子们的跳绳总是缠缠绕绕的，解不开理还乱！使用方格收纳盒，让每根跳绳都有了一个独立的小家，对应姓名贴，跳绳收纳就是件轻而易举的小事儿。

第三，对物品进行分类，相近特征或相似用途物品有序集合，便于寻找。

如班级保育用品一定是按用途与特征分类，所有卫生消毒用品考虑到安全与操作使用便捷因素，会统一放置在保育教师操作水槽上方的第一个吊柜中；与幼儿饮食相关的毛巾等用具放置在离保育教师操作水槽一只手臂距离的墙面上；而与班级卫生相关的用具放置在幼儿卫生间的拖把池墙面上。

第四，根据使用频次定收纳深度，低频物品深度收纳，高频物品浅度收纳，层次分明。

如班级美工区里的画笔是幼儿一日生活中使用频率最高的，在收纳时就可以放置在开放式的玩具柜的最上层，便于每一个孩子拿取；而卫生纸巾、幼儿备用衣物等更换频率不高的物品就可以收纳在班级的高柜中。

14—17 针对各种各样的清洁工具，保育老师们巧用收纳小妙招，将清洁物品按照种类、用途、使用频率与使用场景进行分类，并一一贴上对应标签。

接触入口物品的抹布和手套悬挂在洗手池边，抹布按照“清消清”的使用顺序悬挂，保证就餐环境安全；瓶装清洁用品使用托盘整齐摆放在孩子们够不到的橱柜中，保育老师可轻松举手够到；篮子、桶、盆则根据使用场合分别套叠在一起，放置在柜子中，下方加上托盘收集水滴；进行班级卫生清扫的工具拖把、抹布等悬挂在靠近水池的地方。

18 孩子们使用频率最高的画笔按照颜色收纳在透明玻璃瓶中，放置在柜子顶层，可随手取用，无须再从笔盒中翻找。每种颜色还配备了一名小小管理员，孩子们会根据使用耗损率增减画笔。

标准化

标准化，根据使用物品及使用对象的特点，提供相对统一的标准。

一方面注重标准性，例如生活坊、户外游戏空间、小农场等区域的使用，以及摄录设备、投影设备等物品的使用，都应制定统一的使用、借用、操作等标准和流程。

另一方面注重灵活性，做到“因人制宜”，例如图书室的图书，特别为教师、家长和幼儿设置了不同的识别标签，班级活动材料收纳考虑到不同年龄幼儿身体和活动特点等。

19—20 幼儿园有着严谨的会议接待标准，每一样物品都会精准定点定位，大家做事都有着标准的思维方式和行为习惯。一根拉直的线，对齐的是席卡、水杯的位置，是会议一丝不苟的标尺，更是深埋在海马家园每一位教职员工心中的6S文化素养。

19 | 20

21

21 海马图书城收集了大量的图书，涵盖幼儿绘本、教师理论书籍、艺术生活书籍、家长教育用书等等，面对不同的阅读主体，图书管理老师必须系统地构建一个图书管理方法。1.6 米以下的书架上放置着幼儿绘本，1.6 米以上的书架上放置着教师与家长用书，每本图书都有对应的标识，一一对应幼儿就能快速将书送回正确位置。

幼儿绘本根据幼儿的年龄特点放置在不同高度的书架上，3—4 岁在最下方，4—5 岁居中，5—6 岁则稍高一些。根据不同年龄幼儿的思维方式，还在绘本右下角粘贴了各种形式的标签，有数字、图案、实物、图形等，每册图书有至少 3 册副本，方便幼儿随时取用。

可视化

可视化，让所有物品看得见，让管理看得见，让习惯看得见。无论是活动可变的操作材料，还是相对固定的设施设备，我们都希望儿童可以看得见，触手可及。用材料去激发探究渴望，培养良好操作习惯，形成自主自律的素养。

首先，物品位置看得见。“有物必分区，分区必分类，分类必挂牌”，物品收纳有规律、有顺序，易见易得。

其次，收纳要求看得见。我们用照片、图片、绘画、手工等方式来进行提示和引导，收纳要求可以被直观理解与感受。

最后，使用方法看得见。对于较为复杂的材料或者设备，会张贴使用流程和操作规范，让使用方法和注意事项可见、可学。

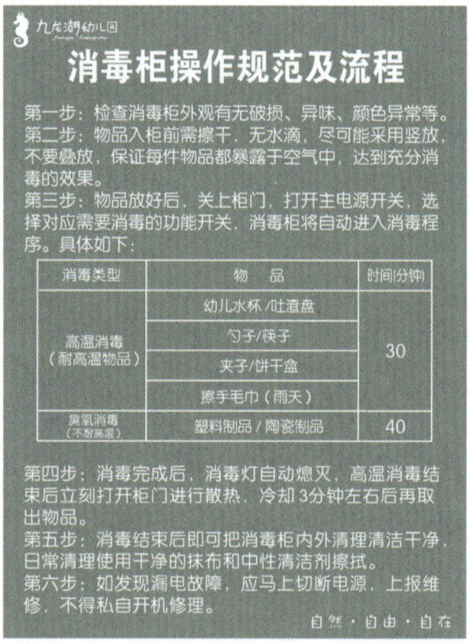
九龙湖幼儿园

消毒柜操作规范及流程

第一步：检查消毒柜外观有无破损、异味、颜色异常等。
第二步：物品入柜前需擦干，无水滴，尽可能采用竖放，不要叠放，保证每件物品都暴露于空气中，达到充分消毒的效果。
第三步：物品放好后，关上柜门，打开主电源开关，选择对应需要消毒的功能开关，消毒柜将自动进入消毒程序。具体如下：

消毒类型	物品	时间(分钟)
高温消毒（耐高温物品）	幼儿水杯/吐渣盘	30
	勺子/筷子	
	夹子/饼干盒	
	擦手毛巾（雨天）	
臭氧消毒（不耐高温）	塑料制品/陶瓷制品	40

第四步：消毒完成后，消毒灯自动熄灭，高温消毒结束后立刻打开柜门进行散热，冷却3分钟左右后再取出物品。
第五步：消毒结束后即可把消毒柜内外清理清洁干净，日常清理使用干净的抹布和中性清洁剂擦拭。
第六步：如发现漏电故障，应马上切断电源，上报维修，不得私自开机修理。

自然·自由·自在

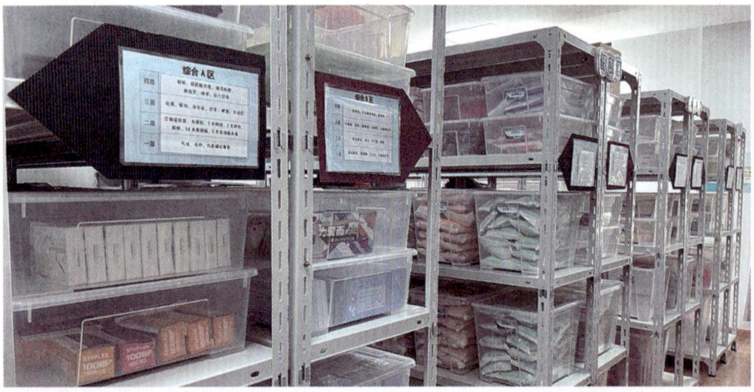

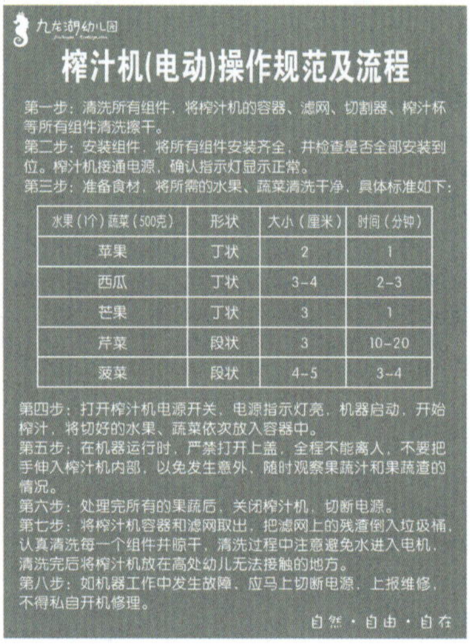
九龙湖幼儿园

榨汁机(电动)操作规范及流程

第一步：清洗所有组件，将榨汁机的容器、滤网、切割器、榨汁杯等所有组件清洗擦干。
第二步：安装组件，将所有组件安装齐全，并检查是否全部安装到位。榨汁机接通电源，确认指示灯显示正常。
第三步：准备食材，将所需的水果、蔬菜清洗干净，具体标准如下：

水果（1个）蔬菜（500克）	形状	大小（厘米）	时间（分钟）
苹果	丁状	2	1
西瓜	丁状	3–4	2–3
芒果	丁状	3	1
芹菜	段状	3	10–20
菠菜	段状	4–5	3–4

第四步：打开榨汁机电源开关，电源指示灯亮，机器启动，开始榨汁，将切好的水果、蔬菜依次放入容器中。
第五步：在机器运行时，严禁打开上盖，全程不能离人，不要把手伸入榨汁机内部，以免发生意外，随时观察果蔬汁和果蔬渣的情况。
第六步：处理完所有的果蔬后，关闭榨汁机，切断电源。
第七步：将榨汁机容器和滤网取出，把滤网上的残渣倒入垃圾桶，认真清洗每一个组件并晾干，清洗过程中注意避免水进入电机，清洗完后将榨汁机放在高处幼儿无法接触的地方。
第八步：如机器工作中发生故障，应马上切断电源，上报维修，不得私自开机修理。

自然·自由·自在

22	24
23	25

22 幼儿园的仓库物品种类繁多，但管理老师智慧化的管理，让大家能够更好地“看得见”。透明的储物箱——物品清晰可见，无须翻找；明确的导引牌——物品分区域、分层、分盒介绍，实现快速引导；合理的动线布局——高频使用材料易拿取，低频使用材料动线更长。仓库设置在资料室的隔壁，教师打印材料时可及时领取材料，节约路上的时间。

23 孩子们午睡后会主动将抽拉床推进去收好，而在小床一边的柱子上，粘贴着小鳄鱼身体的一部分，对齐小鳄鱼的身体，完成拼图，抽拉床就被完美收纳啦！孩子们也在趣味拼图中完成了劳动小任务。

24—25 班级中的每一台厨房电器都配有相应的操作规范，细化每一条操作标准流程，既能够帮助老师反复熟悉、熟知、熟练操作要求，提高工作效率，明确操作规范，减少错误率，也能够让第一次进班级使用电器的家长义工马上了解电器操作规范，直接上手使用。

10 秒行动法则

10 秒行动法则，一种用时间量化来提高物品管理效能的方法。

10 秒行动法则，指所有部门、班级教师在与幼儿商讨班级物品摆放位置与流程时，必须遵循一个重要的时间限定原则，即 10 秒内完成物品拿取或收纳整齐。

10 秒行动法则，表面看来解决的是物品收纳问题，即物品管理的科学性、可操作性与互动性；深层建立的却是每个人行为效益的思维方式，即自主、自律行为习惯的养成。

10 秒行动法则，可谓“拖延症”的撒手锏。

10 秒，要的是行动力与效力；

10 秒，要的是行为习惯定型；

10 秒，要的是共同思维方式。

一起行动吧

整齐有秩序的环境，轻松无负担的生活，是高效工作的催化剂。让我们从物品管理迈出管理变革的步伐。

第一步，断舍离。对园内物品进行全面整理，留下有用物品或使用频次高的物品，将数量冗余的物品进行精简，将无用品大胆舍弃。

第二步，大清扫。将园内各个场所及设备进行清扫与整理，并查漏补缺，确保设施设备等数量完整、功能完善。

第三步，做分类。将整理之后的物品根据特点、功能、使用频次、使用场合等进行分类规划，在规划时注意“量”的合理安排。

第四步，新收纳。根据五定法、易取放、可视化及标准化的原则，将整理过后的物品进行全新收纳。

第五步，定标准。重新制定物品管理的标准与流程，让管理制度化、明确化，教师做到各司其职，幼儿学会自主管理。

资料室里的“精算师”

节省一元钱，等于净赚一元钱。——台塑集团创始人王永庆

海马家园的资料室是个百宝仓库，收纳教学、游戏、生活、办公、学习、卫生用品等近400种，而大多数幼儿园的资料室仅二三十平方米，作为管理者我们常常会看到：

资料室的物资无序地摆放着，
找个东西——难
拿个东西——慢

老师们来打印复印川流不息，
资料室老师一天——晕
班级老师轮流等——急

教学与后勤管理者相互抱怨，
教学管理者——忧
后勤管理者——乱
工作的效能——低

问题诊断

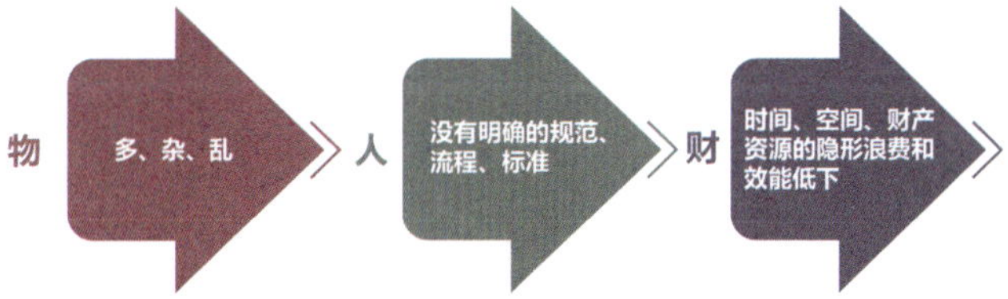

规模大的幼儿园有可能会配备专门的资料室管理员，规模小的幼儿园通常只有兼职的管理员。但资料室却是与全园教职工交集最多、工作最频繁的一个部门，每一件物品进出的规范、标准、流程，每一个管理行为的规范、标准、流程，都在传递着一种教育的理念与这个团队的文化价值观。

我的理念：

该花的钱必须花，且必须用未来十年的眼光合理花钱，花好每分钱；

该省的钱必须省，且必须成为每一位海马家园人的自觉行为习惯。

资料室的“精算师”由此诞生。

楼梯下的藏宝阁

海马家园两个园部各有 24 个班级，每个园部幼儿和教职工人数近千人，这么大规模幼儿园的物资储备种类和数量是惊人的。例如，仅纸张就有 16 个品类，每个品类的纸又分为好多种颜色，纸张的大小规格和纸质软硬程度各不相同，可想而知它在资料室的储存收纳就极具挑战性。

幼儿园的建筑面积寸土寸金，仅仅靠二三十平方米的资料室肯定没法满足精细化管理需求。这时，楼梯下的空间便被充分有效利用起来，做好封闭，安装好门，一个个藏宝阁由此诞生。

五定法、易取放、可视化、标准化、10 秒行动法则是物品精细化管理的基本方法。

基于这五种方法，我们根据物品的种类、数量、用途、所占空间、使用者以及使用频率等指标，将幼儿园所有备用物资分为学习办公类、生活卫生类、环境装饰类、文创玩具类、维修工具类和备用家具类六大类。

使用频率最高、物品种类最繁杂的学习办公类物品收纳在资料室，再以资料室为中心与 5 层楼梯下的藏宝阁形成射线管理动线。藏宝阁与资料室的动线距离远近和其他 5 类物资使用频率成正比，即离资料室最近的楼梯藏宝阁放置其他 5 类物资中使用频率最高的品类，也就是生活卫生类物品。以此类推合理规划使用每一个楼梯藏宝阁。

空间利用最大化是物品管理过程中一个非常重要的原则，我们除了可以将收纳空间向水平方向扩展，还可以向垂直方向的空中、墙面、楼梯斜面、顶面等空间扩展，最大化合理收纳储存，提升后勤物品管理的效能。

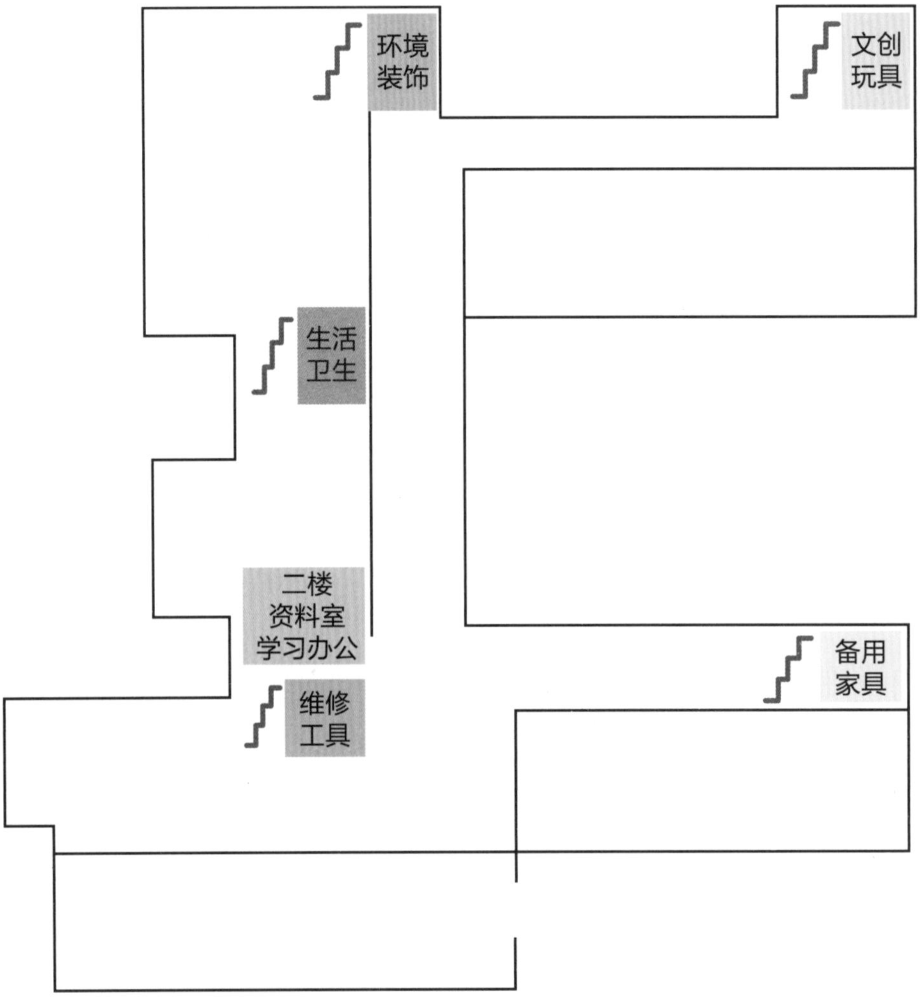

1　　1　学习办公、生活卫生、维修工具、环境装饰、文创玩具、备用家具，这6大类仓库按照使用频率、距离远近紧紧围绕着资料室，使用最频繁的学习办公类藏宝阁设立在资料室隔壁，便于资料管理员高效工作。

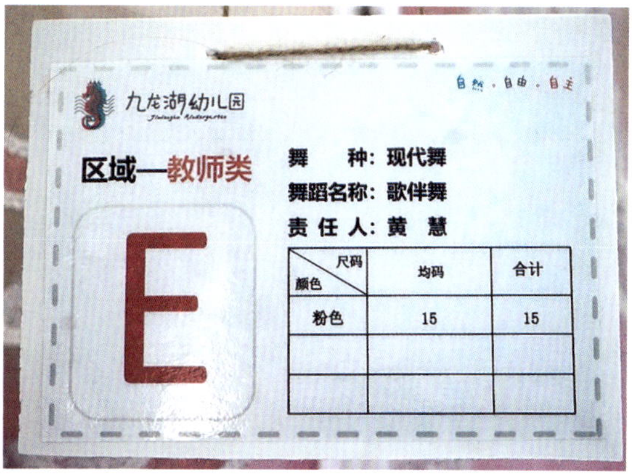

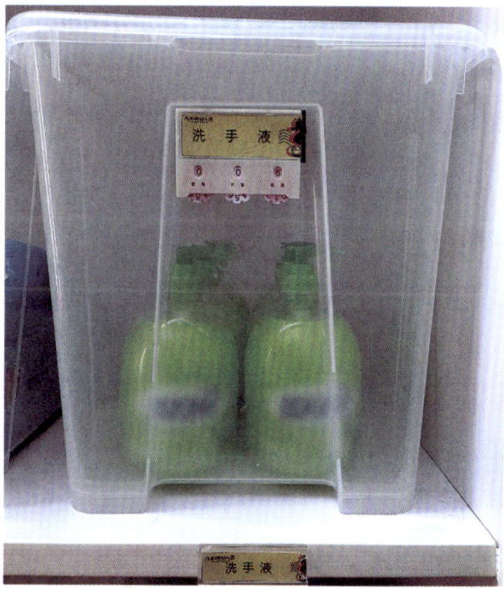

2	3
4	5
6	

2　多功能厅后有一个小小的空间。在那里，教师根据演出服的材质、颜色、储存要求等特点，将服装按照套组进行防尘处理并悬挂保存。

3　阅读演出服装对应的“身份证”，可了解服装所对应的舞种、名称、数量、尺码与负责人，方便演出活动取用。

4　幼儿园的每个楼梯下方都藏着一个秘密收纳空间，地方虽小，却能储藏大量物品。教师通过透明收纳盒，可以一眼看到自己要领取的物品。

5　离资料室最近的藏宝阁放置着常用消耗品，上面的小小计数器帮助仓库管理员轻松了解每一件物品的库存量，合理规划采购和入库的频次和标准。

6　向门外望去，楼梯下的藏宝阁仅两人身宽，异形收纳柜将每一寸空间充分利用起来。里面的材料收纳繁而不杂，可供两位教师同时进入领取物品。

海马小仓储

海马家园的资料室兼具电教室功能，面积共56.4平方米，在设计功能区时，我们便把资料室一分为二，外间为20平方米，主要功能为打印、复印、封塑、电教资料管理区。里间为36.4平方米，功能为教师们使用频率最高的学习办公类物品的储存管理。

对于教师使用频率最高的电教资料功能区的管理，管理目标为6个字：**精准、便捷、高效**。为幼儿服务、为教师服务。

短短6个字的目标，转化成可以操作实施的标准与流程却是一个难题。因为幼儿园的工作特点与对象的特质，我们在设置标准和流程时必须符合以下两条原则：

第一，教师领取学习和办公用品必须在非主配班时间，以确保班级教师不离岗。

第二，教师打印复印封塑教学具必须在非主配班时间，以确保班级教师不离岗。

在充分了解教师的需求与困难后，我们又实地调研了一些企业与大型仓储部门的管理方法，经过不断实践、修正、优化，最终形成了海马小仓储式的管理标准与流程。

例如，幼儿园的每周物品申领五步曲。

收得好很重要，管得好更重要！

资料室的管理重在标准与流程！

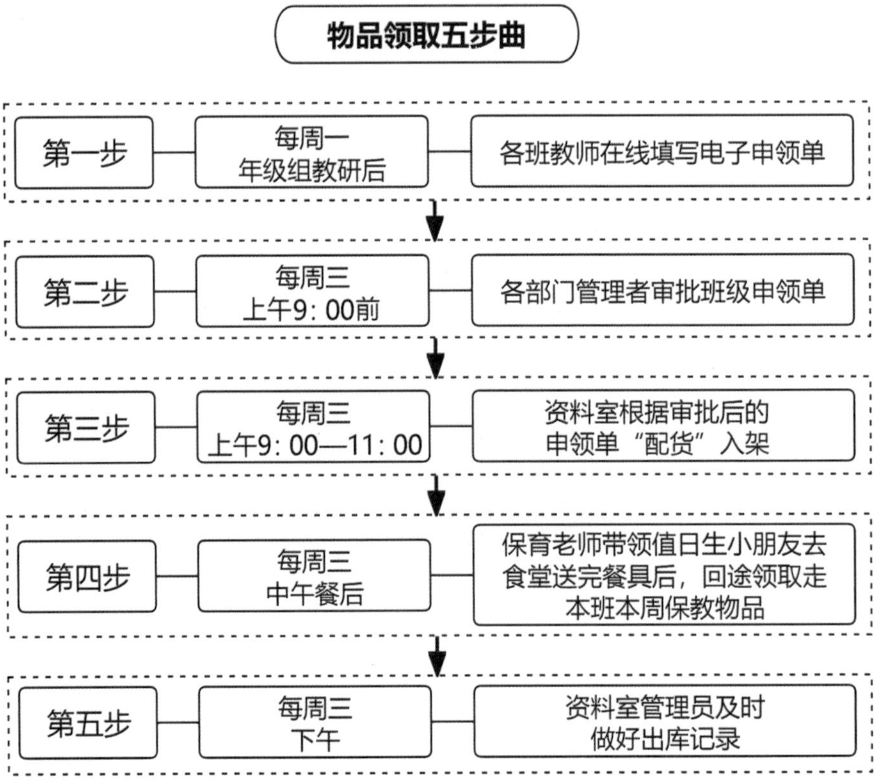

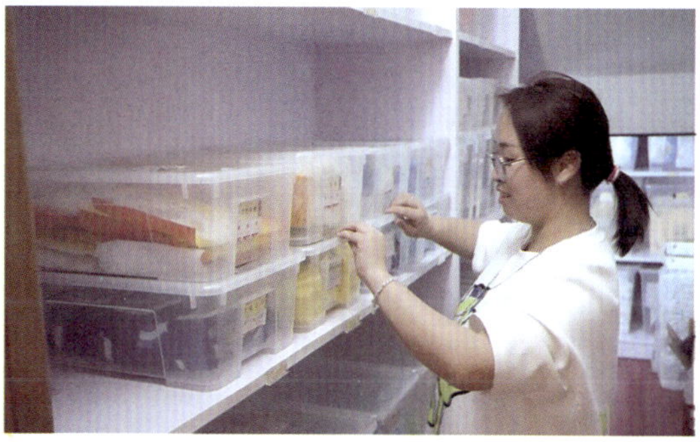

7 8
9
10

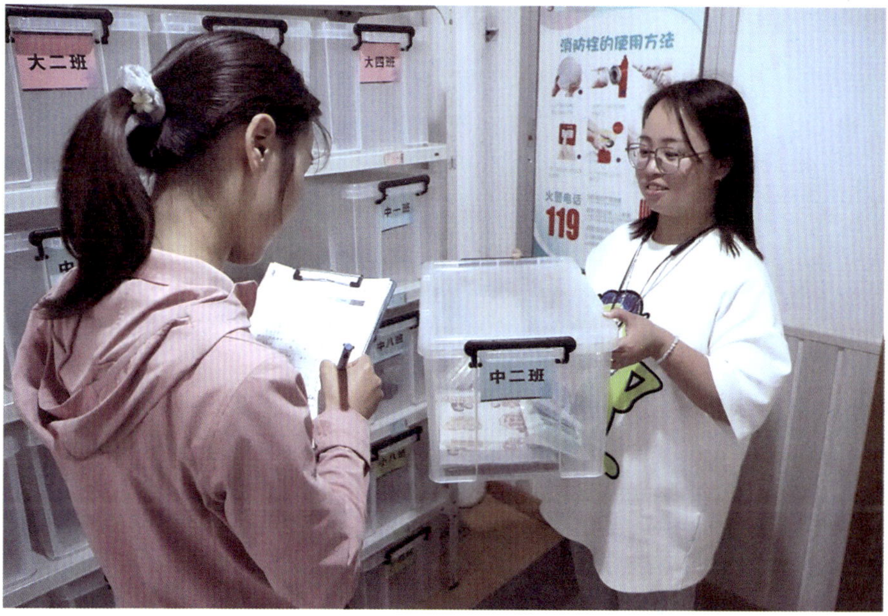

7—10 幼儿园的物品领取采用一种新型的超市配货模式。

集货：每周一班级教师在线填表申领需要的物资，管理员在线集中配货。

分拣：仓库管理员将物品按照清单顺序分拣出来，集中放置在对应班级的储物盒中。每个年级组对应不同颜色，每个班级对应不同标签，管理员和领取人员可迅速找到对应的储物盒。

领取：教师每周三集中到仓库领取物资，管理员一对一接待，并有效地、方便地完成物资清点和签字确认。

九龙湖幼儿园——物资申购表

申购部门			申购日期				申购人	
申购类别	□教学类　□教研类　□办公类　□生活类　□其他类							
物品名称	单位	数量	单价	总价	用途	采购部门	备注	审批意见
……								
								年　月　日

九龙湖幼儿园物资进出库明细（一）

类别：学习、办公用品（1—36）

序号	物品名称	上月库存	单位	参考价格	本月进货	小一班	小二班	……	专用室	后勤	行政	食堂	公共环境	出库合计	本月结存
1	塑封膜 A3														
2	塑封膜 A4														
……	……														
36	按动笔芯														

每月“好当家”

资料室的“精算师”，归根结底必须把好两道关：进口关和出口关。

进口关，所有物资的配备原则：按需、定量、出标准。即上一学年度幼儿园48个班12个月的各类物品实际使用量的月平均值与生均值。

出口关，所有物资的出库原则：按标准、定时、定量。即这一学年度幼儿园48个班每个班幼儿数乘以生均值的总量与月平均量。

九龙湖幼儿园消耗性物资班级人均配备标准

类目：保教用品

序号	物品名称	单位	生均量	备注
1	水彩笔	盒	1	
2	油画棒	盒	1	
3	多色超轻黏土	桶	0.2	
……	……			

九龙湖幼儿园消耗性物资配备总量

类目：保教用品

序号	物品名称	单位	配备量	备注
1	水彩笔	盒	920	
2	油画棒	盒	920	
3	多色超轻黏土	桶	184	
……	……			

九龙湖幼儿园消耗性物资班级月领用标准

类目：生活用品

序号	物品名称	单位	小班	中班	大班
1	消毒液	瓶	3	3	3
2	洁厕灵	瓶	3	3	3
3	洗洁精	瓶	2	2	2
……	……				

一个优秀的精算师首要职责是能做好精打细算的日常管理，其次还必须通过绩效考核激励团队的正向管理、目标管理和行为习惯的动力定型。

在月绩效考核中我们设立了每月“好当家”考核机制，由资料室的资料员每月汇总各班的物资实际出库量，核算出班级保教物资的月成本，并在资料室的公示栏里定期定时公示。

每月“好当家”绩效考核机制设立后产生了三种明显的效应：

第一，节约效应。每月第一个周五为公示日，资料室里人头攒动，保育老师作为各班物资管理负责人十分关注“上个月我们班花了多少钱”；

第二，激励效应。为争取年度考核“好当家”优秀班组奖章，惊喜于班级这个月的出库量比上个月的出库量少了；

第三，团队效应。班级物资没人管的推诿现象没了，因为是班主任负责制，保育老师对班级物资具体负责，班级的三位老师真正实现了抱团成长。

每月“好当家”，海马家园“精算师”的集中训练营。

11
12 | 13

11—13 “哇！我上光荣榜啦！”又到了每月“好当家”评选结果公布的时刻，荣获“好当家”称号的教师挂上“好当家”奖牌，美美地合照一张。每位老师都为自己当月的精打细算无比自豪，“好当家”绩效考核机制是一种正向的鼓励机制，也是对教师日常细致工作的认可与激励。

没商量的“天条”

没有安全，一切为零！

在幼儿园工作32年，无论是做一线教师，还是管理者，每一天只有等到孩子们全部离园后，才是我们身心最放松的时刻。

幼儿园里的风险

总是听到有人调侃，幼儿园老师属高危人群。是啊，哪怕你是特级教师，只要有一次安全事故，所有的努力皆归零。入离园、晨锻活动、游戏活动、户外活动、午餐、午睡、散步，处处都有安全教育与管理。

晨间锻炼或游戏活动中的场地设置、材料提供、活动组织；离园时孩子们的离园检查、接送时的站位与流程；午睡时的环境、穿脱衣服、巡视、午检；孩子们每天饮用水的温度、排队等待的流程；散步时的路线、行走的习惯；所有进园食品的品控、加工与送餐的流程、食品的温度、食品的留样标准、进餐的流程等，每一个环节都不可小觑，时时处处应有安全风险意识。

安全是所有活动开展的基础与保障，更是不可逾越的“天条”。

“白手套”奖章

白手套是指人们戴在手上的白色手套，它在某些领域会有一些象征意义，比如政治上所谓的“白手套”是指实际从事“非法”事务的“合法”外衣；在拍卖师职业中“白手套”则是一种最高荣誉；在欧洲白手套象征着权威和圣洁……

在海马家园的卫生保健室，也有这样一个特别有趣的面板，面板上整整齐齐挂着 9 双白手套，旁边的面板上一枚枚银色奖章熠熠生辉，这就是海马家园的“白手套”奖章。

每周三下午 4 点，海马家园小、中、大年段的三位保育组长都会相约到保健室，和安全主任、后勤主任以及 4 位保健医生组建成 3 个“白手套”督查小分队：穿上三色队服、洗手、抽签、拿起手机与记录本，最后小心翼翼地戴上白手套，开始每周一次的“白手套”卫生保健大检查。

班级所有的家具、门窗、地板、教玩具、毛巾、被褥，甚至是开关面板、门框，都可能成为白手套光顾的地方。9 位白手套督查老师一丝不苟，锐利的眼光不放过每一个角落，将每件有问题的物品依次打卡、拍照、记录、上传，确保幼儿园时时处处干净、整洁、安全无死角。

1 | 2

1—2 白手套行动，我们在路上！每当“白手套”督查小队穿上三色队服，备好记录本，戴上白手套，所有的班级都会严阵以待，以严谨的态度对待班级卫生的每一个死角。对自己的要求再高一些，对自己再“狠”一些，才会让幼儿园的环境再洁净一些，让幼儿的活动环境再安心一些。

“金牌班长”行动计划

安全检查每一个单位都会有，可安全事故依然在不同行业频发，幼儿园也是如此。

一个牛奶易拉罐因为罐口未处理割伤了孩子的手指，一碗热汤烫伤了孩子的手臂，一扇门压伤了孩子的手，一次户外攀爬因为没有垫上体操垫导致孩子身体受伤，一次传染病让全班甚至全园停课……

是我们没有安全制度吗？

是我们没有安全检查吗？

还是我们没有真正从内心敬畏它、识别它、预防它？

我想，更多是后者吧。

幼儿园安全，重在敬畏、重在识别、重在预防！

“金牌班长”行动计划由此而来：

第一，观看电影《金牌班长》。

第二，头脑风暴：幼儿园的安全重要吗？可能会有哪些隐患？谁是责任人？怎么解决？

第三，“金牌班长”系列活动：每周一次的幼儿自我服务活动，每 2 周一次的“金牌班长”行动日，每 2 周一次的家长安全平台活动，每学期一次的幼儿安全教育月、消防演练、地震逃生演练、防拐演练、各类常见传染性疾病和意外事件的应急处理演练等。

第四，每学期末评选出“金牌班长”，并纳入年度的绩效考核加分。

金牌班长，用故事打动人、用情感激励人、用标准规范人、用流程调控人、用荣誉鼓舞人。

3

3 教师们在集中观看电影《金牌班长》。在观影中学习白国周班长“班组管理法”的精华部分，深化安全第一的工作理念，强化安全意识。

4—7 幼儿园始终将幼儿的生命安全和促进幼儿健康的工作放在首位，每学年都会组织一系列的安全宣讲、安全演练、安全教育活动，包含交通安全、地震预演、消防安全、防爆防拐防溺水等多个方面，让幼儿从小树立强烈的安全意识。

4
5 | 6
7

24 小时红箭头

在海马家园，如果你随意走上一圈，会发现很多醒目的红色箭头。

消防栓门侧、起始台阶、电源插座、各种电器或尖锐的物品、教师的茶杯，还有食堂库房的玻璃门、临期食品盒、留样冰箱、刀具、电梯、开水间等，目光所及之处，都有一道红色的箭头。

顺着红箭头的指向，我们会看到消防栓的玻璃门上清晰呈现出来的消防检查日志、电器使用流程、电源操作保护盒、临期食品使用记录、电梯操作流程、24 小时和 48 小时食品留样记录以及各种安全提示的标识。

这就是海马家园的 24 小时红箭头行动。

红箭头一，把全园每一个可能会有安全隐患的重点区域或物品，用红色箭头指向标注，重在让责任人重点关注，也提醒所有幼儿和教师注意。

红箭头二，在每周的“白手套”或“金牌班长”行动中，如果发现安全隐患或有待整改的环境，红色箭头则代表了 24 小时的整改计划指令标识，24 小时后问题得以解决则红箭头被回收，若未解决则纳入月绩效考核。

红箭头是关注，是引导，是警示，也是行动支持。

8

8 “海马突击队”在全园巡查时，所到之处如发现损坏的地方，都会贴上一个醒目的红箭头，提示负责人重点关注，也提醒幼儿和教师注意安全。

不可逾越的规定

在海马家园月绩效考核方案中，敬畏、识别、预防安全事故的发生与月考核的“工作态度奖”“安全工作奖”“工作质量奖”相关联。

“工作态度奖”的评选要求明确列出了与教师师德、工作态度相关的规定，重在帮助教职工时时刻刻树立对安全教育与安全生产的敬畏之心。

一、工作态度考核细则：

……

7. 有体罚或变相体罚幼儿现象，经核实后不享受当月考核奖，情节严重者年度考核为不合格。

8. 因工作失职造成不良影响者（上级部门投诉），经核实后不享受当月考核奖；情节严重者年度考核不合格；未造成不良影响者扣除当月工作态度20分。

9. 年度家长评议满意率达95%及以上，享受年度家长满意奖。年度家长评议不满意率达10%，不参加当年度任何评优；不满意率达20%，年度考核为基本合格。

……

“安全工作奖”的评选要求对厨师、配厨、教师、电教老师、保育员、门卫等岗位的重点安全环节给出了具体界定，重在提醒教职工对本岗位关键时刻的安全问题预防与识别。

三、安全工作考核细则：

……

5. 食堂因工作疏忽未及时关闭水、电、气等现象，班组长、当日主厨或面点师扣20分，当日搭班配厨扣10分；若造成安全事故、设备损坏或不良影响者，班组长及操作者不享受月考核奖，学期安全考核分全扣；情节严重者年度考核为不合格。

6. 食堂因食品卫生不达标、操作流程不规范等原因造成的食品安全事故和不良影响，班组长、当日值班人员或清洗配厨不享受月考核奖，学期安全考核分全扣。若造成重大食品安全事故，年度考核不合格。

7. 在日常工作中，教师私下将幼儿信息、园所各类资料进行传播或外泄，经查实后传播教师扣当月考核20分。在公众平台发布不当言论者，造成不良影响，不享受月考核奖，学期安全考核分全扣。

……

“工作质量奖”的评选要求将安全教育或安全生产的具体细则列入了26个岗位的月考核细则中，重在对每一个岗位给出更精准细致的安全识别与指导，正面引导每一个岗位的教职工时时事事心系安全。

保健教师工作考核细则

项目	权重	内容	考核依据	负责部门	自评	组评
……	……					
卫生保健	……					
安全工作	2分/项	做好节前节后、每日、每周、每月校园安全各项排查工作，按时上报安全隐患并及时完成整改。	检查记录	总务处		
	2分/项	每月对接好第三方消防、电力安全检查，并做好整改工作。	检查记录			
	2分/项	每学期结合实际情况修订各类安全应急预案。	检查记录			
	2分/项	指导各班及时完成安全教育平台作业，认真开展各类安全专题活动，完成率达100%。	检查记录			
	2分/项	每学期开学前按时完成幼儿园各岗位安全责任书签订及新生家长安全守则签订。	检查记录			
	2分/项	每学期开展至少一次师生法制教育活动并完成上报工作。	检查记录			
	2分/项	每月在安全橱窗和幼儿园官网发布2篇安全知识。	检查记录			
	2分/项	每月至少开展1次保安人员业务培训。	检查记录			
	2分/项	每学期开展与教育教学相关的特色安全活动周2次，消防演习活动2次，教职工讲座1次。	活动材料			
食堂管理	……					
6S管理	……					
总分	40分			实得分		

在海马家园，我们借助“白手套”“金牌班长”和“24小时红箭头”，将安全“天条”深刻印在每一位教师的心里，以一种正面激励、点燃内驱力的方式来帮教师树立安全无小事的意识，让教师在一次次班级团队荣耀获得的过程中逐渐习得敏锐的观察力、预判风险的能力与规避风险的效力。

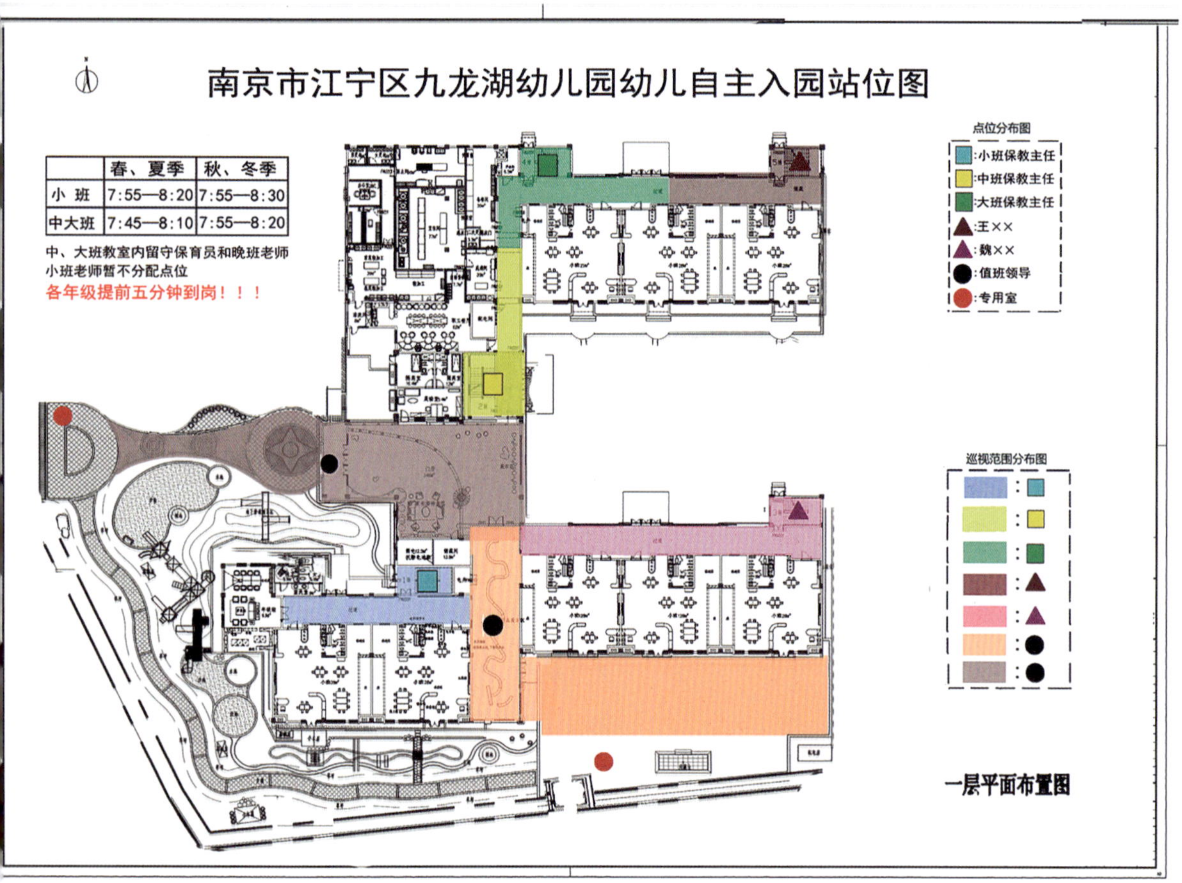

9

9 伴着悦耳的园歌，幼儿背上小书包，和爸爸妈妈挥手说再见，自己走进幼儿园。而在幼儿入园前，教师早早地就位。教师对应幼儿自主入园站位图，按照颜色明确自己的巡视空间，并一对一找到自己的点位站好。在楼梯口、大门口、偏僻的角落处、公共通道等易被忽略的地点站岗，时刻守护幼儿的安全。一路上，幼儿可以走自己的路，做自在的自己。

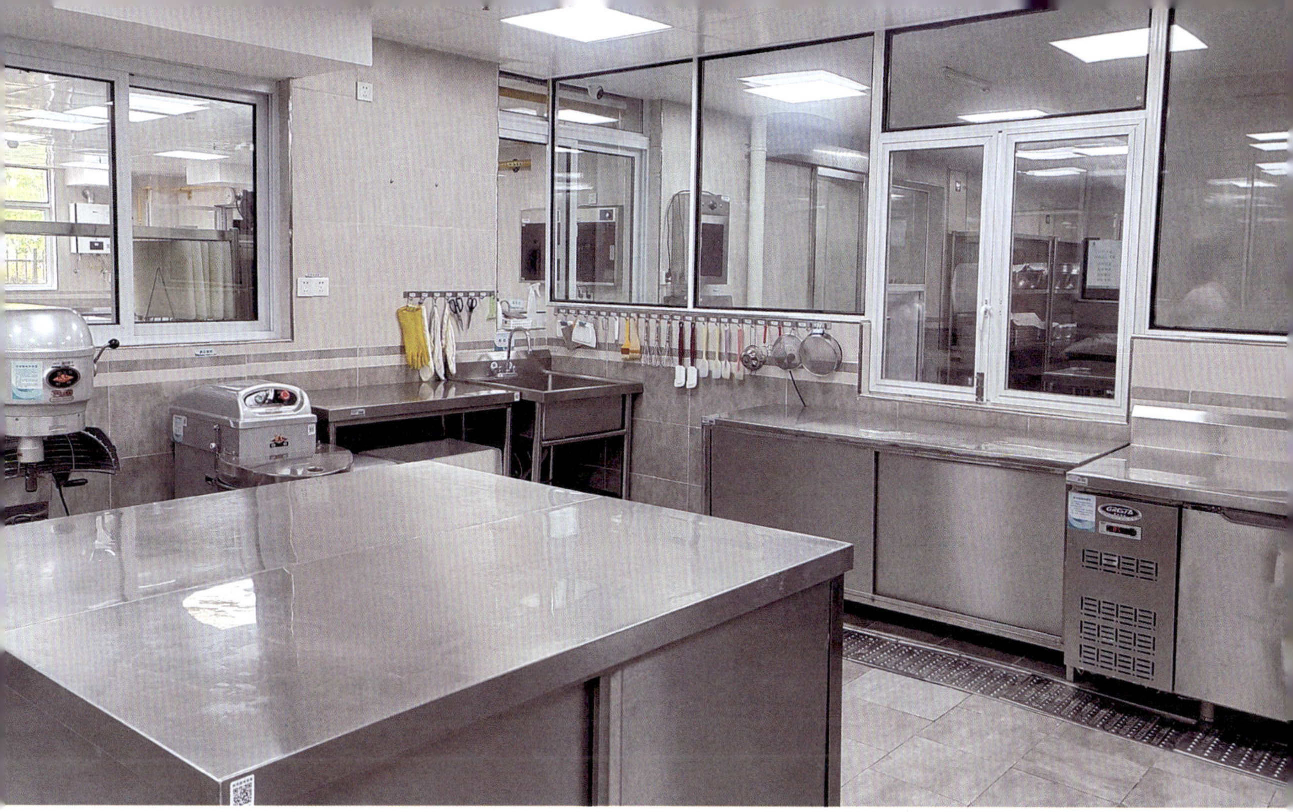

“食”之有味

3—6岁幼儿正处于生长发育的重要阶段，让幼儿“食”之安全、“食”之营养、“食”之有味，是每一所幼儿园厨房里的大事。

第一次做园长时，对食堂管理一窍不通。

近百平方米的食堂被实墙硬生生分割成了一个个小间，粗加工、荤菜加工、蔬菜加工、操作间、面点间、备餐间、洗消间、一更二更、库房等，虽然一应俱全，可每一间都狭小局促，布局完设施设备后，厨房的师傅们端个大筐、推个餐车都得要小心避让。管理更是靠喊，一嗓门喊出去，师傅们才能冒出脑袋、搭个手。

这样的食堂管理怎有“高效”可言？

怎样实现对食品安全、营养、味道的管理与监控？

让“味道”看得见

在海马家园食堂建设过程中，我和厨师、保健医生、安全主任反复推敲，并在报送食品监督所审议后最终确定出厨房布局设计的4条重要原则。

可视化。食堂内部结构 1.1 米以下为实墙体贴瓷砖，1.1 米以上部分为铝合金玻璃隔断，且操作间四周隔断为消防防火玻璃或实墙。这样即使我们站在洗消间，也可将粗细加工间、备餐间、面点间或库房的工作内容与秩序尽收眼底。

区域化。根据厨房实际操作的便捷性和食品操作规范，我们将食堂的布局进行了部分功能合并，形成区域化操作功能间。如将粗细加工间合并为一个近 40 平方米的大区域，通过设置动线流程优化粗细加工区的工作衔接，极大地提高了配厨们的团队工作效能。

动线合理。所谓动线合理有两层含义：一是必须符合“生进熟出”不走回头路的规范；二是根据食堂每一个操作流程与厨房工作人员的配置情况，合理设置工作流程与动线。尤其各个区域的水位、电位的预留点位，更是动线是否合理的重要决定因素。

明厨亮灶。明厨亮灶最好的设置点位一般在公共通道处，无论幼儿、教师或是家长，只要经过通道就能清晰看见食堂所有操作流程。

让“味道”看得见，对内管理实现互助、节能、高效，对外管理实现公开、透明、增信。

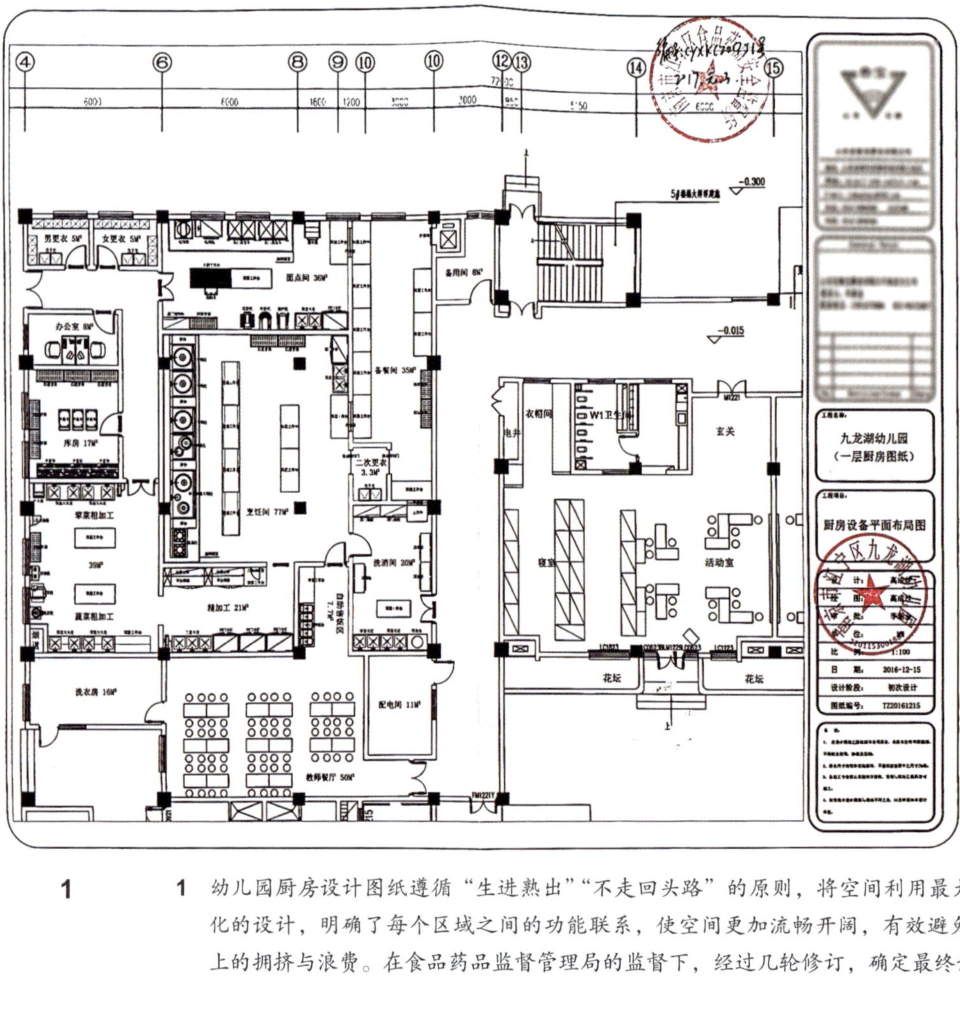

1

1 幼儿园厨房设计图纸遵循“生进熟出”“不走回头路”的原则，将空间利用最大化。可视化的设计，明确了每个区域之间的功能联系，使空间更加流畅开阔，有效避免区域空间上的拥挤与浪费。在食品药品监督管理局的监督下，经过几轮修订，确定最终设计。

2 教师会对幼儿每天用的餐盘与汤桶在经过消毒柜的高温杀菌消毒后，进行数量清点检查，按照班级序号整齐地放置在架子上，上面盖上干净的白纱布，等待第二天的美味。

3 在食材下锅之前，需按照“四色筐”的食材四步操作流程规范进行预处理。红色筐验菜——在幼儿园大门口验菜称重后进红色筐；蓝色筐出菜——蔬菜拣择去泥去根后进蓝色筐；绿色筐洗菜——蔬菜清洗干净进绿色筐，可上操作台面；白色筐净菜——蔬菜切丝、切片后进白色筐，可进行烹饪。

4 一根不锈钢管，配上一些S弯钩，蔬菜专用的剪刀、削皮刀、刷子等工具统一悬挂在一起。

5 细化厨房空间，从全面的视角进行责任分配，每位厨房工作人员都有自己的“一亩三分田”，明确自己的职责同时也能够建立更加紧密的合作动力。

6 幼儿园厨房内设24小时无死角摄像头，公共通道处的显示屏可随时查看食品的加工流程和过程。墙上还粘贴着食品安全健康公示以及食品安全等级报告。让幼儿吃得安心是本分，为幼儿健康成长是本心。

2

3 4

5

6

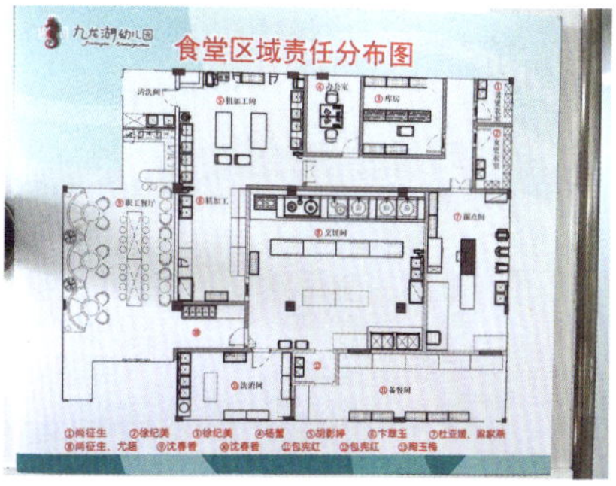

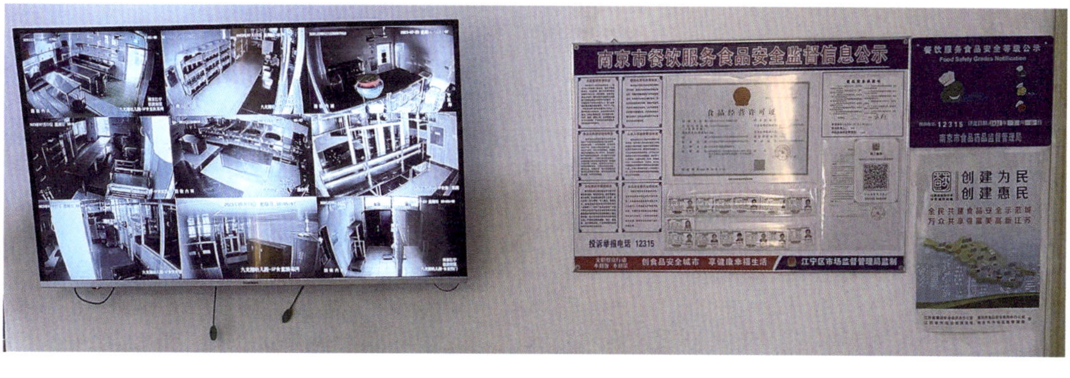

“入库五步曲”和“出库五步曲”

库房进出库管理是食堂管理中非常重要的一项工作，也是食品安全的基础与保障。

在食品进出库的管理流程设置中，我们将入库与出库列为“红箭头”重点监控环节，根据食品安全管理规范，整理出“入库五步曲”和“出库五步曲”。

入库五步曲

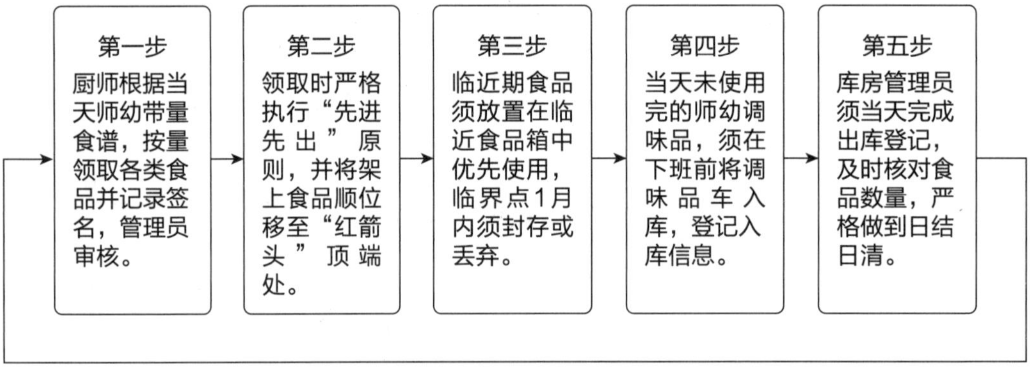

食品上架标准

玻璃或食用塑料瓶装食品可直接上架，其余须入带盖透明纳物箱；主食离地 30 厘米，离墙 15 厘米，已拆开主食须入带盖透明纳物箱；食品添加剂严格遵守国家标准与规范，且须放置于不锈钢盒，加锁，专人管理。

出库五步曲

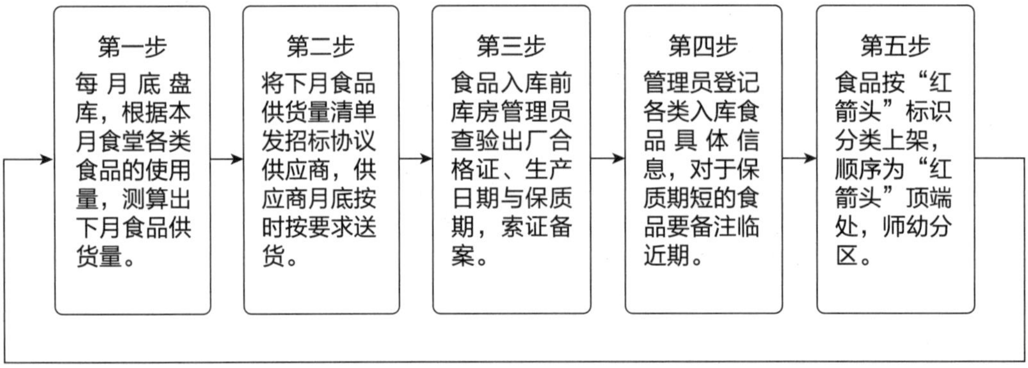

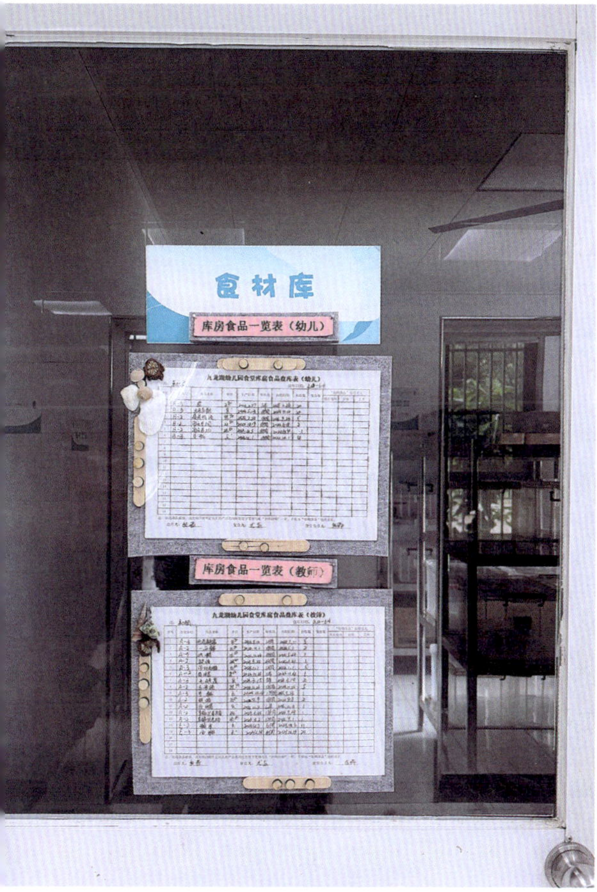

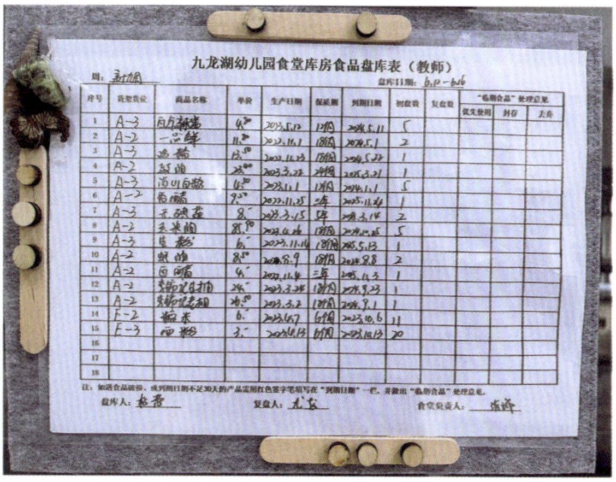

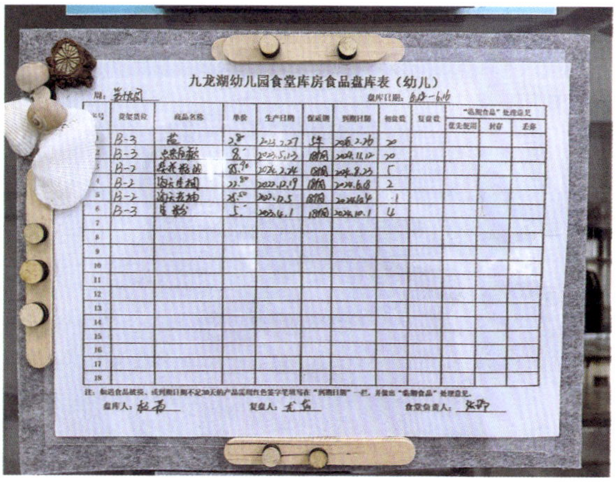

7—9 为更好地保证食材的供应与健康品质，幼儿园始终坚持“精耕细作供应链”，将采买食材按照“入库五步曲”进行入库，细化到品类、单价、时间、数量、生产保质日期等，直接打通了从产地到幼儿餐桌上的流通环节。同时，将登记表贴在门上，让管理库房和领取物品的厨房人员在每次进出时，随时都能看到库里物品的数量和期限，人人都可监管监控库房物品，实现真正的可视化管理。

7 | 8 / 9

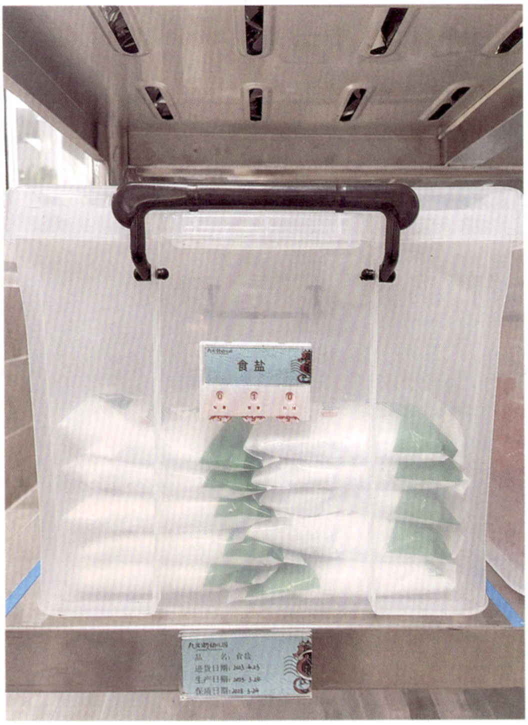

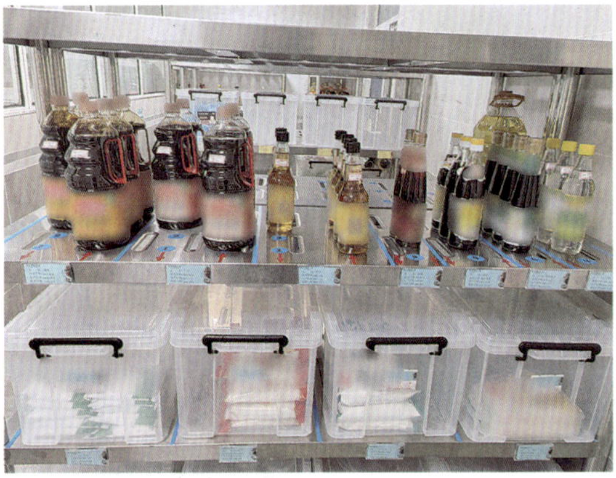

10 | 11
12

10—12 幼儿园厨房仓库的货架完全可以媲美超市。每一个货架都干净无尘，每一瓶调料都按照标识定点定位，每一样食材都妥善放在相应的储物箱中，每一种食材都能够直截了当地看到数量与存储日期。货架上标注的蓝色数字既代表物品数量，同时也代表生产日期的先后。厨师拿取时会根据从后往前的规律，这样就可以保证日期的新鲜度，新进物品也会根据这个规律依次存放。

“双箭头”特殊身份标识

在海马家园，为确保各类食品新鲜、安全，我们按周采购各类食品入库，尽可能地缩短保存期。

有的食品本身保质期就很短，需要食堂管理者严格监控这类食品的入库与出库流程。经过反复操作实践，我们为入库食品设置了专门的“双箭头”特殊身份标识，红箭头朝里为入库，红箭头朝外为出库，所有食品上架时遵循“先进先出”的原则，以便于管理者每天都能快速识别并监控管理。

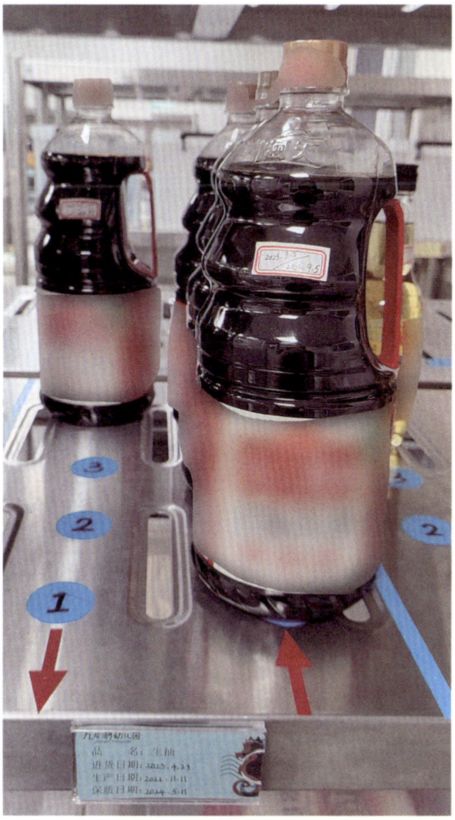

13 | 14

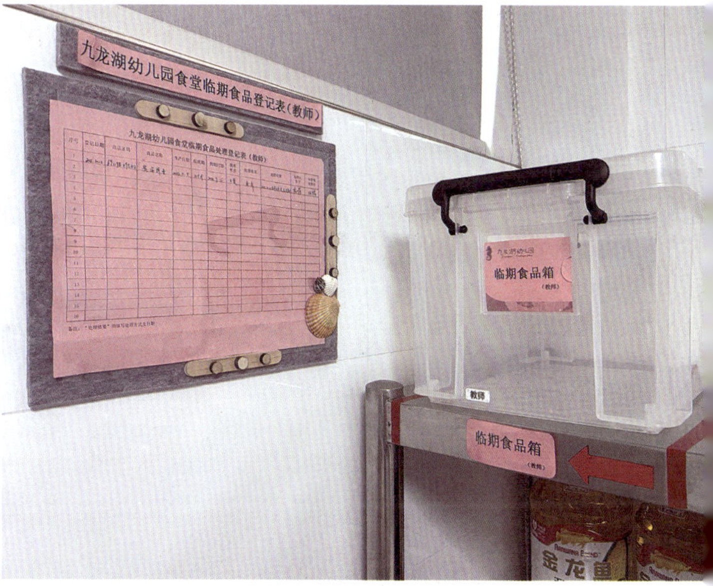

13 货架上粘贴着双向的箭头，往货架里指向的箭头代表后期新进日期的食材，往货架外指向的箭头代表之前日期的食材。日期越新，下方数字越大，厨房工作人员会拿取数字最小的食材。

14 为关爱幼儿和教师的身体健康，我们的食堂按周采购缩短保存期，并有专门的“临期食品箱”，用双色红箭头提示食堂人员对临期产品进行快速识别和监控管理。

横空出世的食堂安全神器

在海马家园，我们起初对食堂管理的目标是“保持永远干爽的地面”。

可现实却恰恰相反，师傅们围着皮围裙、戴着胶手套、穿着胶靴，在各个功能间繁忙清洗搬运着一筐筐蔬菜、肉类、海产品、水果等食材。若是你在这个时候进入食堂，那必须得要上演提着裤脚、踮着脚尖，小心翼翼垫步而行的剧目，否则等待你的可能是湿漉漉和突如其来的滑跟头。

永远干爽，意味着时时处处没有水渍，这可真是个大难题。

带着这个问题，食堂的师傅们开始了精细化管理的探索与尝试。“货架接水神器”“台面暗流槽”“移动的厨余垃圾小推车”横空出世，有效解决了水漫食堂的老大难问题，大大降低了湿滑地面频繁搬重物走动时的安全隐患。

海马家园的食堂，一个有趣、神奇的空间。

15 | 16

17

15—17 之前的厨房地面总是湿答答的，打扫起来麻烦又有安全隐患，我们结合丰富的生活经验与细致的观察，发明了三样厨房工作神器！

① 移动的厨余垃圾小推车。厨房操作台使用频率最高，负责择、洗、配、切等流程。在这个过程中，操作台上会产生很多水渍、碎叶、碎渣。厨师们在移动的桶上套上垃圾袋，上方放置一个沥水篮，将残渣用刮板刮进篮子中，水也就自然地沥到垃圾袋中了，同时实现了干湿分离的垃圾分类。

② 台面暗流槽。高频率使用的台面积水很多，在台面周围加上不锈钢挡水条，仿照家用水槽接上下水口，废水便会顺着管道直接流到下水道中。

③ 货架接水神器。传统货架的每层镂空，可供餐盘沥水，但滴滴答答往下滴总会打湿地面。定制对应大小的托盘，厨房工作人员可随时倒掉积水。

给会议减负

每个人的时间都很珍贵，拒绝无效会议！

谈起会议，一百个人大概有一百种感触吧！

期待、欢喜、紧张、无聊、烦恼、焦虑、成就感、无力感、倾心参与、无所事事……

会议的烦恼

无论是管理者还是团队成员，免不了要参加各种会议。

以幼儿园为例，年度规划审议会议、学期总结会议、中层管理者周会、班主任周会、安全周会、教师业务学习会、保育员学习会、教研活动会议、课题研讨会议、年级组会议、学期家委会、班级家长会等，仅仅是罗列起来就大费脑筋。但会议却是必不可少的工作方式。用得好赋能，用得不好负能！

管理的第一步就是问题诊断。什么样的会议会负能呢？细细梳理下来，我们发现导致会议负能的原因无非有以下几种：

1. 会议前不清楚会议主题，没有思考或准备，效能感弱。
2. 会议大多为一言堂，被动参与或互动，自我价值感弱。
3. 会议没有监控机制，拖沓冗长，沉闷无趣，消磨时间。

正是因为以上几种原因，人们时常一谈到会议，就感到很累。

哪些是必要的会议

幼儿园因其保教性质与特点，要实现所有的会议必须在教师们有限的 8 小时工作时间内完成，就必须提升会议的效能，否则就会影响正常保教工作运转。

但很多中层管理者并不真正了解 8 小时这个数字对于幼儿园管理的意义，更不会使用数字让自己的管理精细化，来提升团队的会议效能。

8 年的业务副园长生涯让我必须反思如何产生最大化管理效益，在接手行政园长后，我的变革之一就是：让会议赋能。

经过中层管理团队的讨论与审议，最终我们生成了一张海马家园的会议表格。

管理就是指出目标与方向，一位优秀的管理者一定会善用数字来提高执行力，在有限的会议时间里提升所有人的自我价值感与效能。

九龙湖幼儿园教育集团会议安排一览表

（2023.02——2023.07）

序号	会议主题	周期	时长	地点	负责部门	参加人员
01	幼教集团务虚会（暑期）	一年一次	3 天	园外	园长室	集团中层及以上
……	……					
03	全体教职工会议	每月一次	2 小时	多功能大厅	师培部	幼儿园全体教职工
……	……					
10	日教研	每日一次	30 分钟	各班级	保教部	配班教师、保育教师
……						

会议流程与标准：

1. 提前 5 分钟进入会场，准时参加会议，有特殊情况需提前向主持人请假报备；
2. 会议负责人提前 3 天审核会议内容，严格按照会议时间执行，不超时，不做与会议无关事项；
3. 遵守会场礼仪，不迟到、不早退，不做与会议无关的事情，手机处于关闭或振动状态，不随意接听手机；
4. 认真听会，与会时带好相关会议记录本做会议记录，记录须翔实，格式符合幼教集团文本格式规范，会议记录当天完成；
5. 会议结束后 3 天内完成电子资料、纸质资料整理。

6 招赋能高效会议

如何拒绝无效会议？追根溯源我们提出了“6 招赋能高效会议”。

第 1 招：数字化精细管理法

不同类型的会议匹配不同时间，每一种会议定部门、定内容、定人、定时、定量。

海马家园一个年度有 23 种类型的会议，而这二十多种会议不外乎分为 4 类。

一类是以学期或学年为周期的会议，如年度规划审议会、学期工作会、教职工代表大会、家委会等；

一类是以月为单位周期的会议，如每月一次的月中层例会，全园教职工会议等；

一类是以周为单位周期的会议，如班主任周例会、年级组长教研会、各类业务学习会、安全卫生检查会等；

一类是以日为单位周期的会议，如班级日教研会等。

譬如：

每年暑假的年度规划审议会议，其责任部门是园长室；内容是总结本年度工作，对照五年规划拟定下一个年度的工作目标、重点与内容，或修订审议规划中的某项目标或制度规范等；责任人是每一位参会的中层管理者；而时间则为 2 小时。

全园教职工会议，责任部门为办公室；内容为：美好时刻、总结上月工作、部署下月工作和海马家园的“家风会客厅”活动；责任人为业务副园长和家风会客厅的所有成员；总时长为 1.5 小时，前三项各 10 分钟，最后一项“家风会客厅”时长 1 小时。

以周为单位的会议，时长限定为 1 小时，责任人为各负责部门的中层管理者，会议要求：直指目标，讲内容、讲流程、讲方法、讲困惑。

而以日为单位的班级日教研，时长严格控制在半小时，且是在幼儿离园后的半小时，责任人为班主任，实行轮值主持制。

第 2 招：会前准备是关键

会议效能如何，非常关键的一点是会前准备。

受会议内容、频率、责任部门、时长等因素影响，每一类型的会议准备时长也不相同。

比如：学期总结会准备时间为提前一周；全园教职工会议因每个月“家风会客厅”的主题不同，轮值责任部门不同，还会经历策划、讨论、定稿、分工、彩排、正式活动等一系列过程，故准备期为两周；各类教研会议视内容难易程度准备时间为 1—3 天；每天的班级日教研则是根据当天的观察记录与反思日志进行研讨与计划。

会前准备，看似是准备，实则是管理者发现问题、诊断问题、寻求解决办法的过程；是管理者与团队的信息交流碰撞过程；也是创建良性交流通道，建立团队情感与集体精神的过程。

第 3 招：疑难杂症头脑风暴

任何会议总会遇到一些疑难杂症。

比如幼儿园规划与计划的审议、某个活动策划方案的审议、问题教研、课程审议、课题研究、评优评先等重要或敏感问题的会议。

传统的会议最常见的方法便是谁发起谁拍板，话语权一般在会议的负责人身上。但恰恰是这种"一言堂"会议，造就了大家对会议、沉闷、无序、无聊、焦虑、无力感、无所事事、效率低下等感受。

怎样改变与突破？头脑风暴法。比尔·盖茨说：小成功靠个人，大成功靠团队。管理者要善于把疑难杂症抛给参会者，充分尊重每一位团队成员，也充分信任大家的智慧。

首先，明确会议讨论的具体问题，问题越具体，头脑风暴的指向性越强。

其次，头脑风暴发起者或管理者切记不要做"第一"发言者，要给团队成员充分的独立思考与表达的机会。

最后，对于讨论过程中的不同声音要能专注倾听，不急于否定，不立马批评，做个接球与抛球的高手，往往会有出其不意的效果。

第 4 招：善用思维导图工具

思维导图是一种发散结构的可视化思考工具，可以直观地用来表示或勾勒信息，让我们更快更好地组织和理解信息。将思维导图运用到会议管理中，生动、直观、高效而便捷。制订计划、讨论话题、分享经验、展示交流、记录笔记等，都能运用思维导图，在最快最短的时间内帮与会者记忆并理解。

在海马家园，我们每学期给每一位教职工配备了一本素描本和一盒彩色笔，鼓励教师将日常的观察、发现、问题、反思等用思维导图的方式记录下来，如每日的班级日教研，三位教师一定会翻开自己的海马日志本，边看边分享反思。

教研会议中，思维导图运用的场景会更多，小组讨论、大组分享、世界咖啡等。

思维导图，一个有趣又实用的会议效能管理工具。

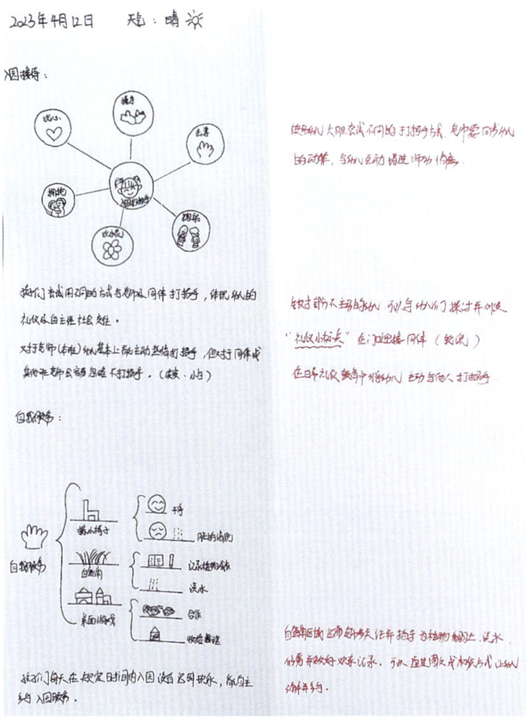

1
2 | 3

1—3 “思维导图”摇身一变，从概念性架构变为了幼儿和教师经常使用的思维工具。幼儿人手一本亲湖记录本，在每天的自由记录时间，他们都会用思维小地图将自己的想法可视化，记录自己的工作计划、情绪、值日生工作、昨日发现、与好朋友的交往等。教师则会在教研和课程展示活动时，通过思维小地图的方式将思考的内容表达出来，使得思维互动更加直观而丰富，减少了冗长的文字表述，呈现了清晰可辨的思维图示，教师的研讨效率也极大提升。

第 5 招：启动会议轮值制度

华为轮值董事长制度培育了一批卓越的管理者，这些管理者不仅成了华为的精神领袖，还将华为的企业文化代代相传，印刻在每一位华为人的心里。

同样，在我们海马家园的会议制度中，也启用了会议轮值制度。

比如不同类型的会议轮值责任部门与责任人；同一类会议轮值主持；同一主题会议轮值主持，等等。

这种轮值负责制，是信任与授权，是鼓励与支持，更是激励与榜样！

九龙湖幼儿园教育集团会议轮值安排表

（2023.02—2023.07）

类别：园务周例会

序号	周次	主持人	场地	时间控制员	噪声控制员	会议记录员（电子）	会议记录员（文本）
1							
2							
3							
……							

会议流程与标准：

1. 提前 5 分钟进入会场，准时参加会议，有特殊情况需提前向主持人请假报备；
2. 各部门总结发言 5 分钟，保教部 10 分钟。顺序按照保教部、教科研部、师培部、家园部、党工团人事部、总务部、安全 6S 部、卫生保健部、财务部依次汇报；
3. 先进行上周工作总结，再进行本周工作安排，部门重点工作提炼为 1—2 条详细汇报；
4. 重大事件或疑难问题，须在会前拿出方案进行现场讨论；
5. 主持人做好整场会议的安排，及时记录重点工作，最后进行汇总发言；
6. 会议记录需在周一下班前完成并发至工作群，同时提交电子稿给电教室；
7. 时间控制员做好时间提醒，噪声控制员做好现场纪律维护。

九龙湖幼儿园教育集团值班领导制度

为进一步规范幼儿园各项工作，确保高质量开展保教工作，特拟定园务领导值班安排表。

值班时间：7：20—18：00，值班要求做到一日6巡等工作。（入园、上午活动、进餐、午睡起床、户外游戏、离园）

一、值班领导工作内容及时间安排：

◆ 7：20—7：55 全园安全、环境、卫生、人员到岗等检查巡视与指导；

◆ 7：55—8：30 入园环节巡视与指导；

◆ 8：30—11：00 上午活动巡视与指导；

◆ 11：00—12：00 午餐环节巡视与指导；

◆ 12：00—14：30 午睡、起床巡视与指导；

◆ 14：30—15：10 户外游戏巡视与指导；

◆ 15：10—15：50 自主处理事务性工作；

◆ 15：50—16：20 离园环节巡视与指导；

◆ 16：20—18：00 全园安全、环境、卫生、水电检查，完成园务日志填写。

二、值班领导工作要求：

1. 准时到岗，不迟到；

2. 明确每个时间段的重点内容；

3. 善于发现工作中的优点和不足，及时与责任人反馈沟通，用照片（视频）的方式在工作群进行分享交流；

4. 对发现的问题做到及时反应、过程监督、结果检查，确保能第一时间整改到位；

5. 做好本职工作的同时，有全局意识，及时处理力所能及的突发问题，不推诿。

三、每学期值班领导安排表：

幼儿园门	周一	周二	周三	周四	周五	备注
西门	孔 ××	郭 ××	袁 ××	吴 ××	田 ××	
南门	田 ××	许 ××	林 ××	吕 ××	朱 ××	

备注：1. 园务日志单周由西门值班领导填写，双周由南门值班领导填写；

2. 如当天值班有困难，请自己主动协调其他园务领导替换。

南京市江宁区九龙湖幼儿园教育集团

2023年7月24日

第 6 招：巧用会议监控机制

任何管理都离不开监控，有效的监控机制才能产生高效能的会议。

海马家园 5 年会议管理改革以来，我们不断丰富、完善会议监控机制。在会议过程中设置了主持人、时间控制员、噪声控制员、效能控制员和会议记录员等。

时间控制员会为每一位发言者设定倒计时闹钟，及时提醒发言者控制自己的发言时间，这样不仅提高了会议的有效性，更锻炼了每一位发言者的思考力与表达力。

噪声控制员，说来更有趣，每次涉及重要或敏感会议时，进入会场的第一个流程，便是在噪声控制员的引导下，大家有序地把手机放入会场中的“手机家”中。

效能控制员则会及时记录、提炼会议重点，对于影响会议的一些意外事件，第一时间给予“教育成长基金”的特殊奖励。

每个人的时间都很珍贵，给会议减负，为工作赋能，是每一位管理者的责任与使命。

4

4 “手机之家”让干扰我们学习和会议的宝贝们有了一个家，让我们可以在安静、安心的环境中更加高效地学习与工作。

三天“归档”记

档案是幼儿园一项日常管理工作，更是每次活动过程的一部分。

幼儿园档案管理烦恼可不少，常见的现象有 3 种：

第一种，放假前的最后一周，每个部门、每个班出来部分老师，大家突击收集资料、整理资料、装订资料、归档入柜；

第二种，一学期一整理，很多过程性资料缺失或遗漏，便出现一边找老师突击补资料，一边收集整理；

第三种，临近放假，老师们的心早就飞走了，资料的整理、目录的撰写、装订、入柜，潦潦草草、频频出错。

试问，这样的档案管理有何意义？

档案管理的价值又为何？

“归档”是活动过程的一部分

出现一学期突击归档现象，说到底是对档案管理的价值认识不够清晰。

档案见证了一所幼儿园的文化发展与传承，见证了孩子和教师们成长的过程，是下一步教育目标的起始点。

在海马家园，我们提出：档案是教育活动过程的一部分。

因此，档案管理一定要**重在平时，重在真实，重在实时**。

重在平时，意味着必须把归档工作纳入每一次活动中，作为活动的一个部分；

重在真实，意味着每一份材料的收集整理必须严谨、真实，体现过程性内容；

重在实时，意味着档案随活动结束自然完成，是一个活动的最后标志性动作。

“三天归档”行动

在海马家园，我们提出“三天归档”。

三天归档，是指任何一个活动结束后三天完成所有资料的收集整理、装订归档、编辑入柜，包括电子文件和纸质档案 2 类。

档案管理的原则：精、准、细、简。

精即所有资料要精练，能体现活动的目标与重点；

准即准确表达，量化的数字准确无误；

细即资料的整理编辑要做到细致、细心；

简即一目了然，便于收纳、便于查阅、便于管理。

1 活动后三天内所有资料都会按要求进行整理和归档。教师成长手册、各类证书等需要按册存放的资料会根据类别用文件夹收纳，对应内容标签便可轻松查阅。 1

档案管理的标准与流程

1. 档案管理总要求：

按活动整理、按学期装订、按年度归档、按色彩管理。

2. 活动整理标准：

活动前——活动方案，审议、记录；活动中——过程性表格、资料、记录、讨论，以及活动照片或视频；活动后——总结或反思、活动报道、资料整理。

3. 学期装订标准：

（1）一学期一装订，重要活动或重大活动按一个活动单元装订成册，如家风会客厅师德活动、问题教研、课题结题等；

（2）装订流程：封面—目录—内容—标识。

4. 学年归档标准：

（1）以年度归档，按序入柜；

（2）除长期档案外，其余档案资料保存期三年，三年后按档案销毁规范处理；

（3）依据视觉优先效应，档案柜中部区域为近一年档案资料，下部区域为近两年档案资料，最上部区域为近三年档案资料。

5. 色彩管理四步曲：

第一步：按省优质园评估标准，五大块档案内容分别对应五种颜色管理标识；

第二步：入柜的档案盒正标、侧标和柜子里外的分类标签必须统一颜色标识；

第三步：入柜后的资料盒实行编号和斜线管理法，同时统一目视化颜色标识；

第四步：每本档案资料内的快速查阅导引标识，须按目录顺序对应颜色标识。

2

2 新生入园手册、园刊和各类文化制度集的收纳，会选用统一颜色和材质的竹筐进行分类摆放，每一类物品设计一张“小小身份卡”便于查阅者对应查看。

3 | 4
5

3 文件盒上除了颜色和字体统一的正标和侧标，还巧用斜线自下而上的管理方法，让查阅者可以准确地将盒子按照斜线的方向对齐摆放。

4 档案管理是一项严肃而严谨的工作，档案管理员将钥匙做好了对应的文字标签，确保使用时准确查找各类档案，并对资料柜的钥匙实行统一保管、使用须登记原则。

5 打开文件柜，映入眼帘的除了整齐存放的文件盒，还有每一层沿柜边张贴的图标。清晰地呈现出文件类别和时间，查阅者可以根据所需快速找到相应的文件。

档案查阅说明

我园实行精细化管理，按照档案规范管理要求保存近三年的完整资料，资料归档遵循“精、准、细、简”原则，按学期装订、按年度归档、按年度编号、按色块管理。

1. 资料统一色块标识如下：

① 保教队伍——深蓝色；② 办园条件——淡黄色；③ 安全卫生——粉红色；④ 保教水平——淡蓝色；⑤管理绩效——橘黄色。

2. 根据查阅频率需求在资料柜中分区存放，用相应色块、编号和斜线方式进行标识：中柜存放 2023 年度资料、下柜存放 2022 年度资料、上柜存放 2021 年度资料。

3. 资料档案设置三级目录。

一级目录：材料目录（装订成册）；

二级目录：盒内目录；

三级目录：卷内目录。

4. 公用资料（手册、台账、证书原件类），以开放形式（竹筐、文件架等）呈现在桌面，材料目录中备注“另放”。

5. 重复资料摆放原则：根据该内容核心指向放相应版块，其他版块在材料目录中备注“见＊块＊盒”。

6. 资料内容较多者摆放原则：我园总园现有 24 个班级，当涉及每个班都需要提供同样内容、有大量资料重复汇总（如家长满意度调查、班级家长园地、班级备课……）的，我们提供 1 个班 / 年级组的资料装盒编号，其他相同内容放“备用柜”备查。

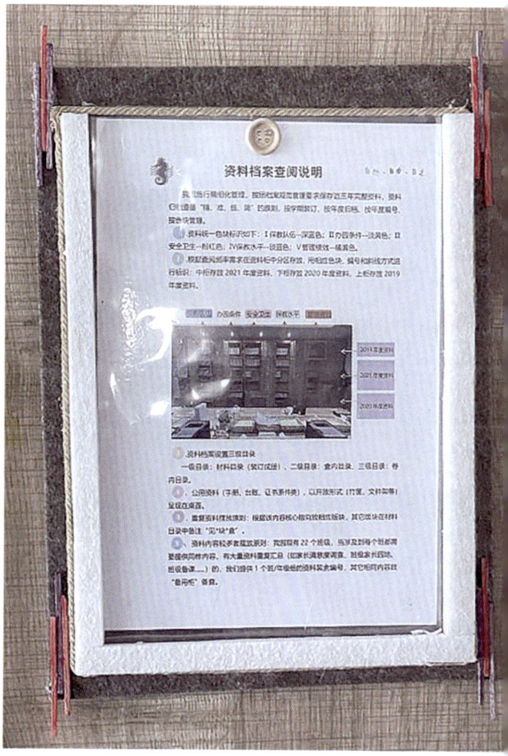

6　6 每一个档案柜的柜面上都张贴了一张“资料档案查阅说明”，使用者可以根据上面的信息快速而准确地查找到自己需要的资料。温馨而贴心的说明书，让查阅资料变得更加高效。

透过档案管理，我们看到的不仅仅是人财物的精细化管理过程，是保教行为习惯的养成过程，是集体思维方式共建共生的过程，更是一所幼儿园文化基因的点滴传承。

和平树
我怕被骂
妈妈，我真的很生气

第六章　跨界协作伙伴

跨界，将某一属性的事物，进行另一属性的运作。其本质是整合，是融合，是放大资源的价值。

今天，跨界已成为国际潮流的词语，跨界合作从传统到现代、从东方到西方、从硬件到软件、从有形到无形，跨界合作悄然潜入、无处不在，兼收并蓄、博采众长。

海马家园，一所面向未来教育的幼儿园。跨界合作是必然趋势，而最佳跨界协作伙伴非家长莫属。1000 位家长，1000 种家长资源，家长们年龄不同，个性不同，阅历不同，专业不同，能力也不同，没有优劣之分。为家长们创设跨界协作的实践机会，点燃协作伙伴的教育信仰，体验与幼儿一起成长的快乐。

首席合伙人

学校教育非常重要，但无论多么重要，都只是家庭教育的重要补充。——李镇西

“合伙人”一词最早出现在企业管理的法学概念之中，且有明确的责任与义务。

在海马家园，也有一批合伙人，且都是重量级的“首席合伙人”，他们就是海马家园的家委会主任们。

首席合伙人的特质

传统教育观念中，我们对“家长”角色定位的理解更多是支持者、参与者、合作者。随着教育改革的不断深入，作为孩子人生第一任老师的家长们的教育价值越来越被珍视。

合伙人便是海马家园赋予家长们的另一个特殊的身份标识。

合伙人，为实现共同目标，一起参与某一活动或共同工作的人。海马家园的合伙人，寓意着我们和家长们为了教育孩子这个共同的目标，共同投身到孩子的教育活动中来。

那么，海马家园首席合伙人有何不同的特质？

第一，首席，最尊的席位。为家长们服务的热忱、主动、向善，愿意牺牲小我为大家；

第二，首席，最专的席位。对幼儿园教育的学习、钻研、思考，能成为家长们的模范；

第三，首席，最高的席位。能带领家长们同努力、实践、提升，有智慧、有谋略、有担当。

首席合伙人，海马家园对家委会主任们的特别称谓与重要礼遇。

首席合伙人，幼儿园重大事件或活动的审议者与参与者；

首席合伙人，幼儿园管理过程中的监督者与支持引导者；

首席合伙人，幼儿园发展过程中的传播者与信仰追随者。

它表达了海马家园对家委会这一职能组织赋予的至高无上权利与责任，传递着海马家园独具魅力的“家文化”与“开放尊重自主”的价值观，追寻着海马家园追求美好教育生活的教育理想。

首届海马家园家委会的“三个奇迹”

首届总是难忘的，倒不仅仅是因为第一届的缘故。

海马家园的首届家委会，创造了三个绝无仅有的奇迹：

首届海马家园家委会，一个在尘土飞扬的工地上诞生出的组织。

首届海马家园家委会，一个在未开园就应邀竞聘选举出的组织。

首届海马家园家委会，一个在未开学就已正式开始履职的组织。

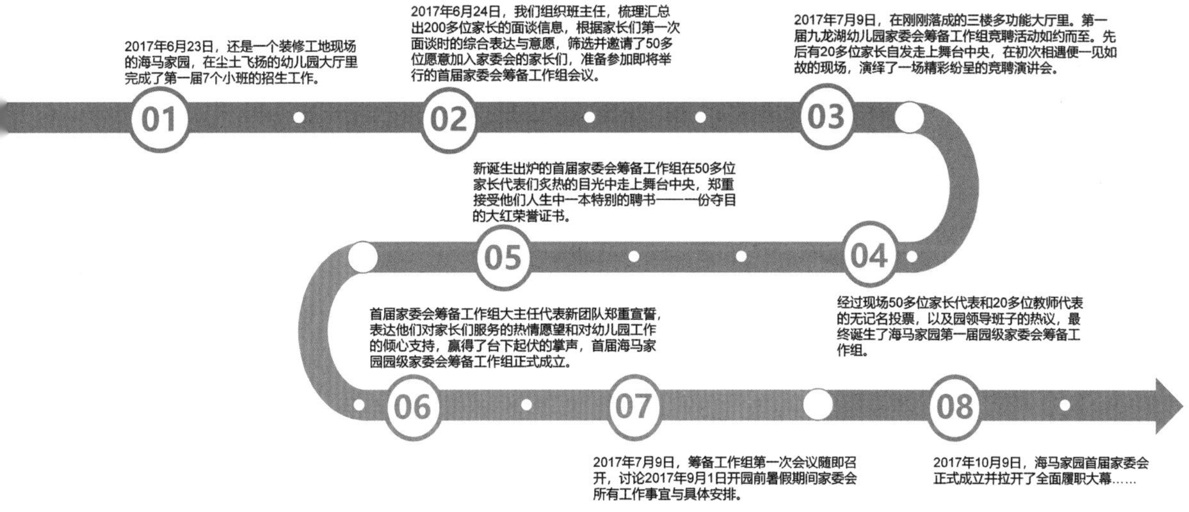

海马家园家委会诞生记

1 | 2
3

1 室外是尘土飞扬的幼儿园装修施工现场，室内是有着共同梦想与热情的首届家委会筹备工作组竞聘现场。在 50 多位家长的见证下，经过竞聘演讲、现场投票、评委审议等激烈角逐，贺女士成功当选首届家委会筹备工作组大主任并发表就职演讲。

2 独木难成林，百川聚江海。竞选现场的 50 多名家长不仅参与投票，还在各部长产生后，以现场招募的形式汇入海马家园家委会这个大家庭，成为各部门委员并正式履职。

3 大主任和秘书长均为海马家园家委会的核心成员，当他们接过园长颁发的聘书之时，肩上就多了一份信任、一份嘱托和一份沉甸甸的责任。

从家长们的大胆自荐和他荐，再到园级家委会竞聘的过五关斩六将，最终能斩获园级家委会大主任头衔的，一定是能承担全体家长代表和教师代表共同使命的承载者。

三个奇迹，铸就并打开了海马家园的教育信仰与责任使命。

“头狼效应”

“头狼效应”，实际上是一种榜样效应的体现。

在竞聘中脱颖而出的班级家委会主任们就是班级家长中的“头狼”，也是我们的首席合伙人，他们的价值在于：

第一，带领班级家长团队明确目标与方向，始终与班级目标保持一致。

第二，发挥榜样作用带领家长们快速行动，充分激发团队的合作精神。

第三，班级遇到困难能积极主动协调沟通，勇于架构家园间双向桥梁。

第四，成为幼儿园发展中的跨界协作伙伴，助推园所高质量开放办园。

在海马家园，我们为首席合伙人创设了一个个榜样效应的平台：每周家委会主任接待日、海马家园的一日志愿者活动、班级助教日、爸爸故事周、妈妈厨艺日、主题沙龙会、运动会、辩论赛、新年聚会、童话剧场、亲子圆圈舞、艺术节，等等。

活动前主任们一定会同老师们群策群力审议每一份活动计划，明确责任分工；活动中大主任们带头冲在最前线，他们担任裁判员、记分员、安全员、协调员、后勤保障员……最苦、最累、最脏的活儿总有他们的身影。活动后他们帮助老师组织幼儿和家长们一起收拾整理后才带着自己的孩子安然离开。

一位刚毕业幼儿的大主任爸爸在与我们分别时动情地说：“园长妈妈，我三年所有的年假全给了海马家园，可我还是没有待够，我一定会再回来的。”我着实被他认真的语气逗乐了。

“头狼”的意义不在于比其他狼更强大，而在于可以引导其他狼向他看齐，领导狼群协同作战实现目标。

4 | 6 / 5 | / 7

4—7 在幼儿园各项创建活动和亲子活动中，家委会主任们身先士卒，带头组织并积极参与活动，她们是迎六一亲子童话剧中的“水果妈妈”，是迎新年游园会中传统美食冰糖葫芦的“摊主”，是端午节活动中台前的“舞龙师”和幕后的“道具师”，更是幼儿园环境创设的亲身参与者与设计者。

8

8 每周四是家委主任值班日。值班主任早早便来到幼儿园，在与家长工作部部长沟通当日工作重点后，便立刻投入到晨间接待指导、校园安全巡检、保教质量监督等各项工作之中，最后回到幼儿园家长工作区，认真查阅家委会邮箱、撰写值班记录。

头牌特别奖章

首席合伙人用他的责任担当、无私奉献与榜样精神，赢得了家长们的支持与信任，更赢得了班级老师们的尊重与欣赏。

头牌特别奖章就是我们与家长们给予他们的特别荣耀。

尽管称之为“头牌特别奖章”，它不是真正意义的奖章，甚至都算不上是奖章，确切地说是我们为家长们设立的一种特别的头牌仪式感。

譬如他们是班级家长通讯录的第一位、家长会上的发言者、班级活动中的颁奖者、送书活动中的签名者、班级慰问中的主任代表、园级活动中的评委、对外开放活动中的宣传员、重大活动中的解说员等。

头牌特别奖章，“奖”的是尊重、信任、支持，“树”的是行为、习惯、风气。

首席合伙人，一群值得头牌特别奖章的家委会主任——教育先行者！

10 | 9
11

9 每一届大班毕业典礼，总是活力四射与温馨感动的相互交融。看着孩子们英姿飒爽、勇往直前的小小兵模样，听着孩子们深情款款地唱响毕业之歌，园级大主任难掩内心的不舍之情，代表全园家长祝福孩子们，并向幼儿园赠送锦旗表达真挚的谢意。

10 每学期的班级家长沙龙活动，最令人期待的就是大主任颁发“十大感动家长”的环节。一支热情的红玫瑰，一颗甜蜜的棒棒糖，一张红通通的荣誉证书，带给家长的不仅是一种感动，更是一份特别的归属感。

11 海马家园师幼故事大赛的评委，是各班级推选出来的家委会主任们。他们时而面带微笑欣赏表演，时而严肃认真写下分值，在一张一弛中共同见证孩子的成长，感受教师的风采，体味园所的文化。

行走的摄像头

家委会主任，幼儿园管理中的第三双眼睛；

家委会主任，跨界协作最重要的合作伙伴。

缘起

2019年，一场因“幼儿园虐童”事件引发的全国范围内的幼儿园家园信任危机逐渐蔓延开来。

很快我就接到园级家委会贺主任的来电，电话中她焦虑地表达了家长群里的担忧与躁动：我们的孩子们在幼儿园怎么样？会有这样恐怖的事情发生吗？我们能到幼儿园看看吗？或者开通班级监控吧。一连串的问题被一股脑儿地抛了过来。

行走的摄像头

一个小时后，贺主任哼着小曲、迈着轻松的步伐踏入我的办公室。我诧异地问：“啥事这么开心啊？刚刚不是在电话里差点要急哭了吗？”

她一下乐了，举起手机冲着我使劲摇动着：“刘园，危机化解了。”然后神秘地打开手机中的各班家长群，迫不及待给我浏览群里的最新动态。这时我才发现班级家长群里全是大主任刚刚上传的各班级孩子们的活动现场照片或微视频。

群消息中大主任的一句话吸引了我的注意："亲爱的家长们，我就是你们行走的摄像头，请安心工作，后续我们家委会会不定期地在群里给大家现场直播。"群里的家长们瞬间排山倒海般地给大主任献花。

看来贺主任这个"行走的摄像头"真是及时啊，我忍不住给她竖起了大拇指。

"没有刘园您给我的刷脸入园权限，我哪能一小时化解危机啊。"贺主任笑着说。

从此，"行走的摄像头"成了家委会主任们的专属标签！

刷脸入园的权限

2017年的海马家园，家长们接送孩子还依靠一张磁卡刷卡入园。

大多数家庭因为固定家人接送孩子，只办了一张接送卡，极少数家庭因为接送孩子的家人不同办理了两张。这样一来，一张磁卡总是在父母身上倒来倒去，很不方便。

园级家委会的大主任和秘书长常常会因为某件事需临时来幼儿园审议工作，而家里的一张接送卡又被家人早晨带走了，主任们时不时需要园领导亲自到大门口"领人"。

刷脸入园的权限由此而来。当然这也仅是园级几位主任和部长才拥有的绿色通道。

不曾想刷脸入园竟然成功地让家委会化解了一场家园信任危机。

刷脸入园，体现的是家长工作的优先排位；

刷脸入园，体现的是平等尊重开放的管理；

刷脸入园，体现的是海马家园的跨界协作。

不破不立，破而后立

平等、尊重、开放、参与、合作、共生，是海马家园家长工作的12字理念。

这12个字说出来容易，但真正把这12个字的理念转化到我们一日生活的课程中，尤其是让首席合伙人真正成为幼儿园管理的参与者、监督者、评价者，甚至是园所发展共同体中的谋略者与传承者，这需要"破局"的勇气。

不破不立，敢于打破常规，建立家委会工作的新秩序，这是我们赋予海马家园家委会的新的职能。

2017年9月开园后，我们同首届家委会共同谋略规划并审议通过了"海马家长学院"课程体系。幼儿园先后开设了海马家长学校、主题式家长沙龙、家长开放日、海马家园的一天志愿者日、海马一课、班级助教日、三个不同的“六一”和三个不同的“新年”、爸爸故事周、妈妈温暖日、银发课堂、银发农场主以及海马亲子俱乐部等家园跨界共育课程。

这些课程在实施过程中，备受家长们关注，尤其是主题式家长沙龙、海马家园的一天、银发农场主以及亲子俱乐部系列课程，给家长们打开了另一扇视窗，也让幼儿第一次体会到“爸爸妈妈也疯狂”的别样奇妙感受。

“积极陪伴、正面引导、鼓励赞赏、有效支持、主动分享、共同成长”是海马家园家长们孜孜不倦的成长目标。

海马家长学院课程框架图

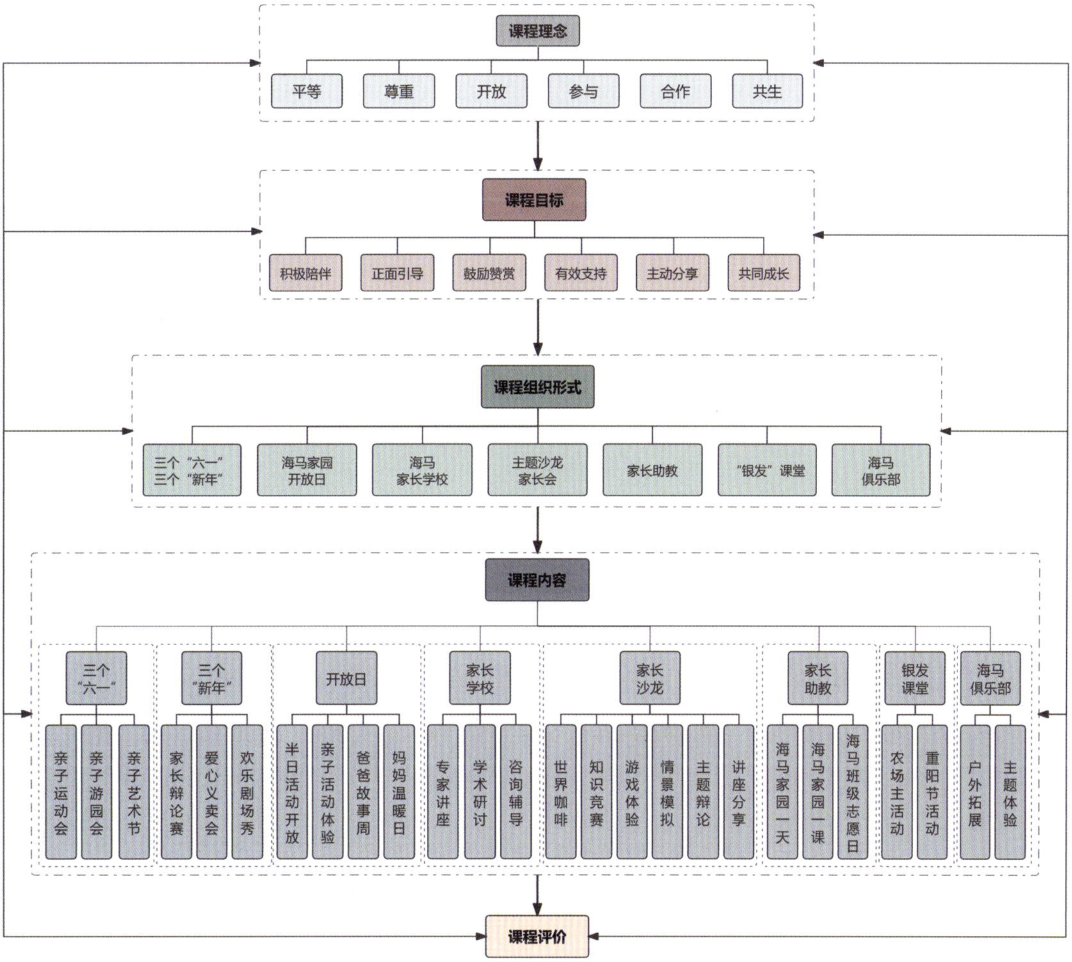

家委会主任接待日

在海马家园，每周四上午半天是我们的家委会主任接待日。

家委会主任接待日，顾名思义，指家委会主任们在某一固定时间接待家长来访、交流、反馈、协调问题或解决困难等工作。接待的对象大多为家长们，且传统意义上的接待日往往更多的是解决已发生的一些问题或家长们需解决的困难。

海马家园的家委会主任接待日，我们赋予了它更多的监督与管理的双向功能。即我们的主任不仅仅是幼儿园管理过程中的监督者，同时它也是幼儿园“家文化”的一分子，协调解决问题固然重要，但从管理者的角度去预判风险、发现问题、谋划发展也成为我们主任接待日中的重要内容。

譬如安全巡查时，主任们不仅要充当好护学岗的巡查员一职，还必须练就一双慧眼发现幼儿园环境中的安全隐患，发现问题及时协调解决，不能立马解决的须做到当天与安全主任对接、过程与结果后续跟踪等。

再如巡视指导环节，他们的工作流程为：

1. 关注班级、食堂、卫生保健、安保等幼儿园工作是否正常规范组织；
2. 观察了解幼儿活动是否有序，关注幼儿在活动中的情绪；
3. 关注并指导“海马家园一天”志愿者活动，积极听取建议并及时反馈落实；
4. 用积极的心态及时发现正能量，用手机记录精彩瞬间，表扬有代表性的人和事；
5. 敏锐观察发掘问题，与园方积极商讨对策，全力做好预防、纠正与保障措施。

家委会主任接待日，行走的摄像头，幼儿园管理的第三双眼睛。

【附表】：家委会主任接待日流程及标准

时间	工作内容	具体要求	地点	备注
8：00—8：10	入园签到	入园五步曲：签到、清洁、冲水、整理、挂牌，即准时签到，清洁桌面，打满水壶，整理文件，挂上工作牌。	海马之家	
	工作沟通	与家园部负责人沟通，拟订当日计划及重点，协助完成园方安排的其他任务。		
8：10—8：30	安全巡查	巡视幼儿入园、护学岗等安全情况，发现问题并及时反馈。	幼儿园门口	
9：10—9：30	查看信件	1. 查收电子邮箱，处理可以回复的邮件。 2. 查看一楼家委会信箱，及时回复。	海马之家	
	接待咨询	接待前来咨询的家长，耐心解释，无法做出解释的及时做好记录。		
9：30—10：00	室内巡查	1. 幼儿园室内巡查，包括班级、食堂、卫生保健、安保等情况。 2. 用积极的心态及时发现正能量，表扬有代表性的人和事。同时积极发掘问题，与园方讨论协商，立即采取纠正措施。 3. 了解幼儿活动是否有序，关注幼儿在活动中的情绪等。	幼儿园室内区域	
10：00—10：30	巡视指导	关注“海马家园一天”志愿者和班级家长助教活动，帮助他们熟悉当日工作内容，解决遇到的问题。	海马工作坊	
10：30—11：00	沟通反馈	1. 收集整理当日发现的问题。将当日发现的问题或家长反馈的还未处理的问题整理成文字，填写《家委会主任值班日记录表》。 2. 和家园部部长反馈。与家园部沟通，反馈当日情况，并给出建设性意见。	海马之家	
	离园整理	离园四部曲：签离、清洁、整理、换装，即下班签离，清洁桌面，6S 标准整理物品，归还值日牌。		

从“供给”到“点燃”

古人云：“形而下者谓之器，形而上者谓之道。”

说起家长会，每个人都会有不同的记忆。

我对家长会的记忆却并不那么美好。从儿子上小学到初高中，我也曾参加过几次家长会，对于孩子学习成绩不那么拔尖的家长们来说，家长会大抵都是一种煎熬吧。

幼儿园也有家长会，一学期一次。和义务教育学段的家长会相比，幼儿园家长会的出勤率总是相形见绌，迟到早退、爷爷奶奶代会、临时缺勤、随意进出接打电话等都是常有的事。

究其原因有三：

第一，家长对幼儿园教育理念不清楚，重视程度不够。

第二，家长会的形式单一，内容枯燥，家长无获得感。

第三，教师一言堂，家长被动参与、被动受教、被动供给。

供给式家长会让幼儿园家园关系貌合神离、举步维艰、渐行渐远。

谁是家长会的主角？

谁才是家长会的主角？答案只有一个：家长！

家长才是家长会的主角，家长才是家长会的核心，家长需求才是家长会的核心需求！

主题式家长沙龙应运而生，把每一次的家长会变成一次核心需求的话题讨论、分享、演绎、践行的现场，让每一位家长成为话题的发起者、参与者、分享者和实践者。教师则从台前退到幕后，做核心需求的发现者、活动组织的推动者、主题深入的引导者。

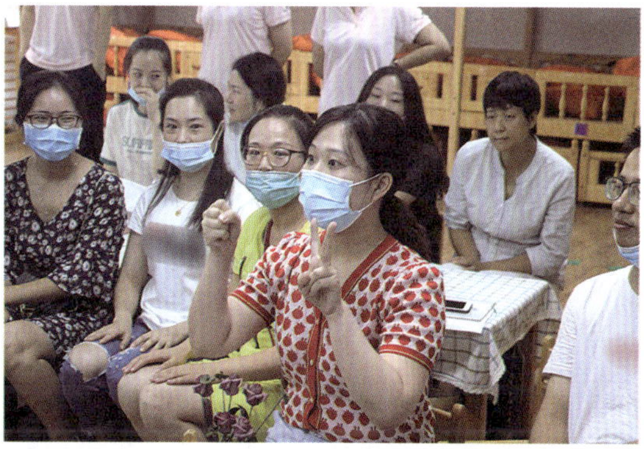

1 | 2
3

1 家长沙龙的分享者一定是专家吗？只要有感而发，每位家长都可以成为当天的主角。在大班“花开有时·衔接有度”主题式家长沙龙活动中，班级一名做小学教师的妈妈分别从亲师两方面立场，来分析如何从生活和学习中有序过渡、智慧衔接，赢得全场家长的阵阵喝彩。

2 爱有很多表达方式，在小班“爱与陪伴”主题式家长沙龙活动中，大家分别展示了自己如何向孩子表达爱。不同于常见的拥抱、比心，一位妈妈用“剪刀手”代表数字“2”，用“拳头”代表数字“0”，用数字谐音表示“爱你”，所有在场的爸爸妈妈们都被她深深吸引。

3 在中班“知识技能 vs 行为习惯”主题式家长沙龙活动中，全班家长化身为辩论赛的主持人、记分员、正反方辩手以及大众评审，从活动前的资料查阅、模拟比赛到活动中的物资准备、颁奖仪式，家长们深度参与，因爱而辩，为爱而变，在激情碰撞与唇枪舌剑中收获感悟，用辩证的态度重塑科学育儿观。

主题从何而来？

从2008年在百家湖幼儿园启动主题式家长沙龙，到2017年创办九龙湖幼儿园后的持续性深入研究，至今历时15年之久。研究越深入，我们愈加坚信家长才是我们教育的最佳搭档，家长会应成为家园高效率沟通和大范围传播教育理念的最好平台。

作为班级老师，如何敏锐地觉察家长们的核心需求？家长会的主题从何而来？选题原则是什么？

第一，幼儿需求原则。以幼儿成长为核心，选择适合本年龄段幼儿的成长主题。

小班新入园幼儿的第一次新生家长会，我们的主题一定是围绕幼儿的入园适应和分离焦虑等问题来确定的，可以选择"陪伴""沟通""情绪"等主题；而中班幼儿求知欲、合作能力增强，可以选择"亲子阅读""合作"等主题；大班表达欲、创造欲等学习品质显著，可以选择"表达""规则""好习惯"等主题。

第二，家长困惑原则。以家长需求为重点，选择家长最为困惑的幼儿教育问题。

每学期初我们可以通过在线问卷的方式征集家长会主题，这种方式最受家长们的关注与喜欢，因为所有的话题都来自家长们的困惑、需求，甚至是长时间的焦虑，比如"孩子不吃饭怎么办""挫折教育的必要性""如何与孩子沟通""如何有效陪伴"等。

第三，热点聚焦原则。以社会关注为导向，选择社会当下发生的教育热点话题。

教育是经久不衰的社会热点，幼儿教育尤其被关注，常常会因某一热点事件引发社会大规模讨论，如果处理不当，甚至会引发园所信任危机。这种备受瞩目的社会热点也可以成为我们家长会的主题，比如鉴于2018年持续热议的"虐童事件"，可以设置"惩罚在幼儿园里可以有吗""孩子犯了错怎么办"等主题。

一个好主题，才能提高家长的关注度和参与度。

【附表】：家长沙龙主题统计

九龙湖幼儿园教育集团主题式家长沙龙统计表

（2022—2023 年度第二学期）

序号	班级	主题名称	组织形式	主题类型
1	小一班	合作分享，共同成长	情境模拟	陪伴
2	小二班	孩子不听话怎么办?	主题辩论	沟通
3	小三班	我们是一家人	知识竞赛	陪伴
4	小四班	教育是一场美丽的相遇	情景模拟	沟通
5	小五班	幸福相约，见证成长	游戏体验	陪伴
6	小六班	探秘情绪，呵护童心	世界咖啡	情绪
7	小七班	一起见证教育的温度	讲座分享	沟通
8	小八班	走近孩子的内心	游戏体验	情绪
9	中一班	阅生活 悦成长	世界咖啡	亲子阅读
10	中二班	放手，看到儿童自己的游戏	游戏体验	合作
11	中三班	春暖花开，共话成长	讲座分享	习惯
12	中四班	书香为伴，阅读悦美	世界咖啡	亲子阅读
13	中五班	让孩子自然快乐成长还是不输在起跑线?	主题辩论	习惯
14	中六班	以爱之名，共话游戏	世界咖啡	合作
15	中七班	解锁孩子的行为密码	知识竞赛	习惯
16	中八班	兴趣和习惯哪个更重要?	主题辩论	习惯
17	大一班	花开有时，衔接有度	世界咖啡	幼小衔接
18	大二班	规则成就方圆	知识竞赛	规则
19	大三班	小学畅想记	讲座分享	幼小衔接
20	大四班	符号会说话	世界咖啡	表达
21	大五班	习惯成就孩子一生	讲座分享	习惯
22	大六班	爱的百分百	游戏体验	表达
23	大七班	孩子一定要守“规矩”吗?	主题辩论	规则
24	大八班	好习惯 伴成长	知识竞赛	习惯

标准与流程：

1. 主题式家长沙龙的组织形式主要有“世界咖啡、知识竞赛、游戏体验、情境模拟、主题辩论、讲座分享”六种，每个年级组在申报时要考虑组织形式的多样性。
2. 结合本班幼儿的实际情况及班级家长的需求，确定主题式家长沙龙的内容。
3. 各班级提前两周填写主题式家长沙龙申报表，确定主题名称、内容及形式。
4. 申报表通过审核，请结合申报主题拟订活动方案，提前一周提交至保教主任处审核。
5. 做好过程中的图片及文字资料搜集。活动结束三天内将 10 张优选照片、沙龙视频及 5 份家长反馈表打包提交至家园部。
6. 主题式家长沙龙每学期开展一次，于开学后第三周组织，其中小班新生在 10 月份第二周进行。

家长会的 4 式小妙招

家长会引入主题之后，形式的创新是关键，以多样化形式去展现不同的主题，既可避免家长会重新落入“供给”俗套，又能让家长会重新焕发生机，迸发别样精彩。

第 1 招：邀请式签到仪式

签到作为家长会的第一个入场仪式，体现了被尊重、被邀请、被需要的理念。独特的签到仪式、场地空间布置、茶水饮料点心、音乐灯光背景等都可以暗藏许多“爱的小心机”。这些“小心机”不同于以往传统的签到仪式，更多是以孩子自己的表征方式表达对爸爸妈妈发出爱的邀请，期待他们来到家长会的现场，我们称这种“小心机”为邀请式签到仪式。

4　2 月 28 日晚大七班的门口，每个孩子一幅自画像，手拉手、肩并肩组成一个有爱的大家庭，“列队”欢迎爸爸妈妈的到来。温暖的灯光小屋、小巧精致的日历、漂亮可爱的花饰，让人忍不住想立刻走进教室，融入这个温馨的大家庭。　4

5 中五班的小朋友正在进行“小树”项目小组活动的研究。“用什么样的方式邀请爸爸妈妈到幼儿园呢？用树叶吧，我们每人做一片独一无二的树叶……”美好的见面从签到开始，家长寻找到自己孩子的小树叶，一片一片粘贴到大树妈妈的身上，看着它慢慢地变成枝繁叶茂的样子，对孩子们更充满无限的期许。

6 樱桃班的小朋友每人都是一颗“小樱桃”，虽然刚上幼儿园小班，但他们已经能用绘画表情的表征方式来欢迎爸爸妈妈了。家长找到孩子的欢迎表情，在旁边的“大樱桃”上同样用绘画表情的方式签到，进入我们的“樱桃之家”。

7 “爸爸妈妈，用你们的手指在这里签个章吧。”中一班在签到展板上呈现出孩子的自画像和姓名，家长找出孩子自画像，在其旁印手印签到。这些亲子共同完成的签到作品将由孩子们再次制作加工成为精美的书签，成为沙龙活动中最有意义的“礼物”。

8 大班的孩子们对文字产生了浓厚的兴趣，项目小组活动正在探索“名字的由来”。他们将自己的名字添画制作成一份别出心裁的专属名片，你是否发现“乔昱豪”和“孙天硕”有着不同的性别和爱好呢？这样的专属名片让爸爸妈妈入座时便收获满满的欣喜和仪式感。

9 今天，大八班的家长沙龙现场都是小朋友自己布置的。瞧！他们用棕色卡纸做底衬，在白色长方形纸上用水彩笔绘画出自己的姓名和喜欢的装饰，制作成邀请函和特制的矿泉水标签，欢迎爸爸妈妈的到来。这便是属于每位家长独一无二、最尊贵的“席卡”。

5	
6	7
8	9

家长会的座位安排，一般有圆桌形、队列形、马蹄形、自由形等多种方式。需要因地制宜，根据不同的主题及其组织形式，恰当地选择和布置。茶水、点心、音乐、灯光、背景等环境设置都可以体现主题沙龙的内容。

温馨提示：家委会也是家长会活动的策划者与筹备者之一。

10 | 11
12

10 队列型座位安排整体与分组相结合，适用于头脑风暴、知识竞赛、游戏体验等形式的家长沙龙。

11 八字形座位安排配合不同色彩的席卡，明确标识正方、反方以及各位辩手的位置，模拟辩论赛现场。

12 马蹄形座位安排易于中心聚焦，适用于情境模拟、讲座分享等形式，温馨的茶歇营造轻松舒适的沙龙氛围。

第 2 招：游戏式开场导入

家长会开始前，家长们陆续进班，我们可以调暗灯光，播放幼儿生活游戏的视频，辅之以轻松、温馨的音乐，帮助家长缓和心情，调节状态，较快地融入家长会的氛围中。

家长会的开场游戏不容小觑，可以选择契合主题的趣味游戏、益智游戏、语言游戏、音乐游戏、运动游戏、魔术游戏等，如“鸡蛋与凤凰”“乌龟与乌鸦”“故事里的水”“数字牌”“下雨了”“音乐精灵”等，总能在最短的时间引爆全场，形成一个强大的场域。

开场游戏可以营造舒适、轻松、愉悦的整体氛围；可以让家长们互相熟悉，迅速成为交流伙伴；还可以引出家长会的主题，为接下来的主题沙龙探讨做好铺垫。

“陪伴”主题下有一个经典游戏——“与‘盲’同行”，家长两两一组，一个蒙眼做盲人，一个做引导者，共同通过障碍物。在这个游戏中，“盲人”和“引导者”的关系，恰似幼儿与父母。小小的游戏，不但可以让家长快速进入活动状态，更能触动家长去思考自己与幼儿相处的方式，自发地进入了主题需要的状态，家长会的活动也就水到渠成。

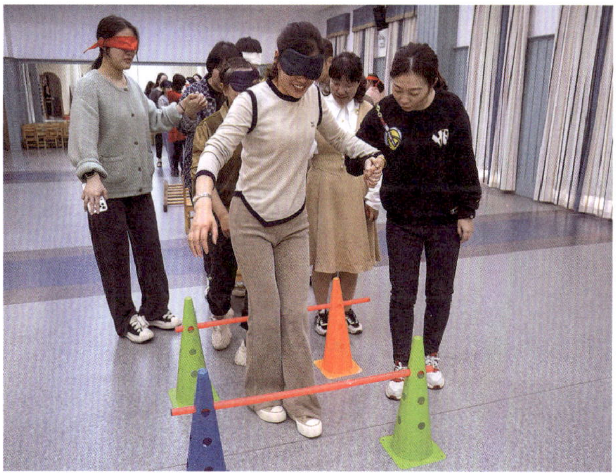

13 以小组方式背向围圆，将手指手掌连接在一起，保持动作聆听故事。当听到故事中有“水”字时，手掌和手指要分别迅速做出“抓”和“逃”的动作反应。用紧张的游戏活跃氛围，破冰的同时引发家长对幼儿倾听习惯的关注。

14 几个纸杯，一个圆锥筒，一段音乐。几位家长围坐在一起，用最简单的材料体验着幼儿的游戏。静下心来聆听音乐，用幼儿的方式认识、熟悉彼此。用轻松愉悦的氛围感染大家，家长在游戏中感受合作的重要。这是家长沙龙最朴素的开启方式。

15 两两一组、与“盲”同行。在游戏过程中家长分别扮演“盲人”和“引导者”，“引导者”带领“盲人”穿越各种障碍到达终点，他们无需彼此沟通便可快速融入其中，亲身体会两者关系，建立彼此间的信任，进而产生对亲子关系的深度思考。

13 | 14
15

第 3 招：体验式主题分享

如果把签到仪式和游戏导入比喻成西餐的头盘和副菜，那主题沙龙一定是家长会的主菜，也一定是家长会最重要的内容。

主题内容的组织形式决定了主题沙龙的参与度、深入度，家长的表达欲、分享欲，以及活动的效益与影响力。最能调动并激发家长投入主题沙龙的方式一定是体验式，体验式也可以分为情境模拟、游戏体验、世界咖啡、主题辩论、知识竞赛、专家分享 6 种不同类型的互动组织模式。

情境模拟，是即兴模拟与即时讨论相结合的体验方式。由教师设定情境，家长随机分配角色进行模拟体验，通过“亲身代入”感悟情境中蕴藏的教育契机，反思平时的教育行为。例如，幼儿不愿意吃饭，乱发脾气，爷爷这时出来维护：“孩子不想吃就算了。”作为父母该怎么办？情境模拟应用场景，更多是解决家庭教育中的实际困惑。

游戏体验，一种以角色游戏的方式让家长体验幼儿教育中的问题或现象，重在反观儿童内心，引发家长的深度理性思考。如让家长体验幼儿一日生活中的某个片段，实际感受班级生活区、光影区、美术区等区域，由此引发家长对幼儿年龄特点的关注，对个体差异的理解以及材料对幼儿探究支持的价值思考等。游戏体验的关键：游戏场景必须是客观的、中性的、开放的，只有这样才能引发家长们深度思考。

世界咖啡，即头脑风暴，是一种将家长随机分组、抽签选题、分组讨论、大组分享的创造性思维碰撞活动组织模式。如大班“养成好习惯”的主题沙龙家长会中，三组议题分别是“孩子进餐小窍门”“孩子卫生习惯养成”和“孩子自主穿脱衣物”。议题源于生活困惑，又回归生活实践，瞬间引发家长各抒己见。需要特别注意的是：议题需提前一周在班级家长群里公布，以便于家长们提前做好材料准备。

主题辩论，即围绕特定的主题展开辩论。家长提前一周抽签组成正反方，组队准备辩论材料与辩论分工，将家长会以一场精彩纷呈的辩论赛来开展。如关于“小朋友发生矛盾时家长是否该介入”“电子产品对幼儿身心发展的利弊”“赏识教育与挫折教育的优劣”等的辩论，让家长们理解了教无定法、因材施教的必要性。同时辩论赛也为家长们创设了一个各抒己见、尽情展示、表达教育智慧的平台。

知识竞赛，以抽签或报数的方式随机组队，推选出组长，组成临时竞赛小队，以竞答的方式丰富家长育儿知识，提升家长解决问题的能力。题目类型有必答题、抢答题和主观题。内容一般涵盖幼儿年龄特征、行为特点、学习游戏、卫生保健、幼儿园文化等，如“班级游戏区知多少”“小农场蔬菜种类”“园歌接龙”等。主观题围绕幼儿行为或事件的解决策略来设计，如“幼儿入园时哭闹该如何去做”等开放性问题，意在帮助家长丰富解决问题的策略。

讲座分享，即借助班级家长资源，围绕主题开展的专题分享活动。可以是一个专题分享，也可以是系列微观点分享。如邀请教师妈妈做学习习惯培养的主题分享，邀请医生爸爸做健康卫生防护的主题分享，邀请电视台的摄影师家长带幼儿领略美妙的光影世界，邀请篮球教练家长带幼儿学习运动等。丰富的家长资源让家长会变得有深度、有价值、有趣味。

16

16 中二班的家长们正在齐心协力地完成一座“爱心桥”，她们用一根根纸棒搭建起一座座纸桥。家长们分工合作，有的制作桥身，有的制作桥墩，终于在共同努力下搭建出坚实而又美观的家园“爱心桥”。桥的两端连接你我，大家心往一处想，劲往一处使，共同为孩子们的成长保驾护航。

17 | 18
19

17 在孩子的教育中，你是否会遇到这样或那样的困惑和烦恼？孩子做事拖拉怎么办？遇到困难就哭闹怎么办？如何培养小朋友独立性？那就让我们围绕着这些“小烦恼”，共同探讨应对的“好法子”，学学他人巧妙的“金点子”，育儿路上我们结伴前行。

18 “不要让孩子输在起跑线上”和“孩子需要快乐成长”，这是育儿过程中家长们常常为之困惑的话题。大五班家长沙龙上，一场围绕“鸡娃教育与佛系教育”的激烈辩论正在上演，立论、辩论、驳论……现场氛围慷慨激昂、热闹非凡。教育就像一场辩论赛，没有对错，合适的才是最好的。

19 之所以看得远，那是因为我站在巨人的肩膀上。今天，我们把“巨人”邀请到身边，家庭教育专家王主任用一个个生动的案例、一个个鲜活的故事，带领我们共同探寻“树立榜样与亲子陪伴”的真谛。

第 4 招：参与式剧目演绎

一场主题式家长沙龙就是一场剧目演绎，导演、编剧、音乐、舞美、道具、摄像、场记和演员一个都不能少。

人员分工原则：人人参与，分工合作。家委会和班级教师是主策划，每一位教师和家委会主任都应该有明确分工。如重要的工作班主任说，敏感的话题家委会主任说，保育规范保育老师说，活动组织、摄影摄像、宣传报道、后勤准备由家委会活动部、宣传部、后勤部分别承担。整个班级和家委会应是一盘棋，分工不同，目标一致。

会议频次原则：原则上一学期一次。新生小班一学期两次，开学前第一次，开学一个月后第二次；中、大班一学期一次，开学后第二周至第三周组织为宜。每次家长会时间以 1.5 小时为宜。其中，主题活动 1 小时，开场游戏、上学期工作小结、本学期主要工作、家长配合事宜等不超过 30 分钟。恰当的时间安排，可以有效关注重点，减轻家长疲劳与负担。

活动后反思原则：每一次家长会都是一次团队思维的碰撞、团队智慧的展现、团队凝聚力的提升、团队文化的积淀传承。在海马家园，每一次家长沙龙结束后会有两场反思：一是班级家长会结束后的即时反思会，参加对象为班级教师与家委会成员，时间 20 分钟内为宜；二是家长会结束后的第二天园级反思会，参加对象为所有班主任，时间 30 分钟内为宜。

一次成功的家长会，一定是在家委会的支持下，群策群力、分工明确、共同协作、高效完成。

主题式家长沙龙，从“供给”到“点燃”，让共同的教育理想在“沸腾”中得到“升华”！

【样例】：小八班主题式家长沙龙活动方案（游戏体验）

1. 九龙湖幼儿园教育集团主题式家长沙龙申报表

日期：2023 年 3 月　　班级：小八班			
主题内容	走近孩子的内心	形式	游戏体验
参与人员	小八班全体家长和教师		
活动目标	1. 帮助家长了解幼儿园一日流程，主动参与到班级的日常教学活动中。 2. 通过游戏体验，走进孩子的世界，感受幼儿在游戏中获得的创造力。		
前期准备	1. 材料准备：PPT、纸、笔、签到表、会议记录表、字卡、桌牌、植物 2. 场地布置：U 形摆放		
活动流程	一、热身游戏：一块五毛钱 二、班级情况介绍及工作安排 1. 上学期总结与回顾。 2. 本学期班级工作安排。 三、主题式沙龙：走近孩子的内心 1. 家长分成 4 组，每组若干张报纸、透明胶、麻绳、剪刀等材料。家长运用这些材料进行垒高，比比看哪一组搭建得又快又高又稳固，时间为 20 分钟。 2. 作品展示，各组代表介绍。 3. 胜出组代表发表获奖感言。 4. 活动总结。		
备注			

2. 热身游戏

名称	一块五毛钱	时间	10 分钟
准备	计时器、音乐		
玩法	在游戏中，女士是一块钱，男士是五毛钱。游戏开始前，大家全站在一起，裁判站边上。裁判宣布游戏开始，并喊出一个钱数（比如 3 块 5、6 块或 8 块 5），根据裁判说出的钱数，游戏中的人就要在规定的时间内组团合成对应数。		
教育价值	孩子、家长、幼儿园，三位一体，大家是一个组合，要互相包容、互相支持，一起陪孩子成长！		

3. 主题式家长沙龙活动方案

九龙湖幼儿园教育集团小八班主题式家长沙龙活动方案

2022—2023 学年度第二学期

一、主题名称：走进孩子的内心

二、指导思想：孩子之所以可爱，是因为在他们身上蕴藏着无限的潜能，他们的思考力、创造力的发展空间是无穷的。为了更好地理解儿童，走近他们的世界，感受到他们的真实需求，我们以游戏为体验，组织本次主题式家长沙龙活动。

三、活动目的：

1. 帮助家长了解幼儿的一日流程，主动参与到班级的日常教学活动中。

2. 通过亲身游戏体验，走进孩子的世界，感受幼儿在游戏中获得的创造力。

四、活动形式：游戏体验

五、参会人员：小八班全体家长与教师

六、活动时间：2023 年 3 月 1 日 18：30—20：00

七、活动地点：小八班

八、准备工作：

1. 人员分工：

活动策划：班级教师及家委会成员　　职责：确定方案及活动形式

活动主持：刘 ××　　职责：撰写主持稿，现场主持

游戏组织：严 ××　　职责：游戏活动的设计及组织

后勤准备：杨 ×× 及后勤部家委　　职责：座位摆放及现场环境布置等

现场拍摄：周 ×× 妈妈　　职责：现场照片及视频的拍摄

会议记录：王 ×× 爸爸　　职责：做好活动记录

2. 材料准备：演示文稿、纸、笔、签到表、会议记录表、字卡、桌牌、植物花卉

3. 场地布置：U 形摆放

九、活动流程：

（一）热身游戏：一块五毛钱

游戏玩法：

在游戏中，女士是一块钱，男士是五毛钱。游戏开始前，大家全站在一起，裁判站边上。裁判宣布游戏开始，并喊出一个钱数（比如 3 块 5、6 块或 8 块 5），根据裁判说出的钱数，游戏者在规定的时间内组团合成对应数。

游戏小结：孩子、家长、幼儿园，三位一体，大家是一个组合，要互相包容、互相支持，一起陪孩子成长！

（二）班级情况介绍及工作安排

1. 上学期总结与回顾。

2. 本学期班级工作安排。

（三）主题式沙龙：走近孩子的内心

规则介绍：

1. 家长分成 4 组，每组若干张报纸、透明胶、麻绳、剪刀等材料，家长运用这些材料进行垒高，比比看哪一组搭建得又快又高又稳固，时间为 20 分钟。

2. 作品展示，各组代表介绍。

3. 胜出队代表发表获奖感言。

4. 活动总结。

游戏可以提升幼儿的创造力和思维力。我们要走近幼儿的生活，了解他们的需求，为幼儿创设一个自由、自主、自在的活动空间，培养幼儿爱思考、会质疑、善表达、敢挑战、能解惑等学习品质，成为一个富有生命力的新时代儿童。

一所没有“围墙”的幼儿园

海马家园，一所没有“围墙”的幼儿园。

没有围墙的大学

2011年至2013年间，我有幸先后两次参加了江苏省幼儿园园长海外学习计划。这期间探访了哈佛大学、麻省理工学院、普林斯顿大学、耶鲁大学、密歇根大学、牛津大学、剑桥大学、曼彻斯特大学等国际知名学府。

所到之处，留给我印象最深的，就是这些国际知名学府无一例外都没有高高的围墙，大学与所在社区融为一体，每一个人都可以自由穿梭在大学之间，感受大学浓郁的书香气息，大学俨然已成为社区生活的一部分。在曼彻斯特大学里的一场意外邂逅至今令我记忆犹新，更让我对学校与社区有了深层次的认识。

那是一个工作日，我们在预约日如期去参观曼彻斯特大学。曼彻斯特大学的一栋栋教学楼散落在街道两侧，如果不是导游介绍，我们想必也无法辨识哪里是大学，哪里是社区。

一走进曼彻斯特大学的一栋博物馆楼，迎面就看见一群满头银丝的老人家正在博物馆里驻足静静观望。我们心中很是好奇，这里不是大学吗？怎么会有老人家呢？经导游介绍得知：大学都是开放的，只要你按要求提前预约，就可以进入大学楼宇开展活动。果然如导游所言，接下来的参观过程中，我们在博物馆二楼邂逅了一群穿着英式校服的幼儿园小朋友，他们在老师和家长志愿者的陪伴下也在参观博物馆展品。进入三楼后一个场景深深触动了我。那是在博物馆三楼一侧的活动室里，透过玻璃清晰可见一群中小学生正在与老师探讨着什么，教室里的学生似乎也被我们这群黄皮肤、黑头发、黑眼睛的外国老师吸引了注意。导游随即告诉我们，这里的教室也是可以给大学以外的人群预约使用。

时隔多年，这个场景依然印刻在我的脑海中。

图片系作者在英国访学期间拍摄

打破固化的“围墙”

著名教育家梅贻琦先生曾经说过：“所谓大学之大，非有大楼之谓也，乃有大师之谓也。”是啊，大楼之大不代表大学之大，大楼之容才可见大学之荣。一所好学校，应当是独立且自由的，应当是锤炼品德、塑造价值的，应当是民族文化与民族复兴的传承者。

我们的幼儿园教育能否做到独立且自由，包容且自主，开放且自由？阻隔在园所与社区之间的那堵墙，能否通过某种链接孵化出家园联系的新通道呢？

海马家园打破“围墙”，开放办学，用近 15 年的研究建立了海马家长学院课程体系，给家长创设全面、深度参与幼儿园生活与管理的平台，建立起家园沟通的心灵通道。

“海马家园的一天”正是连接家园社区“心关系”重要法宝！

海马家园的一天

“海马家园的一天”，是海马家园家长学院课程的重要项目，是主动邀请全体家长参与幼儿园生活游戏的重要体验，是主动邀请全体家长参与幼儿园管理的重要通道，是主动邀请全体家长传播幼儿园文化与自信的重要路径。

从早晨 7：50 至下午 5：00，家长既能以管理者的身份参与幼儿入园接待、园内安全巡视、幼儿伙食管理以及一日生活游戏指导等，还能以教师的角色组织幼儿开展阅读、手工、生活坊等，感受教师工作的不易与专业精神，体味海马家园的园所文化与课程理念。

在海马家园，每天有 9 名家长志愿者走进幼儿园，全年约有 3600 名家长走进幼儿园。他们全天候参与幼儿园管理，与幼儿一起体验一日生活。

数量如此庞大的家长志愿者，如何进行科学管理？

幼儿园全天候开放办学，如何展现并传承园所文化与精神价值？

幼儿园一日生活与管理体验，又如何对家长产生持续的吸引力？

“一天”有备而来。

海马家园的一天，是一个面向全体家长、全天候、全学年的课程。

平等、尊重、开放的课程理念；规范、有趣、创新的课程内容；传播、传递、传承的园所文化，是我们赋予课程的教育精神与价值取向。

【附表】：一日安排表

“海马家园的一天”一日安排表

时间	工作内容及要求
7：40—7：45	家长志愿者提前5分钟到达幼儿园，在门卫处着志愿者工作服、填写护学岗签到表，由工作室教师接待并介绍一日活动内容及注意事项。
7：45—8：20	1. 积极开展护学岗工作。 （1）站位1：测温门处，引导家长和幼儿有序测体温后入园。 （2）站位2：幼儿排队队伍末尾处，疏导和维护入园秩序，确保幼儿入园安全。 （3）站位3：幼儿园西门升降柱旁，观察巡视，疏导车辆有序停放，提醒幼儿牵好大人的手入园。 （4）站位4：入园闸机旁，引导家长有序刷脸，提醒家长及时离开。 2. 生活坊课程准备。 （1）根据当日活动方案准备相关食材。 （2）调试多媒体设备。
8：20—8：30	护学岗结束，带好随身物品前往二楼海马工作室。
8：30—9：00	家长拎工具箱分组进行幼儿园室内外安全巡视（遇见破损、隐患及时修补，无法修补时拍照留存，结束巡视后反馈工作室教师处），并做好记录。
9：10—10：00	家长熟读工作坊活动教案，做好活动前材料准备。
10：00—10：50	组织幼儿参加区域活动。
10：50—11：30	上午活动结束，按照6S标准进行环境、物品清洁整理。
11：30—13：50	家长凭红马甲进出幼儿园，午餐自理，有需要休息的家长可在图书室午休。
13：50—14：10	填写“海马家园一天”记录表。
14：10—14：40	家长熟读工作坊活动教案，做好活动前材料准备。
14：40—15：20	组织幼儿参加区域活动。
15：20—15：40	下午活动结束，按照6S标准进行环境、物品清洁整理。
15：40—16：20	离园护岗：分工、站位同入园护岗。 工作结束后将红马甲按6S标准归还至门卫处，自行离园。

活动前的三项指导

家长和教师是课程实施的共同体，且每一次活动由不同班级家长组织实施，其开放性与复杂性可想而知，课程实施前，三项指导必不可少。

第一项，一次深度的思想对话。

每学年 8 月下旬的新一届家长学院启动仪式，我也一定会给未入园的幼儿家长们开启第一课。第一课有园所文化、教育理念及课程体系的分享；有园所环境与幼儿活动的开放与展示；有家长与园长的现场互动与思想碰撞。这是一次平等的、开放的、尊重的、深度的思想对话，重在让家长感受到幼儿园开放的决心及平等尊重的共育态度。

1 | 2
3

1—3 2017 年 8 月，首届海马家长学院正式成立。自此，每年一度的“开学前第一课”便成了刘莉园长与每一位新生家长进行深度思想对话的必修课。用心灵去触碰心灵，用思想去推动思想。刘莉园长将园所文化和教育理念娓娓道来，语言亲和却有力地撞击在每一位新生家长的心中。家园共育，从敞开心扉的平等对话开始，久漾不息。

第二项，一场自主的定制招募。

“海马家园的一天”以班级为单位，每周一个班级，由家长根据自己的时间、工作特性及个人特长自主申报，自主定制招募。家长迫切了解幼儿园的渴望与活动的目标不谋而合，积极性高涨，手速慢的家长甚至遗憾错失这一学期一天志愿者的申报时机。

九龙湖幼儿园教育集团“海马家园一天”报名表

（2022—2023 年度第二学期）

班级：________________ 教师：________________

日期	幼儿姓名	家长姓名	幼儿关系	海马工作坊	海马图书城	海马生活坊	海马乐高室	特别资源家长（用★标注，并用关键词说明）
____月____日 周一								
____月____日 周二								
____月____日 周三								
____月____日 周四								
____月____日 周五								

流程与标准：

各班提前一个月完成“海马家园一天”报名表。

各班级分别将电子稿发给专用室、家园部、执行园长，自己备存一份。

专用室打印两份，一份自己留存，一份提交给园长室，每周五下午放入园长室家长工作文件夹中。

各班教师在家园部和功能室的指导下，配合完成家长指导工作。

对特别资源的家长用★标注，并用关键词说明，以充分发挥家长资源的影响力，激励更多的家长积极参与。

第三项，一项入园前的课程指导。

海马家园的一天志愿者招募公示结束后，每个班会提前一周进入入园前课程指导。入园指导共三步：① 由班主任建群，提前一周发送《海马家园的一天》电子指导手册，家长自学指导要点；② 在入园前一天，班主任组织 9 位志愿者召开线上会议，重温入园细则与准备要点；③ 入园当天，班主任现场组织家长志愿者分工合作，做好各项活动前的细致准备。

目录

卷首语
一、活动流程
二、仪容仪表
三、文明礼仪
四、规则公约
五、材料准备
六、语言表达
七、观察指导
八、作品评价
九、物品整理
十、安全提醒

……

二、仪容仪表

1. 着装大方便于活动，以穿职业装或休闲装为主。男士不穿短裤、背心、拖鞋等；女士不穿拖鞋、高跟鞋、短裙、短裤和吊带衫等。

……

三、文明礼仪

1. 蹲下来保持视线平视与幼儿交流。

2. 当幼儿和您鞠躬问好时，及时给予鞠躬回应。

……

八、作品评价

1. 善于发现幼儿闪光点，多鼓励，少批评。

2. 珍视幼儿作品，不用“像”与“不像”，“好”与“不好”的标准评价。

……

4

4 海马家园有一群特别的“教师”，他们性别、年龄、特长各有不同，却有着一个共同的称谓：爸爸老师 / 妈妈老师。如何让这些来自各行各业的爸爸妈妈们快速胜任一天的“教师”工作？我们的法宝就是这本《“海马家园的一天”家长指导手册》。10 个模块内容涵盖了工作流程介绍、仪容仪表要求、具体操作指导、安全注意提醒等，是每位家长蜕变为“教育专家”的行动指南。

活动中的四种角色

“海马家园的一天”主要包括入离园护导、安全巡视、工作坊活动、幼儿陪餐等，每一项活动都有其规范的志愿者一日活动标准与活动流程。志愿者们既是儿童活动时的观察者与支持者，也是园所的监督者与管理者。

第一，观察者。家长志愿者的首要角色是观察者，且有双重观察角色，一种是在儿童游戏活动过程中，以妈妈老师或爸爸老师的角色定位，观察儿童行为表征、发展水平以及儿童是否需要支持或帮助；另一种则是在幼儿园巡视过程中，以“一日园长”的角色定位，观察幼儿园一日活动中是否存在问题或困难。

如在入园护导活动中，9 位家长每个人都有各自的准确站位、护导指导语和行为标准，家长志愿者在护导过程中需重点关注儿童入园时的情绪、行为等特异状态，以便于第一时间给予支持与帮助。

第二，支持者。虽然是家长老师，我们希望这一天是一次教师角色的真实体验，因此在公用室游戏活动中，家长志愿者必须学会从环境、材料、语言、指导、评价、整理等环节学习如何适时适宜支持儿童，而不是“教”儿童。

如活动前需提前 10 分钟检查材料是否卫生、安全，材料是否放置在幼儿便于自主取放的置物架第二层；活动中蹲下来与幼儿保持视线平视、倾听幼儿、与幼儿对话，不轻易打断幼儿的活动；活动后当天完成幼儿作品姓名贴制作，并将幼儿作品拍照留存至工作室网盘等。

5

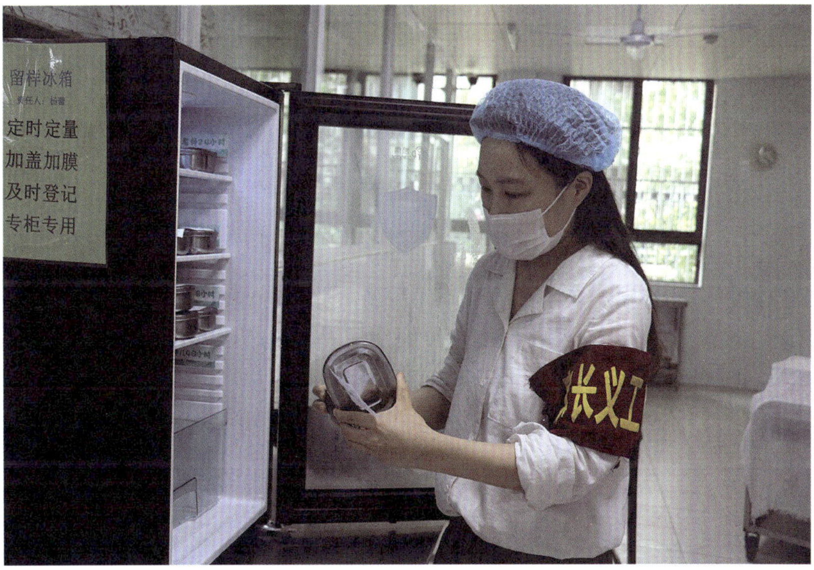

5 家长志愿者走进厨房查看当日食品留样，用最直观的方式感受幼儿园食品的卫生规范。在每份留样上的目光，饱含着家长志愿者的责任与对幼儿园的信任和认可。

6 | 7
8

6 “早上好，宝贝！”家长志愿者带领小标兵，弯下腰热情地向入园的同伴们问好，真诚的笑脸让人心里忍不住涌上一股暖流，美好的一天就在这一声声甜蜜的问候中悄然开启。

7 幼儿园就是幼儿的家。家长志愿者发现主题墙上有两处破损，立即停下巡查的脚步，从工具箱中取出工具专注地修补。小小的举动，既保障了幼儿的安全，也拉近了家长与幼儿园的距离。

8 “我们比一比，谁吃得更快吧！”午餐开始了，家长志愿者走进班级“陪餐”。一份荤素搭配、营养均衡的午餐，就是一张书写了园所健康理念的、令家长放心安心的答卷。

第三，监督者。家长志愿者是幼儿园日常管理的监督者，亲身走进幼儿园生活，切身感受幼儿园的教育理念与行为，监督幼儿园办学过程中的保教行为与质量把控。

如每天上午 30 分钟的幼儿园巡视，家长志愿者可以走进班级，观察幼儿在活动中的情绪、行为状态以及教师的教育行为，也可以通过明厨亮灶的视频监控直接了解与检视厨房卫生与安全操作，午餐时间还可以进班“陪餐”。

第四，管理者。作为“合伙人”身份的家长志愿者，也是管理者之一，是幼儿园管理的第三双眼睛。管理者，就意味着获得充分授权，意味着快速行动，意味着对管理结果负责。

如在每天的安全巡视中，志愿者两人一组组成安全巡查小队，对室内和户外安全进行巡查，并随身携带工具箱，发现触手可及的安全隐患可以直接消除，遇到较为复杂的安全问题，则履行“志愿者上报—幼儿园解决—志愿者复核”的流程。这样既确保志愿者第一时间发现并解决问题，又让他们深刻体会到幼儿园管理的不易。

9
10 12
11

9—12 “宝贝，你看，我们来这样做……”家长志愿者微笑着轻轻靠近孩子们，温声细语地讲述作品制作的小窍门。工作坊的灯光在此刻仿佛也变得更加煦暖，照亮了“爸爸老师”和“妈妈老师”的期许，点亮了“小小探索家”们的好奇心。每一份独特的作品都承载了双倍的认真和心意。

活动后的 3 个分享

海马家园的一天，以课程的方式让家长全面体验幼儿园一日生活，家长从等待者和旁观者，变成观察者、参与者、反思者、管理者，逐渐蜕变为班级课程的支持者与教育理想的追随者。

分享一：一场心灵对话

“海马家园的一天”记录表包含一天活动记录、发现的问题和亮点、对幼儿园管理和课程的建议。家长以真实体会和心灵感悟，感叹“一天教师”的不易和“一天园长”的压力，感慨幼儿园课程建设与教师专业发展，感恩海马家园平等、尊重、开放办园。

13

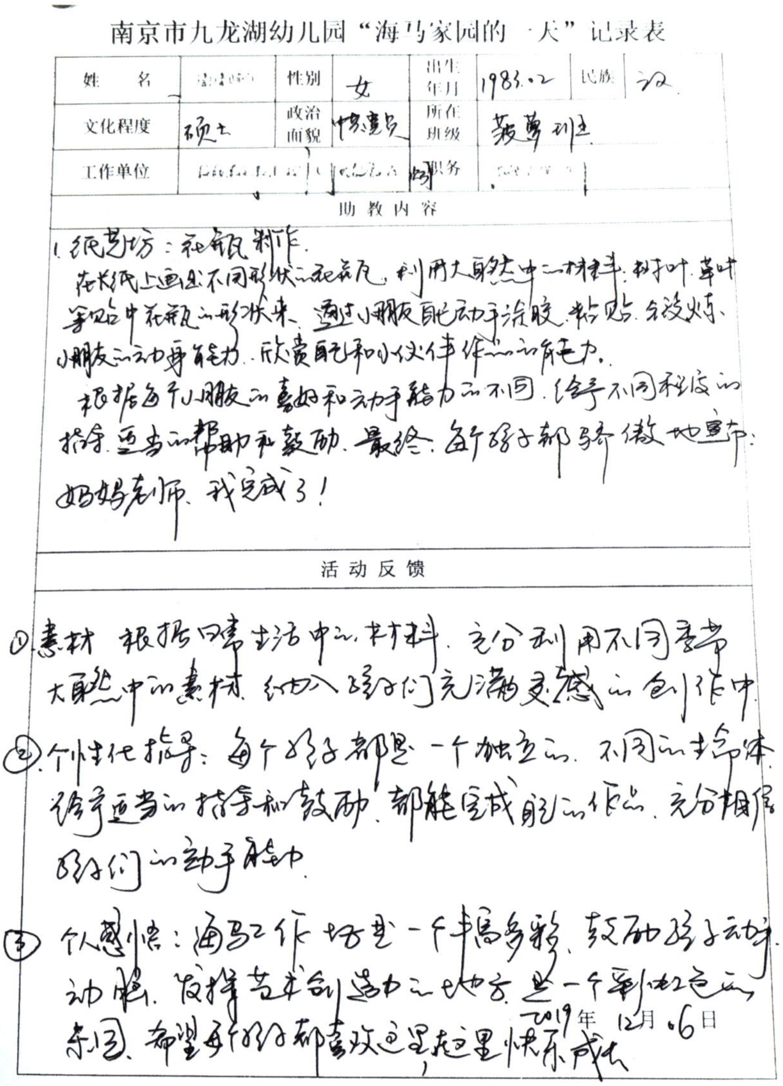

南京市九龙湖幼儿园“海马家园的一天”记录表

姓名	[illegible]	性别	女	出生年月	1983.02	民族	汉
文化程度	硕士	政治面貌	中共党员	所在班级	菠萝班		
工作单位	[illegible]			职务	[illegible]		

助教内容

1. 纸艺坊：花瓶制作。

在长纸上画出不同形状的花瓶，利用大自然中的材料：树叶、草叶等贴出花瓶的形状来，通过小朋友自己动手涂胶、粘贴，锻炼小朋友的动手能力，欣赏自己和小伙伴作品的能力。

根据每个小朋友的喜好和动手能力的不同，给予不同程度的指导、适当的帮助和鼓励，最终，每个孩子都骄傲地宣布：妈妈老师，我完成了！

活动反馈

①素材 根据日常生活中的材料，充分利用不同季节大自然中的素材，融入孩子们充满灵感的创作中。

②个性化指导：每个孩子都是一个独立的、不同的个体，给予适当的指导和鼓励，都能完成自己的作品，充分相信孩子们的动手能力。

③个人感悟：海马工作坊是一个丰富多彩、鼓励孩子动手动脑、发挥艺术创造力的地方，是一个[illegible]的乐园，希望每个孩子都喜欢这里，在这里快乐成长。

2019年12月6日

13 每一次的家长助教活动，都能引发一次幼儿与家长、家长与幼儿园的深刻交流。助教的身份使家长真正走进幼儿园生活，体悟幼儿的心灵世界。薄薄的一张记录表，也能成为家园共育的一道桥梁。

分享二：一次限时整改

每天离园前，志愿者须与班主任进行当天问题交接、分类和整理。对于家长反馈的细微问题，班主任分类发送至各部门，如安全问题反馈至安保部，课程问题反馈至保教部等，限时整改；重大问题和重点建议上报至园长室，根据实际情况采纳、解决。家长的意见越被重视，家园间的信任度与协作度越高。

九龙湖幼儿园教育集团家长安全巡视表（室外）

巡查时间

安全巡查时间 8：00—8：30

巡查注意事项

室外安全巡查员，负责幼儿园室外活动场地的安全巡查工作。巡查大型玩具等器械的绳索、螺丝等是否牢固；树林、沙池、草坪等幼儿活动区域内有无尖锐物体突出。如发现有安全隐患，请及时处理，无法处理的及时上报专用室老师处。若有不尽事宜，请填写至其他栏。

检查记录表

检查内容	检查情况记录	处理意见
大型玩具		
攀岩长廊		
涂鸦墙		
种植园地		
戏水池		
沙池		
国旗广场		
彩虹跑道		
树林、草坪		
其他		

家长签字：__________　　巡查日期：__________

分享三：一个资源分享

活动后志愿者们会及时整理各类资料，分门别类标注好日期，以资料包的形式上传家长工作部，形成“海马家园的一天”资料库。资料库对各部门和家长志愿者开放，便于分享、查阅、监督问题的跟进与解决。这不仅仅是“海马家园的一天”活动成果集，更是家园合作的“心灵契约”与见证。

海马家园的一天，由内而外打破的是“围墙”，由外而内建立的是文化与信仰。

三色马甲，一群“特殊”的教师

三色马甲，特殊身份的背后，是尊重与信任、责任与担当、合作与共生。

在海马家园，每一次孩子们要外出或开展大型活动，我们总会看到一群穿着红马甲、蓝马甲和绿马甲的“老师们”，他们或手举小红旗跟在小朋友队伍的前后，警觉地观察着四周，或手举相机专注地盯着镜头里的小朋友，又或是忙前忙后指引着方向……

他们，就是海马家园的家长志愿者，我们口中的红马甲、蓝马甲和绿马甲。

大型活动的尴尬

幼儿园里总是会有各种各样的集体或外出活动，到九龙湖边寻找春天，参观医院、超市、银行、图书馆，去湖边写生，开展项目小组活动的调查研究，亲子运动会，亲子圆圈舞，艺术节，义卖会，毕业典礼等。

每每这个时候，活动筹备、车辆联系、路线踩点、拍照摄影、维护秩序、协调事务、安全保障等，都让老师们忙得焦头烂额。尤其当安全没有足够的支持保障时，再有价值的活动都要让路。

作为管理者，摆在我们面前的难题是：

放弃活动，避免隐患？

还是保留活动，消除隐患？

幼儿在成长的过程中，总会遇到形形色色的困难或挫折。如果遇到问题就躲，幼儿如何能练就独立自主的人格？中华民族优良品格如何传承？民族复兴如何实现？

显然，我们选择后者。

三色马甲应运而生，一群“特殊”的教师，为活动带来特别的支持。

“特殊”在哪里?

特殊的教师，是集体外出或大型活动中赋予家长志愿者的特别身份和特别权利。

这里的权利，指的是参与权、教育权和管理权。

三色马甲志愿者全程亲身参与、感受、体验幼儿园的各类活动与课程，在活动中理解幼儿园文化与课程，感受幼儿的成长与蜕变，故他们拥有参与权。

三色马甲志愿者是一群特殊的教师，他们蹲下身观察、倾听、支持、回应幼儿是活动过程中的一部分，更是教育过程中的一种教育行为，故他们拥有教育权。

三色马甲志愿者还是幼儿园课程建设的评价者、监督者与管理者，在各类大型活动或集体外出活动遇到一些问题时，他们拥有管理权，可以参与讨论与决策。

特殊的教师，意味着授权，体现的是对家长协作伙伴的尊重与信任。

特殊的教师，意味着信任，体现的是与家长协作伙伴的合作与共生。

特殊的教师，意味着使命，体现的是对幼儿教育成长的责任与担当。

三色马甲通行证

在海马家园，家长是我们最重要的合作伙伴，每一次集体外出或大型活动，自主申报三色马甲志愿者早已成为一种习惯，家长们也会以能成为活动志愿者为荣。

红马甲，安全保障志愿者。

每一次集体外出或大型活动，红马甲是第一支保障队，且大多是爸爸们抢先申报，实行 1 对 6，点对点的安全保障。1 对 6，即 1 位安全保障志愿者负责 6 位小朋友的安全防护，点对点意味着定人、定点、定区域，确保每一次活动过程中，每一位幼儿都在安全志愿者的视线范围内，遇到突发状况志愿者能第一时间作出判断并予以解决。

蓝马甲，摄影摄像志愿者。

在每一次活动中，有这么一群穿着蓝色马甲的家长志愿者，他们总是用目光追随着幼儿，随时随刻会举起手中的相机或手机，记录下幼儿活动的瞬间。他们也是全场行动最自由的志愿者，他们可以行走在舞台前，可以穿梭在活动场地中，可以把镜头对准家长们。每个班只有 2 位蓝马甲用镜头记录幼儿成长的精彩时刻。

绿马甲，支持协调志愿者。

绿色，代表着畅通无阻，因此绿马甲志愿者的职责是保持活动过程的畅通无阻。他们是活动中最默默无闻的一群志愿者，他们或在马路中央、或在湖畔边、或在小桥上、或在楼梯口、或在开水器旁、或在洗手间里……哪里有幼儿，哪里就有他们，他们眼观六路、耳听八方，他们是整个活动中的问题发现者、活动支持者与秩序协调员。

1

1　幼儿在观众台上聚精会神地观看着会场正中精彩的表演，红马甲志愿者们端坐在班级方阵的两侧，聚精会神地关注着幼儿。每一次大型活动成功举办的背后，都离不开这些关切、热忱的注视。

2 | 3 | 5 | 4

2 “快！冲呀！”红马甲家长志愿者化身“鸭妈妈”，带领六只“小鸭”奔赴各个游戏场地。他们为“小鸭”们振臂高呼，呐喊助威，也为“小鸭”俯下身去，细心倾听每个诉求，暖心呵护每份安全。

3 蓝马甲志愿者们紧锁目标，追求完美和极致的他们不约而同“排排蹲”，用手中的相机迅速记录下绝佳角度、绝佳时刻的精彩瞬间，殊不知自己也成了一道美丽的风景。

4 又到了亲湖课程时间！阳光柔柔、绿草茵茵，头戴嫩黄园帽的幼儿排成一排出发啦！身穿绿马甲的家长志愿者高举指示牌，利落地摆出手势请停车辆，保证队伍行进安全，收获了幼儿无数崇拜的目光。

5 红黄蓝三色座位卡清晰整齐地标记出每个人的座位位置，这既是一种雅观的指引牌，也是无声而温馨的提示，大大提高了活动效率。将家长工作做到最细致处，是一门温暖人心的学问。

“特殊”前的权责界定

三色马甲的“特殊”，一定是特定时间、特定范围、特定活动下特定的权责。只有明确每一色志愿者的权利与责任，才能不越权、不越位，确保活动的自然衔接。

比如红马甲，行走过程中，每一位红马甲的站位是和第 6 位小朋友齐平的队伍外侧；阶梯座位时红马甲在一排座位中心点分别向两侧外的第 7 个座位；上下汽车时，站在车门第一个台阶处，面向幼儿、身体前倾、微笑鼓励、伸出右手手掌指引幼儿或给予幼儿适时支撑点的一定也是我们的红马甲。红马甲在活动中要随时点名，关注幼儿的特殊需要，为幼儿提供适宜的支持与帮助。

蓝马甲是行动最自由的志愿者，但他们却有 3 个刚性规定：第一，任何时候不能干扰幼儿的活动，所有照片视频必须是幼儿自然状态下的真实写照；第二，每一次活动不少于 10 张幼儿活动的精彩照片，其中全景 3 张，幼儿活动中的特写镜头 7 张；第三，每一次活动结束后，当天晚上蓝马甲志愿者要第一时间制作出本班的微视频分享。

绿马甲看似没有标准与流程，却又是标准最清晰的、最考验志愿者的一个岗位。他们的站位非常明确：角落、过道、楼梯口、三岔路口、台阶转角或隐蔽的空间，用微笑迎接幼儿，点头示意鼓励幼儿，蹲下身支持儿童，言行回应引导幼儿，尊重、信任、鼓励、支持、适时回应与引导帮助是他们的志愿原则。他们虽然没办法追随幼儿活动过程，却是孩子们背后坚定的支持者与守望者。

三色马甲的霍桑效应和罗森塔尔效应

在三色马甲志愿者活动中，霍桑效应和罗森塔尔效应的积极影响最为显著。

所谓“霍桑效应”，是指那些意识到自己正在被别人观察的个人具有改变自己行为的倾向。而“罗森塔尔效应”则是一种期望效应，赞美、信任和期待具有一种能量，他能改变人的行为，产生积极向上的动力，实现自我价值效能。

三色马甲志愿者从最初的茫然混沌到清晰明确；从安全防护到课程支持；从单项活动到一日活动课程中的日常应用，参与活动的积极性越来越高，自我价值的认同感越来越强。

家长志愿者，这样一群特殊的群体，俨然已成为老师们的得力助手，成为幼儿园管理中的第三双眼睛、第三双手脚和第三个大脑，成为能读懂幼儿、理解幼儿、多种方法支持幼儿的妈妈老师和爸爸老师。

三色马甲，传递的是一所幼儿园的教育理念与目标，传播的是一种家园合作行为与习惯，传承的是一种园所文化与信仰。

银发农场主

爷爷奶奶竞聘上岗，重拾农场主工作，种菜陪孩子两不误，乐在其中。

据统计，中国近一半孩子是跟着爷爷奶奶、外公外婆一起长大。每到放学时间，老人们会早早来到幼儿园门口等待。“银发”家长成了幼儿园门口一道独特的风景。

银发的智慧

在中国，隔代教养的家庭占据了很大比例，隔代教养引发了很多备受争议的话题，比如过度溺爱、包办代替、重养轻教、缺少运动、观念守旧、不敢放手等。但爷爷奶奶也有年轻爸爸妈妈不具备的独特优势，比如生活经验丰富、行为习惯稳固、生活方式健康，而且他们大多还是养花种菜的高手。

爷爷奶奶作为家庭成员之一，跟幼儿日常相处的时间往往更长，潜移默化地影响着幼儿的成长。

管理者需要明白，爷爷奶奶这样一支家长主力军，也是不可或缺的重要资源。

第一，爷爷奶奶的优势是什么？

第二，如何帮助爷爷奶奶重拾自信？

第三，银发农场主与幼儿如何共生？

相比于年轻的爸爸妈妈，他们的优势到底有些什么呢？

第一，有时间；第二，任劳任怨；第三，喜欢儿孙；第四，擅长农活。

大多数爷爷奶奶在家庭中仅仅是一位任劳任怨的陪伴者，只有被儿女需要才能体现出他们的价值，为儿孙、为儿女、为家庭成为他们精神世界的全部，年轻时的意气风发、勇往直前、自信果敢正渐渐消逝。

农场主大招募

每年 9 月的第三周，海马家园“银发农场主”大招募拉开帷幕。

第一轮，各班级自主招募 6 名班级农场主，经自荐与他荐产生班级农场主主任和副主任；第二轮，各班级推荐 2 名农场主参加园级农场主大主任和副主任的竞聘角逐，经过竞聘演讲、现场投票、颁发证书、就职演说、全园公示等产生出园级农场主主任和副主任。

竞聘上岗后第一项工作就是带领园级农场主和老师们现场查看小农场地块地貌，制订四季种植计划，班级抽签确定地块，整地翻地准备种植等。

他们每天走出了小家，走进了幼儿园。一进门的瞬间，老师们总会微笑着迎上来问候：“主任奶奶好，孩子们想您了。”“主任奶奶今天有什么安排需要我们的孩子们吗？”“主任爷爷，今天可以教小朋友们播种吗？”“主任爷爷带小朋友一起捉虫吧。”……

到了小农场，孩子们更像一个个小问号，围着爷爷奶奶叽叽喳喳问个不停。孩子们在农场主爷爷奶奶的带领下，播种、拔草、施肥、捉虫、浇水，兴致勃勃、满心欢喜。

银发农场主，由原来被自己家的儿孙需要，变成了被整个班级孩子和老师们需要，孩子们崇拜的眼神点燃了他们沉寂已久的生活热情与梦想。

1
2

1—2 “这学期我们要种黄瓜，到时候小朋友摘下来洗洗就能吃了！”一学期一届的农场主会议，爷爷奶奶们勇敢走上舞台成为竞聘大会的主角，随后他们一起畅谈种植计划，分享种植经验，谈论自己的种植心得和趣事，现场一片欢声笑语。

3

3 “要把土块都弄得碎碎的，种子才好发芽。”农场主耐心地传授给植物松土的小诀窍。幼儿手握专用的小锄头聚精会神地聆听，有模有样地一下下锄着，神情坚定，动作标准，赫然是个小小农场主。

【附表】：小农场种植计划表及种植规划

九龙湖幼儿园教育集团小农场种植计划表

季节	蔬菜区				农作物区
	根茎类	叶菜类	花菜类	果菜类	
春夏	红薯、紫薯、土豆、芋头	上海青、菠菜、矮脚黄、苋菜、空心菜、韭菜、油麦菜、生菜、小葱、大蒜、香菜、薄荷	芥蓝	1. 茄果类：茄子（圆茄、长茄、白茄），番茄（粉果、红果、黄果、大果型番茄、樱桃番茄），辣椒（朝天椒、甜柿椒、长椒、灯笼椒）； 2. 荚果类：毛豆、豌豆、扁豆、豇豆、四季豆、刀豆； 3. 瓠果类：黄瓜、西葫芦、丝瓜、苦瓜、香瓜、南瓜、冬瓜。	水稻、小麦、油菜、玉米、棉花、芝麻、向日葵
秋冬	红萝卜、白萝卜、胡萝卜、水果萝卜、红薯、紫薯、土豆、芋头、莴苣	芹菜、茼蒿、菠菜、上海青、矮脚黄、苋菜、空心菜、韭菜、油麦菜、生菜、小葱、大蒜、香菜、甘蓝、紫甘蓝	花椰菜	1. 荚果类：豇豆、四季豆； 2. 瓠果类：丝瓜、瓠瓜、香瓜、冬瓜。	玉米、芝麻、水稻、燕麦、小麦、棉花、葫芦、向日葵

农场种植标准及流程：

1. 根据地块分析选择适合的种植物，要从光照时间、土壤情况及空间设置上进行合理选择。
2. 依据春夏及秋冬播种时间，选择适宜的时间进行播种。
3. 结合种植物的情况进行科学的照护，例如，松土、除虫、浇水、施肥等。
4. 整个种植过程和幼儿共同参与，并对幼儿进行适当的种植指导。
5. 和幼儿参与种植的过程要留有照片和视频，每学期末提供优质的过程性照片 10 张，视频 3—5 段。
6. 各班级农场主在寒暑假设置种植管理安排表，合理分配。

南京市江宁区九龙湖幼儿园种植地分布图及种植分析

种植分析：

九龙湖幼儿园农场位于幼儿园北面，春夏日照时间为 11：00—15：00，秋冬的日照时间为 14：00—15：00，土壤肥沃，土层深度约为 30 厘米，小农场北面背靠小区，围栏适宜种植爬藤类果蔬，可以搭高约 50 厘米的架子，便于果蔬生长；小农场南面靠教学楼部分，由于日照时间相对比较短，适宜种植非爬藤类果蔬。

南京市江宁区殷华街幼儿园种植地分布图及种植分析

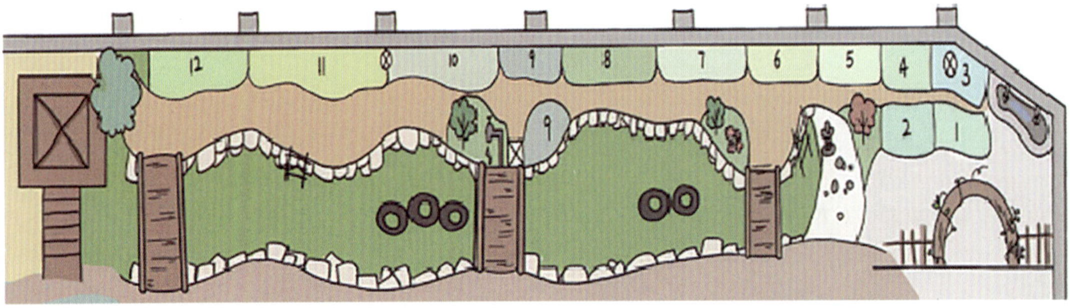

种植分析：

殷华街幼儿园农场地块设有两处：

一处在园舍的西面，春夏日照时间一般从 14：00 到日落前，秋冬日照时间一般从中午 12：00 到日落前。土质较松软，土壤肥沃，适合种植所有蔬菜植物。

另一处在南楼楼顶平台，春夏秋冬四季日照时间一般是（9：00—15：00），立体式箱体种植，土壤容易板结，营养比较贫瘠，植物的根植不能太深，不适合种大型植物和爬藤类的植物。

金锄头奖

每年 12 月，海马家园的“金锄头”评选如约而至。

这个奖项是专门为银发农场主们设置的，其价值取向为：

1. 通过农场主和班级幼儿的共同努力，评选出本年度“金锄头”奖；
2. 培养幼儿热爱劳动、珍惜劳动果实的品质；
3. 增进祖孙情感，让幼儿懂得尊重自己的爷爷奶奶；
4. 点燃爷爷奶奶们的生活热情，传承二十四节气种植常识与技能，重塑爷爷奶奶的自信。

金锄头奖，从发布评选通知、在线投票、民主评议、获奖公示，到年度颁奖典礼，历时一个月，诞生了众多银发农场主种植高手。在颁奖典礼的现场，儿女走上舞台，为获奖的银发农场主们亲手颁发“金锄头”获奖证书，小孙子或孙女则将吉祥物小海马颁发到爷爷奶奶的手中，并踮起脚尖亲吻着他们的额头。

那一瞬间，祖孙三代同台相拥，所有的笑容里饱含幸福。

银发农场主，给爷爷奶奶们打开了他们精神世界的另一扇窗。

4
—
5

4 一张证书，两份荣光。小孙子、小孙女们为农场主们颁发奖状，获得“金锄头”奖的农场主们深藏若虚，身前孩子们的喜悦却已经溢于言表：“快看，我是种植高手！”

5 种在小农场的作物收获了，种在祖孙间的爱也已抽芽生枝。在共同培育小农场植物的过程中，幼儿也对农场主们产生了新的感情羁绊。此刻轻轻的一个吻代表了千言万语，打动着在场每个人的心。

【样例 1】农场主竞聘方案

九龙湖幼儿园教育集团“银发农场主”竞聘方案

一、指导思想

“劳动即生活，生活即教育。”在陶行知先生的教育理念下，我们提倡在劳动中培养幼儿对蔬菜、水果、农作物、药材等多样植物的观察能力，对小动物生活与成长的爱护之情。为了更好地指导幼儿开展农场种植活动，丰富幼儿的劳动经验，提升幼儿种植养护技能，特开展“银发农场主”竞聘活动，以发挥银发农场主在农场种植养护方面的优势，促进银发农场主参与园所活动的积极性，更好地理解幼儿园的教育理念，做好与祖辈家长的有效沟通。

二、活动目标

1. 促进祖辈家长与教师之间，幼儿与祖辈家长之间的互动联系，增进彼此的情感。
2. 帮助银发农场主感受园所种植活动的意义和价值，更好地为幼儿的种植活动提供有效的支持。
3. 在活动中借助游戏及交流研讨活动，促进银发农场主和班级教师之间的亲密合作。
4. 给祖辈家长提供展示自身价值的平台，激发他们内在的自豪与信心。

三、活动主题：用心浇灌 共育成长

四、活动时间：2023 年 2 月 23 日下午 14：00—16：00

五、活动地点：殷华街幼儿园多功能厅

六、活动对象：16 位新农场主、32 位老农场主、24 位班主任及园领导

七、参与成员及职责

策划	★刘 ××、周 ××、王 ××	把控活动的主题和方向
总负责	★周 ××、王 ××	负责整场活动的有序运行、环境创设及外界沟通联系，落实游戏、主持活动流程的完成情况
环境组	★朱 ××、何 ×× 等	负责全场的环境创设
游戏组	★杨 ××、窦 ××	负责现场游戏的审核及组织
主持人及音乐	★陶 ××、李 ××	负责主持词撰写、全场音乐的串联
PPT 及拍摄	★张 ××、孙 ××	负责 PPT 的制作及现场拍摄
后勤保障	★姜 ××、徐 ××	负责所需奖状及奖品的准备
安全防护	★谈 ××	负责全场活动的安全保障

八、具体安排及人员分工

时间	内容	要求	负责人
13：50—14：00	签到	组织家长签到。	各班主任
14：00—14：30	参观农场	全体到园所农场进行参观视察。	陶 ××
14：30—14：40	热身游戏	播放热身音乐，农场主跟着主持人参与互动游戏。	杨 ××
14：40—15：00	工作介绍	1. 回顾上学期小农场种植情况。 2. 介绍本学期小农场种植活动。	刘 ×× 周 ×× 王 ××
15：00—15：30	银发农场主竞聘	1. 银发农场主竞选人竞选发言（新生班级每班推荐 2 人）。 2. 现场投票选举。 3. 公布选举结果。 4. 颁发银发农场主聘书。	
15：30—15：50	商议种植计划	1. 银发农场主和班主任根据班级幼儿需求商议种植计划。 2. 现场填写种植计划表。	
15：50—16：00	农场主经验分享	银发农场主大主任针对种植计划分享种植要求及经验。	

【样例2】“金锄头奖”评选方案

九龙湖幼儿园教育集团“金锄头”奖评选方案

一、指导思想

我国著名学前教育家陈鹤琴先生曾说过：“大自然、大社会都是活教材。”劳动是最好的教育。为了更好地增进银发农场主和幼儿之间的情感，提升农场主参与农场种植的积极性，鼓励银发农场主在农场种植中发挥指导作用，传承二十四节气种植常识与技能，特制订九龙湖幼儿园教育集团“金锄头”奖评选方案。

二、评比对象

九龙湖幼儿园教育集团全体银发农场主。

三、评选标准

1. 工作认真负责，积极主动，热情友善，能配合班级完成农场的工作任务。
2. 认真参加每次幼儿园组织的农场主会议，不迟到，不早退。
3. 能结合幼儿的兴趣特点和需求，与幼儿共同商议、确定种植计划。
4. 有计划地带领幼儿进行农场种植，在过程中给予幼儿相应的指导。
5. 种植的农作物收获颇丰，得到全体农场主的认可。
6. 爱护幼儿园设施设备，使用得当，精心维护。

四、评选流程

1. 动员宣传：幼儿园下发评选通知及推荐表，各部门积极配合做好宣传动员工作，组织广大农场主参与评选。

2. 个人申报：候选人的推荐，采取个人申报和班组推荐相结合的方式，候选人填写《金锄头推荐申报表》提交到家园部汇总，每班推荐1人。

3. 民主评选：家园部牵头，各部门配合，组织全体教师和农场主进行不记名投票，按照20%、30%、50%的比例评选出金锄头奖5人、银锄头奖7人、铁锄头奖12人。

4. 审核公示：评选结果由幼儿园官网进行公示，接受公众监督。

5. 表彰奖励：举行表彰大会，由幼儿园进行表彰颁奖。

九龙湖幼儿园教育集团2023年度金锄头推荐申报表

<table>
<tr><th>农场主姓名</th><th></th><th>性别</th><th></th><th>出生年月</th><th></th><th>民族</th><th></th></tr>
<tr><td>参加农场主时间</td><td></td><td>现任职务</td><td></td><td colspan="2">联系方式</td><td colspan="2"></td></tr>
<tr><td colspan="8">主要事迹</td></tr>
<tr><td colspan="8">班级推荐意见
签　名：
年　　月　　日</td></tr>
<tr><td colspan="8">年级组推荐意见
签　名：
年　　月　　日</td></tr>
<tr><td colspan="8">园部推荐意见
签　名：
年　　月　　日</td></tr>
</table>

结语

让教育成为一种美好生活

幼师毕业跨入幼儿园，不知不觉间已经整整 32 个年头。

从最初懵懂无知地闯进儿童的世界，到今天的深耕、欢喜、沉浸，教育俨然已经成为我生活中最重要的一部分，她赋予我最心动的时刻、最灿烂的童真、最温柔的自信。

教育本就是一种顺应、呼应与回应；教育本就是一种自然、自由与自在；教育本就是一种唤醒、萌动与生长。万千青年投身教育的激情与梦想，用青春和热血演绎一场教育的美好生活，而我适逢其中，如同春天花园土壤里的种子，在阳光、空气、雨露中苏醒，破土而出、萌芽生长。

且用几个小故事来记录下教育的美好生活吧！

我们去看艺术展啦

2017 年的春天，九龙湖幼儿园进入了紧张的筹备期。

从 4 月中旬装修工程队进场到 6 月底第一届新生招生工作结束，再到 9 月 1 日如期开学，整整四个半月 130 多天的日子，我不是在工地现场，就是在新教师培训的活动室。

眼瞅着新教师们即将开始新班级的环境创设，10 个班的新教师手足无措地倒腾着她们手中的班级环创设计图，眼神里流露出满满的自我质疑和求助。

6 月，正是南艺美术系的毕业生办毕业展的日子。

我们第一时间预约了团队观展的门票，第二天租上一辆大巴，载上满眼惊奇的老师们奔赴南京艺术学院毕业展；老门东采风是给老师们的第二个惊喜，唯一的要求是用相机寻找、记录下老门东最受幼儿喜欢的场景。

到现在我都能记得老师们观展采风时的模样：惊喜、惊叹、惊奇、惊艳……手机的闪光灯闪了又闪，直到最后一点内存都耗尽。

回来的车上，我收获了老师们绽放的笑容、忍俊不禁的创意和蜂拥而至的拥抱，还有她们直白的表达："园长妈妈，这是我第一次看艺术展。""太爱您了！""明年再带我们来看展吧。"……

那一刻，我笑了，一种幸福感油然而生！

6 个水龙头的故事

海马家园的每个班都有一个圆形水槽，水槽里的 6 个水龙头形态各异。

每每有同行或家长来园，很是好奇：为什么你们班级的水槽设置在生活区的中间？为什么水槽都是圆形的？为什么 6 个水龙头都不一样？

是啊，别说同行与家长们这么质疑，就连我们刚入职的老师们也满是好奇。

大多数幼儿园班级生活区的水槽基本是靠墙一侧设置，但您若是一位细心的老师，您就会发现靠墙一侧设置的水槽多为长条形，孩子们在洗手时总是背对着老师，各自洗手，既不利于教师观察，也不便于孩子之间的眼神交流。洗手大多会出现两种现象：第一，孩子们的小手在水龙头下快闪一下后就飞速洗完了；第二，洗手变成了玩水，反正老师只能看到孩子的背。

当时我就在思考，什么造型的水槽才能创设出一个孩子的分享场或是游戏场，让生活区场域流动起来，让孩子们可以边洗手边和小伙伴分享生活细微？

就这样，设置在生活区中间的圆形水槽诞生了，且 6 个水龙头各不相同。

于是，我们惊奇地发现：

圆形水槽让生活区的孩子们自然流动起来，他们自己会商量怎样的路线方便小朋友如厕、洗手，方便小朋友在生活区工作生活，方便小朋友相互间顺势而为、不碰撞。瞧，孩子们的小脑筋主意可不少，他们亲手和小伙伴制作出地面上的箭头导引、等待标识、定点标识、水龙头打开标识等。整个生活区变成了一个轻松、愉悦、热闹又有序的小厨房。

6 个水龙头造型各异、打开方式不同、水的流速不同，孩子们一边小心翼翼打开水龙头，一边眼睛瞄着身旁的小朋友，那眼神里藏满了大大的好奇，好像在说：“他的水龙头为什么和我这个不一样？”“会有不一样的感觉吗？”“我也想试试啊。”瞧，幼儿对身边的科学探究兴趣就这样悄悄埋下了一粒种子。

每一个水龙头的打开处都有一个孩子们自己设计的开停标识，如“小蜜蜂采蜜”“鳄鱼出来啦”“图形对对碰”“旋转的数字”“植物发芽”“文字匹配”“职业知多少”“节水大转盘”等，用情境的方式帮助孩子建立正确适宜的打开方式，既在每一天的游戏中逐渐锻炼了孩子的小手指肌肉的协调性与控制力，又潜移默化帮助孩子们养成了良好的洗手习惯与节约用水的意识，何乐而不为呢？

当我把圆形水槽与6个水龙头的故事分享给年轻的教师时，她们立马激动地回应着我：“哦，怪不得小朋友洗手时小衣袖再也不湿漉漉了。”“我们班依依小朋友每次洗手都会轮换一个水龙头。”“园长妈妈，现在小朋友洗手的习惯可好了。”

是啊，如果连洗手都变成一种期待，生活该多么美好！

护羊小分队

2022年的秋天，海马家园的有爱舍迎来了2位特别的小动物——小花和巧克力。

小花和巧克力是两只山羊，一只黑白相间，一只浑身棕褐色。孩子们投票表决出新成员的名字“小花”和“巧克力”。

刚入幼儿园的小花和巧克力很胆怯，她们一看到有小朋友靠近羊舍，便会远远躲进羊舍的小房子里面，任凭孩子们怎么召唤都不出来。孩子们也是如此，看到羊羊就绕道而行，只有几个胆子大的小朋友凑近羊舍，使劲地唤着小花和巧克力的名字。

临近放寒假，中八班孩子去看羊羊时，一个孩子突然发现巧克力的肚子好像比小花大许多，孩子们瞬间炸开了锅：“巧克力的肚子怎么这么大？”“巧克力生病了吗？”“快去给巧克力看医生吧！”“我妈妈怀宝宝时肚子也很大。”“巧克力难道怀孕了？”

孩子们回到班级就开始行动起来，翻阅图书、查阅资料、请教爸爸妈妈，最后他们找到了养羊专家马师傅。在马师傅的帮助下，小家伙们一致确认：巧克力怀孕了。

可是冬天越来越冷，马上又要放寒假了，怀孕的巧克力谁来照顾？每天吃些什么才能保证营养？巧克力如何过冬？如果生产该怎么办？这些问题难住了中八班的孩子们。

接下来的几天，在老师们的支持下，中八班开启了“护羊小分队”全园招募令，很快，近三百个家庭的孩子和爸爸妈妈们加入到“护羊小分队”的接力活动中。从制定羊羊食谱、护羊一日活动安排、护羊小秘籍、护羊家庭安排表、护羊守则，到护羊观察记录、举办护羊画展等，小、中、大班的孩子们跨越了年龄的界限，跨越了班级的界限，自发地加入到护羊行动中，开启了一场和小伙伴共同照顾羊妈妈的神奇又未知的探究之旅。

“护羊小分队”的行动得到了家长们的一致好评。

“实践才是爱的修炼场，言传身教的影响，会深深地烙印在孩子的心灵深处。第一期抢到名额的护羊小伙伴们，在这个冬天的初雪中，给小羊带去温暖的同时，也体验到自己手中充满爱的力量，这是多么棒的实践活动呀！”

“海马家园总是让孩子们能够有奇妙的经历，小朋友的奇思妙想太棒了，画的、想的远比我们看到的多，真是一次奇妙的思想碰撞！”

“妈妈和孩子同时喂小羊，小羊选择了孩子，真是奇妙！孩子们面对小羊，不再害怕，而是主动去喂小羊，带小羊们去散步，在孩子心里小羊也是自己的好朋友，爱的种子在心中慢慢生根发芽。期待有更多温暖有趣的故事。”

“凡凡说观察记录表不够他画，执意要自己画出他的发现。”

“宝贝们和小羊们一起在草地上快乐地奔跑嬉戏，这是属于羊们和宝贝们的最嗨时刻！”

“非常棒的一次体验，孩子们又享受又不舍又期待，今天刚结束就开始念叨着下次哪天喂小羊，是一辈子中最难忘的记忆之一了。”

“独特的经历，小朋友发现羊居然会爬树，会相互玩耍，还会挑食，真没想到在护羊活动中，孩子们能自主、连续、有深度地探究，并发现了新的问题。”

……

2023 年的新年，这个寒冬因为“巧克力”的怀孕，变得温暖如春，每一天我们都在惊喜与惊奇中感叹："瞧，今天我亲手喂羊羊胡萝卜了。""今天我还抚摸了羊羊。""我和爷爷一起进羊舍打扫卫生了。""羊羊的便便为什么会变成块状呢？""羊妈妈什么时候生啊？""我最喜欢牵着羊羊一起奔跑了。""我要把今天有趣的一天画下来。"……

最好的教育一定是润物细无声！

如果说"我们去看艺术展"是我们将美好的教育播种在教师的心间，那么"6个水龙头"则是我们借助物质与行为文化扎根在老师和孩子们的心底，而"护羊小分队"就是我们点燃海马家园的孩子们、家长们和老师们心灵深处的那一束光，一束与动物、与自然、与社会和谐共生的向阳之光！

管理的最高境界就是没有管理，而文化一定是幼儿园无痕管理的精神内核。

我们去看艺术展、6个水龙头、护羊小分队只是每天发生在海马家园生活中的一些点滴，这些微小的故事串起了海马家园精神家园。

一个心向阳光、乐观向上、善良有爱的精神家园；

一场不畏困难、敢于承担、勇于前行的课程实践；

一种自主成长、高效工作、优雅生活的教育信仰！

海马家园，"让教育成为一种美好生活"正在上演……

后记

第一次感受“管理的无力”是走上工作岗位的第十个年头。那时的我还是一名一线教师，作为小学的附属幼儿园的教师每周都要参加小学的全体教职工例会。我深深记得每一位参会教师带着一本笔记本，依次坐在阶梯教室，校领导们依次讲话布置工作，台上声音凌厉，台下鸦雀无声，可散了会大家却不知所云。

那时的我常常会想：究竟什么样的会议才有价值？什么样的会议才能变被动为主动？什么样的会议才不会浪费每一位教职工的时间？

第一次碰到“管理的囧境”是在2008年我刚刚走上园长岗位。一次巡班时，我看到老师们刚创设好的班级区域游戏环境，忍不住把班主任老师叫出来给她现场指导起来。当班主任老师听到我给她的调整意见后，委屈地一边流眼泪一边小声嘀咕：“这是业务园长昨天才指导调整过的，我到底听谁的啊？”

我瞬间愣在了原地，是啊，班级区域游戏环境创设是业务园长这个月的工作重点，作为一把手园长，应充分授权每一位管理者，既不越俎代庖，又要有效支持她们高效高质完成每一项工作。

第一次体验“文化的魅力”是在2006年。我作为副园长到深圳参加“中国园长发展论坛”。别样的开班仪式、小组式学习小团体、迟到者的三鞠躬仪式、小组桌子中的“手机之家”、每一场讲座后的即兴点评、中场休息时的茶歇、晚餐后的沙龙、沙滩上的篝火晚会等，对于那个年代的幼儿园管理者来说，那感受就好似刘姥姥初进大观园。

时时处处被尊重、被信任、被赋权，又被约束、被惊喜、被创意的多种情感交织着，每一天的学习变得紧张又令人期待，如今时隔多年依然令人难忘。那一次论坛彻底打开了我对教育与管理的传统认知：原来教育可以这样“玩”，而好的管理却能让人欲罢不能、主动投入其中。

第一次思考“文化的力量”是在2013年。青岛的“全国幼儿园内涵发展高峰论坛”研讨会上，来自全国的几位名园长围绕“文化的力量”这一主题进行了园本文化建设的深入探讨与分享。我开始反思我们的幼儿园管理与文化之间的关系，文化与课程建设的关系，文化与未来发展的关系等。研讨会结束的临别之际，星晨教育的创始人鲍敬东老师送给我余秋雨先生的《何谓文化》和《中国文脉》两本书。

自此，我开始重新审视幼儿园文化与幼儿园未来发展之间的问题，以文化的视角重新梳理幼儿园的顶层设计、物质文化环境创设、教师教育信仰与行为管理的实施路径、儿童良好行为习惯养成的实施策略和家园共育的行为文化养成等系统管理框架。

第一次试论“文化的无为而治”是在2021年。我再次读到南京师范大学教育科学学院虞永平教授的《学前课程与幸福童年》一书，当我读完“幼儿园课程文化建设”这个篇章时，我惊喜地发现自己这20多年幼儿园管理工作中努力探索与践行的文化管理，恰恰验证了虞教授提出的“文化引领幼儿园课程的未来”这一观点。文化是幼儿园课程建设的灯塔，幼儿园课程建设者需要文化自觉，幼儿园课程发展的内核是文化的发展，只有文化发展了，才有课程的发展，未来的幼儿园课程取决于未来的课程文化。

那一刻我有了一种强烈的愿望与冲动，要把我从教30多年在文化管理中的探索整理出来，让后来的年轻园长们可以少走弯路，并在我们的文化管理经验中再创新，让幼儿园管理做到无为而治，让幼儿园教育真正能成为幼儿、教师和家长们的一段美好难忘的共同经历。

在虞教授的鼓励下，从2021年起笔到本书的初稿完成，前后经历了2年多的时间。本书以海马家园“三自”文化为根基，构建集体人格，唤醒成长渴望，培育习惯素养，激发自主管理，形成从物质文化、制度文化、行为文化到精神文化的一个螺旋上升的内隐式管理架构系统，并逐步成为幼儿园独特的课程文化资源。

32年的幼教生涯，有欢笑、有泪水、有成就、有挫折，但更多的是成长的收获和深深的感恩。

感恩2006年遇见深圳一杰早期教育研究室的李俊杰导师，是您打开了我精细化管理的另一扇窗；感恩2009年遇见星晨教育的鲍敬东导师，是您以文化带领我走入幼儿园文化管理的深度思考与实践；感恩《江苏教育》前主编张俊平老师，是您帮我捋清一位园长的管理哲学。

更幸运的是在我专业成长的路上遇到了南京师范大学虞永平教授，是您用专业引领着我们，坚持在“生活教育”课程中探索前行；是您始终警醒我们，教育要关注儿童生命成长；是您总是默默鼓励支持我们，努力做高质量发展的幼儿教育，用面向未来的眼光，用开放、高远的视野，用在行动中思考和发展的举措，努力建设和谐共生、不断进取的幼儿园课程文化，真正有效地促进每一个幼儿在原有基础上的和谐、全面发展。

特别感谢南京师范大学出版社给予的鼓励与支持，让我切身感受到一种春风化雨般的人文关怀与温暖气息。

还要感恩江宁区教科室汪圣龙主任的支持与鼓励，感恩我的助理庞皓老师和海马家园一群有梦想、有目标、有行动、有担当的年轻姑娘们。

当然还要深情感谢我挚爱的家人，是你们赋予我们共同逐行的信念与勇气、努力与自信、温柔与坚定。

让管理看不见，让教育成为一种美好生活！

刘莉

2023年6月8日

参考文献

1. [英] 雷蒙・威廉斯 . 文化与社会：1780-1950 [M] . 高晓玲，译 . 北京：商务印书馆，2018.
2. [英] 爱德华・泰勒 . 原始文化：神话、哲学、宗教、语言、艺术和习俗发展之研究 [M] . 连树声，译 . 桂林：广西师范大学出版社，2005.
3. 梁漱溟 . 东西文化及其哲学 [M] . 上海：上海人民出版社，2020.
4. 张岱年，程宜山 . 中国文化精神 [M] . 北京：北京大学出版社，2015.
5. 余秋雨 . 何谓文化 [M] . 武汉：长江文艺出版社，2012.
6. 余秋雨 . 中国文脉 [M] . 武汉：长江文艺出版社，2012.
7. [美] 彼得・德鲁克 . 管理的实践 [M] . 齐若兰，译 . 北京：机械工业出版社，2006.
8. 宋新宇 . 让管理回归简单：宋新宇博士帮你抓住管理的要害 [M] . 北京：电子工业出版社，2012.
9. 樊登 . 可复制的领导力 [M] . 北京：中信出版社，2017.
10. 李昊 . 管理越简单越好 [M] . 北京：京华出版社，2005.
11. 陈春花 . 管理的常识：让管理发挥绩效的 8 个基本概念 [M] . 北京：机械工业出版社，2016.
12. 陈春花 . 企业文化塑造 [M] . 北京：机械工业出版社，2016.
13. 虞永平 . 学前课程与幸福童年 [M] . 北京：教育科学出版社，2012.
14. [美] 德布・柯蒂斯，[美] 玛吉・卡特 . 为生活和学习而设计：早期教育机构的环境变革 [M] . 朱金兰，译 . 南京：南京师范大学出版社，2018.
15. 光明网 . 中医药文化：受众认可才能有效传播 [EB/OL] .（2022-07-07）[2023-01-30] . https://m.gmw.cn/baijia/2022-07/07/35865843.html
16. 搜狐网 . 曹洪欣：中医药走向世界要练好内功、文明互鉴 [EB/OL] .（2022-08-24）[2023-01-30] . https://www.sohu.com/a/579496766_123753?scm=9010.68.0.0.0